Knaur.

Knaur.

Über die Autoren:
Wolf Riedel, geboren 1943, war nach einem Flugzeugabsturz querschnittsgelähmt. An den Rollstuhl gefesselt, promovierte er in Jura und wurde ein erfolgreicher Wirtschaftsanwalt mit Büro in Rio de Janeiro. Hier kam er in Kontakt mit der Hypnosetherapie und konnte sich mit Hilfe eines erfahrenen Therapeuten heilen. Anschließend Reisen zu brasilianischen Schamanen und tibetischen Mönchen. Zurück in Deutschland Hypnoseausbildung u. a. bei Kurt Tepperwein; seit 1981 eigene Praxis in Bremen.

Stefan Esser, geboren 1947, Autor zahlreicher Bücher, beschäftigt sich seit vielen Jahren intensiv mit psychologischen Fragestellungen. Er war lange als Journalist tätig, u. a. für *Münchner Merkur, Abendzeitung, Quick, Bunte, Welt am Sonntag,* bevor er sich mit einem Medienbüro selbstständig machte.

Wolf Riedel
Stefan Esser

Wie Hypnose heilt

Die wunderbare Kraft des Geistes

Knaur Taschenbuch Verlag

Besuchen Sie uns im Internet:
www.knaur.de

Vollständige Taschenbuchausgabe Juni 2007
Knaur Taschenbuch.
Ein Unternehmen der Droemerschen Verlagsanstalt
Th. Knaur Nachf. GmbH & Co. KG, München

Bei dem vorliegenden Buch handelt es sich um die Neuausgabe
des zuerst 2004 im Droemer Verlag erschienenen Titels
Angst darfst du haben – fürchten musst du dich nicht.

Redaktion: Regina Carstensen
Umschlaggestaltung: ZERO Werbeagentur, München
Umschlagabbildung: FinePic, München
Druck und Bindung: Clausen & Bosse, Leck
Printed in Germany
ISBN 978-3-426-77882-1

2 4 5 3 1

Inhalt

Prolog 7

I. Teil: Gehen Sie in den richtigen Schuhen? 11

1 Meine Grenzerfahrungen: Fremdenlegion und Flugzeugabsturz 13

2 Was ist Hypnose? Was kann Hypnose? Warum Hypnose? 31

3 Seien Sie nett zu Ihrem inneren Steinzeitmenschen 38

4 Bewusste und unbewusste Regionen: Was uns wirklich steuert 43

5 »Alles Humbug« – Vorurteile gegen Hypnose 51

6 Schau dir deine Krisen und Ängste an!. 59

7 In den eigenen Schuhen geht man viel besser 70

8 Fälle aus meiner Praxis: Dämonen werden geritten 77

9 Zwei Jahre nutzlose Reha: Aber Autogenes Training half mir 82

II. Teil: Hypnose ermöglicht wahre »Wunder« 93

1 Fünf Jahre im Rollstuhl: Unter Hypnose stand ich auf . . . 95

2 Hypnose ist gefährlich!. 111

3 Kommt der Siegeszug der Hypnose?. 115

4 Das Wolkenkuckucksheim der Positivdenker 123

5 Schwermut: Eine Volkskrankheit wird kommerzialisiert . . 130

6 Fälle aus meiner Praxis: Zurück aus dem Nebel der Depression 134

7 Meine Suche nach den Ursprüngen der Hypnose 146

III. Teil: Von der Showhypnose zur tibetischen Meditation 151
1 Wo sich die Geheimnisse der Trance finden: Mein Weg in den Himalaya 153
2 Segensreiche Selbsthypnose 161
3 Showhypnose – das schwarze Schaf 168
4 Wie das Bild des bösen Bären Ängste beseitigt 174
5 Unfälle und Krankheiten können Signale sein 186
6 Fälle aus meiner Praxis: Frauen unter Druck 190
7 Über sieben Monate in Tibet: Die Lamas führten mich in ungeahnte Welten 202

IV. Teil: Prominente, Kinder, Operationen: Hypnose hilft 215
1 Bittere Lehren: Fünf Mönche mussten sterben 217
2 Meine spezielle Atemtechnik 228
3 Meine Therapien, meine Patienten 235
4 Die Leiden prominenter Menschen 242
5 Mit Kindern arbeiten 248
6 Machen Sie Fehler! 253
7 Operationen unter Hypnose 258
8 Fälle aus meiner Praxis: Vertrackte Vernetzungen lösen sich auf 266
9 Ein Herzinfarkt warf mich um. Aber ich blieb nicht liegen 279

V. Teil: Wollen Sie Berge versetzen? 287
1 Legen Sie Ihre mentale Goldader frei! 289
2 Ein Mann will sich wiederfinden: Der besondere Fall aus meiner Praxis 296

Anhang 317
Adressen und weiterführende Literatur 319

Prolog

Tibet – vor vielen Jahren.

Fahl, als sei auch sie völlig erschöpft, ist die Nachmittagssonne ab und zu als ausgebleichte Scheibe durch die nebligen Schneewolken zu sehen. Nur undeutlich sehe ich diese typische osttibetische Landschaft mit ihren mächtigen und doch so seltsam sanften Hügeln am Horizont. Die Temperaturen sind in der vergangenen Stunde rasch gefallen, in der Nacht rechnen wir mit minus dreißig Grad. Aber hier, in dieser Steppe, gibt es keinen Schutz, kein Versteck vor der Kälte – und auch nicht vor den Chinesen. Wir haben kein Zelt dabei, hatten gehofft, wir würden vor Einbruch der Dunkelheit noch das nächste Kloster erreichen, aber der Schnee hat unser Vorankommen verlangsamt. Meine Begleiter, drei tibetische Mönche, bedeuten mir, dass wir in dem stürmischen Wetter kein Feuer machen können; außerdem würden es die chinesischen Soldaten sehen, die nach uns suchten. In diesem Moment dachte ich, wir würden die Nacht in diesem Sturm und dieser Kälte vielleicht nicht lebend überstehen.

Die Mönche sehen mich mit einer seltsamen Ruhe an. Schließlich lassen sie drei Yaks in meiner Nähe stehen und gehen mit den anderen zwei Tieren etwas zur Seite. Sie nehmen ihnen das Gepäck ab, und bevor ich es begreife, töten sie die Yaks rasch mit ihren Messern, schneiden sie auf, ziehen ihnen die Felle ab, zerlegen das Fleisch, ordnen es mit geübten Handgriffen sorgsam in feste

Tücher und verschnüren die Pakete. Der Wind tost immer stärker, wie ein unsichtbares Gift dringt die Kälte tief in jeden Winkel meines Körpers. Die Dunkelheit bricht über uns herein. Mit meinen steifen Händen helfe ich, aus dem Gepäck und den Fleischpaketen einen schützenden Wall zu bauen, hinter den wir uns dann kauern, jeweils zwei von uns zusammen in ein warmes, außen blutnasses Yakfell gewickelt. Niemand spricht. Ich sehe noch eine Weile auf das Weiß des Schnees, bis es in der Schwärze der Nacht kaum noch zu erkennen ist, höre den Wind heulen und tue das, was die Mönche auch tun: Ich meditiere, sehe Bilder von Wärme und Leben, immer intensivere Bilder, in denen sich das unheimliche und drohende Brüllen des Sturms zu einem sanften Rauschen an einem sonnigen Strand wandelt. Und je ruhiger ich werde, desto weniger schmerzt die Kälte, kann ihr Gift wirken. Wellen der Wärme spülen es weg. Ich bin eins mit dem Fell des Yaks geworden.

Nun weiß ich, wir werden die Nacht überleben. Und ich bin mir auch sicher, dass uns die chinesischen Soldaten in dieser tiefen Finsternis nicht finden werden. Seit Monaten bin ich illegal in Tibet. Von Bremen hatte ich mich aufgemacht, um in den Klöstern dieses Landes bestimmte Formen und Wirkungen der Meditationen kennen zu lernen. Vier Klöster hatte ich schon besucht, fünf liegen noch vor mir. Die Chinesen suchen mich. Für sie bin ich ein Langnase, ein Mann aus dem demokratischen Westen, der bei den Kommunisten nicht erwünscht ist. Aber ich fürchte mich nicht, ebenso wenig fürchten sich meine treuen tibetischen Freunde, die mich von einem zum nächsten Kloster bringen, in denen ich jeweils einige Wochen bleibe. Obwohl es kritisch ist in dieser Nacht im Jahre 1978, frage ich mich nicht, was ich hier eigentlich mache, warum ich stattdessen nicht zu Hause in Bremen sicher und warm im Sessel sitze. Kein Zweifel plagt mich. Ich habe diesen Weg gewollt. Mein größtes Interesse als zukünftiger Therapeut gilt der Hypnose, und nach langen akademischen Studien möchte ich nun in den tibetischen Klöstern den immer noch geheimnisvollen Kräften unseres Unterbewusstseins näher kommen – auf eine Weise, von der ich mir viele neue Erkenntnisse erhoffe. Ich bin davon überzeugt, dass die Hypnose bei psychischen und physischen Problemen helfen kann, mehr, als wir bisher angenommen haben. Diese Vision leitet mich, lässt mich auch diese Nacht der heulenden Winde überstehen.

I. Teil:
Gehen Sie in den richtigen Schuhen?

1 Meine Grenzerfahrungen: Fremdenlegion und Flugzeugabsturz

Hypnose ist in Deutschland ein schwieriges Thema. Sie erfahren etwas über diese Heilmethode entweder in dicken, wissenschaftlichen Wälzern – bei einem dieser Werke, Hans-Christian Kossaks hervorragendem »Lehrbuch Hypnose«, umfasst allein das Literatur-, Personen- und Sachregister über hundert Seiten – oder samstagabends in der Disco bei der Vorführung einer Showhypnose, bei der junge Leute kläffend um den Hypnotiseur herumwedeln oder nach dem Genuss eines Glases Leitungswasser alle Anzeichen eines schweren Rausches aufweisen. Es ist schon irritierend, dass eine uralte Heil- und Stärkungsmethode für Geist und Körper nur zwei Wirkungskreise hat, den Elfenbeinturm der Wissenschaft und die lärmenden Ballermann-Orte. In allen anderen Lebensbereichen wird sie meist unter Einschluss einiger Vorurteile behandelt.

Man könnte also zu der Ansicht gelangen, Hypnose fände nur in wenigen wissenschaftlichen Nischen unserer Gesellschaft statt, ansonsten nur in Form von greller Bühnendarbietung. Zum Glück stimmt das nicht mehr ganz. Richtig ist allerdings, dass Hypnose längst nicht die Verbreitung hat, die sie verdient. Es mag sein, dass die anerkannten Hypnoseexperten in Deutschland tatsächlich ihre Erkenntnisse ein wenig als Herrschaftswissen gehütet haben, aber es gibt noch einen anderen, entscheidenderen Grund: Die jahrtausendealte Methode der Hypnose ist als Heilverfahren viel zu kostengünstig. Sie konterkariert die Milliarden-Euro-Geldmaschi-

ne der weltumspannenden Pharmaindustrie, da sie zur Heilung meist keine Arzneimittel benötigt und auch keine teuren High-Tech-Geräte – sie macht diese Dinge sogar oft obsolet. Es ist mit der Hypnose ähnlich wie mit dem besten Anti-Aging-Programm: einfach viel Bewegung und eine Ernährung mit sehr viel frischem Obst und Gemüse – das ist prima für die Haut, die Organe, die Haare, die Durchblutung, fürs Jungbleiben insgesamt. Aber es ist gar nicht prima für bestimmte finanzielle Interessen. Man verkauft den Menschen lieber Anti-Aging-Cremes zu hundert Euro pro Tiegel, ebenso kostspielige Anti-Aging-Pillen, gefährliche Anti-Aging-Hormone und merkwürdigste Schönheitsoperationen.

Hypnose empfiehlt man nicht so gerne, weil sie, wie gesagt, viel zu billig ist. Paradox ist dabei aber, dass man bei der einträglichen Vermarktung von Arzneien und modischen Gesundheitsmethoden oft tief in die Kiste der Suggestivmethoden greift, welche in der therapeutischen Hypnose zur Anwendung kommen.

Seit Jahrzehnten arbeite ich als Hypnosetherapeut. Ich werde aufzeigen, wie unsinnig alle vorgefassten Meinungen gegenüber der therapeutischen Hypnose sind. Die Ängste ihr gegenüber sind beispielsweise unbegründet. Und wie sehr wir zugleich geradezu hilflos und ohne es zu wissen tagtäglich merkwürdigen hypnotischen Effekten unterworfen sind. Sie werden auch sehen, wie viel besser, ja selbstbewusster wir mit diesen Einflüssen und mit uns selbst umgehen können, wenn wir die Verfahren der Hypnose kennen. Wann immer größere Probleme in unserem Leben auftauchen, können wir mit den Möglichkeiten der Selbsthypnose von der Wirkung einer solchen Therapie profitieren. Jeder Mensch kann mit Hypnose und Selbsthypnose die negativen Vernetzungen im eigenen Unterbewusstsein auflösen und positiv besetzte neue schaffen. Er wird dadurch in die Lage versetzt, innere Kräfte zu mobilisieren, die eine Beruhigungs- oder Schmerztablette oder die angeblich notwendige Wirbelsäulenoperation überflüssig machen.

Auch die Martyrien einer endlos langen Psychotherapie können einem dadurch erspart bleiben.

✳

Menschen mit körperlichen Krankheiten, seelischen Problemen oder nur der Absicht, mit dem Rauchen aufzuhören, haben nach relativ wenigen Therapiesitzungen meine Praxis in Bremen mit dem Gefühl verlassen, es geht mir wieder gut. Und vor allem wissen sie: Nicht irgendeine Pille hat die Besserung verursacht, keine Apparatur und auch nicht der Therapeut, sondern ich selbst habe es geschafft, ich, der Patient, und der Therapeut war nur mein Trainer bei diesem Prozess. Ich habe es erreicht, nachdem ich mit der Hilfe des Trainers meine inneren Einstellungen neu justiert und gelernt habe, aktiv mit meinem Unterbewusstsein zu kommunizieren. Ich habe erfahren, dass in mir Kräfte schlummern, die mir bislang unbekannt waren und die ich nun genutzt habe.
Wenn das Leben aufhört, aus Abwärtsspiralen zu bestehen, dann erlebt man etwas, das Glück bedeutet. Ich selbst bin da das allerbeste Beispiel für eine neue Weichenstellung im Leben durch Hypnose. Ich hatte mit zwanzig Jahren einen Flugzeugabsturz, der eine Lähmung zur Folge hatte. Seit fünf Jahren saß ich im Rollstuhl. Man hatte mich als einen hoffnungslosen Fall abgeschrieben, für immer sollte ich querschnittsgelähmt bleiben, ich war sogar schon verrentet. Mit fünfundzwanzig lernte ich dann einen hervorragenden Hypnosetherapeuten kennen. Mit seiner Hilfe lernte ich nicht nur innerhalb weniger Wochen wieder gehen, sondern ich fand auch einen Weg aus meinem farblosen Leben heraus. Und das Wichtigste: Ich konnte mich körperlich wieder fühlen, war nicht mehr allein vom Verstand bestimmt. Bislang hatte ich in großem Zynismus gelebt, das hörte nun auf. Meine Heilung schien mir wie ein Wunder. Von da an suchte ich nach einer neuen Orientierung

und hatte den Gedanken, mein weiteres Leben der Hypnose zu widmen. Weil ich am eigenen Leib und an der eigenen Seele erfahren hatte, dass mit Hypnose und Selbsthypnose – also mit der richtigen Ansprache des Unterbewusstseins – auch das scheinbar Unmögliche zu schaffen ist, war ich von den Leistungen der Hypnose mehr als überzeugt. Noch heute kann ich bei meinen Patienten dramatische Veränderungen feststellen, die alle in eine positive Richtung laufen.

✳

Warum überhaupt mancher Lebensweg für Jahre schief läuft, fragt sich irgendwann jeder Mensch einmal in seinem Leben. Tief schürfende philosophische Antworten vermag ich nicht zu geben, doch ich gehe bei meinem Vorgehen von der Tatsache aus, dass Menschen in bestimmte Situationen hineingeboren werden, schließlich Probleme bekommen und diese beseitigt haben wollen – mit einer Methode, die durchgreifend hilft. Aufgrund meiner Lebenserfahrungen bin ich davon überzeugt, dass die Hypnose eine solche Methode ist, die in meinen Augen alle anderen sogar in den Schatten stellt.

Die psychischen und – oftmals daraus folgenden – körperlichen Beschädigungen, an denen wir leiden, entstehen gerade in modernen Zivilisationen durch äußerlich nicht so leicht erkennbare Situationen. Es sieht oft so aus, als sei alles in Ordnung, und ist es doch nicht. Bei mir war scheinbar auch alles in Ordnung. Ich wuchs in einem gut situierten Elternhaus auf, mein Stiefvater war Direktor einer Schokoladenfabrik. Mein stilles Trauma war jedoch, dass ich während meiner Kindheit und Jugend nicht den Hauch von Elternliebe erfuhr, denn meine Mutter lehnte mich nach ihrer zweiten Heirat kategorisch ab, fasste mich niemals an und widmete sich nur den beiden anderen Kindern, die sie noch mit ihrem zweiten Mann bekam. Ich wurde als Altlast ins Internat gesteckt, erst einige Jahre in England, weil der Stiefvater dort tätig war, dann, mit neun Jahren, kam ich in ein Internat nach Deutschland. In England war ich der »Kraut« gewesen und bezog viel Prügel im Schulhof, in Deutschland wiederum – ich sprach anfangs deutsch mit englischem Akzent – beschimpfte man mich als den »Tommy«. Immerhin lernte ich dadurch, mich zu wehren.

Keine Liebe, kein In-den-Arm-genommen-Werden, nichts: In meinem Inneren gab es nicht wenige düstere Erfahrungen, die mich prägten. Um durch das Leben zu kommen, setzte ich nicht auf Gefühle, sondern auf körperliche Härte und intelligente Durchsetzungskraft. Eine Lehrerin aus dem Internat, die ich respektierte und mochte, weil sie die einzige Person war, die mich wirklich wahrnahm, gab mir den Rat: »Bleib sauber, aber tue immer das, was du tun musst, und zwar richtig.« Ich befolgte ihren Hinweis, und zwar mit enormer Konsequenz: Als Fünfzehnjähriger – ich war gerade in den Ferien bei meinen Eltern – floh ich mit meinem Dreigang-Fahrrad, einem halben Brot, einem Glas Silberzwiebeln und ohne Geld von Quickborn nach Aachen, schließlich schwarz über die Grenze nach Frankreich. Unterwegs ernährte ich mich von Obst und Gemüse, das ich von den Feldern stahl, sang an Straßenecken für ein paar Groschen Lieder von Fred Bertelmann, half zeitweise auf einem Bauernhof aus, klaute in Kneipen Messer, Gabel und Löffel und bastelte daraus Schmuck, den ich an Straßen und auf Märkten verscherbelte. So schlug ich mich bis nach Spanien durch. Dieses Land hatte mich stets fasziniert, jedenfalls seit ich Don Quichotte gelesen hatte. Der traurige Held aus La Mancha befand sich ständig im Kampf mit den Windmühlen. Auch mein eigener Kampf ging immer wieder von vorne los. Immerhin konnte ich etwas Spanisch sprechen, ich hatte es bei den Gastarbeitern in der Firma meines Vaters gelernt, als ich in den Ferien dort jobbte. Auf dem Markt in Burgos kam ich bei einem Glas Wein mit ei-

nem Bauern ins Gespräch. Er schlug mir ein Tauschgeschäft vor: mein Rad gegen seinen Esel. Ich willigte ein, vielleicht, um mich Don Quichotte und seinem treuen Begleiter Sancho Pansa nahe zu fühlen. Nur meine Packtaschen behielt ich und schnallte sie dem Esel um. Ich fühlte mich wie ein Vagabund, völlig frei und selbstständig. Heimweh plagte mich in keiner Minute. Wieso auch? Ein wirkliches Zuhause kannte ich ja nicht. Es kam mir nicht in den Sinn, dass sich meine Eltern um mich sorgen könnten.

Der graue Esel trug mich durchs ganze Land bis nach Malaga. In vielen Dörfern half ich Spaniern, die nach Deutschland wollten, um dort Arbeit zu finden, beim Schreiben ihrer Briefe an die entsprechenden Behörden. Als Lohn bekam ich ein gutes Essen serviert, oftmals durfte ich auch in einem richtigen Bett übernachten. So wurde ich von einem Ort zum anderen gereicht, bis ich an die andalusische Küste kam. Hier wimmelte es von Touristen, und ich dachte, Verdienstmöglichkeiten müssten sich auch in dieser Region finden. Ich hatte auch keine großen Schwierigkeiten, Geld zu verdienen, half Touristen aus den unterschiedlichsten Ländern beim Mieten eines Autos oder beim Kauf eines Hauses. Mein Spanisch war in der Zwischenzeit immer besser geworden, und Englisch sprach ich sowieso perfekt. Abends sang ich in Bistros »Lilly Marleen« und andere Schlager. Dieses wunderbare Leben währte ein Jahr. Es war zu Ende, als mich schließlich die Guardia Civil aufgriff. Man schickte mich nach Deutschland, zurück zu meinen Eltern. Was sie sagten, weiß ich nicht mehr, jedoch, dass ich eine Woche später schon wieder auf Tour war, dieses Mal per Anhalter. Inzwischen war ich sechzehn Jahre alt geworden und kannte das Spiel des Lebens in sämtlichen Dimensionen. Ich wusste, wie ich mich durchschlagen konnte. Zumindest nahm ich das an.

Ich kam bis Saarbrücken. In dieser Stadt lernte ich einen Typen aus der französischen Fremdenlegion kennen, der mich überredete, seinem Schicksal zu folgen. Als Jugendlicher konnte ich nicht abschätzen, was mich in der Fremdenlegion erwarten würde. Einzig wichtig war für mich, dem Elternhaus zu entkommen. Und je weiter ich davon fort war, umso besser erschien mir die eigene Zukunft. Fremdenlegion – schon das Wort klang nach einem spannenden Abenteuer.

Es war auch spannend, mehr, als mir lieb war. In Marseille absolvierte ich einige Monate lang eine ziemlich harte Ausbildung. Nahkampfübungen waren an der Tagesordnung, überhaupt ging es darum, auf welche Weise Menschen schnell getötet werden konnten. Genauer wollte ich über die Trainingsmethoden nicht nachdenken, sie hielten mich letztlich körperlich fit. Auch gab es ein verheißungsvolles Ziel, es sollte nämlich bald nach Afrika gehen, und zwar nach Algerien. Dieses Land erschien mir so weit weg von meinen Eltern, dass das, was ich für dieses Land lernte, einfach gut sein musste. In Algerien allerdings kam die Ernüchterung. Wir wurden gegen Rebellen eingesetzt, die wegen ihrer Brutalität berüchtigt waren. Auge um Auge, Zahn um Zahn – einzig darum ging es. Welche Methoden dabei zum Einsatz kamen, war ihnen völlig gleichgültig. Hauptsache, es wurden Legionäre umgebracht. Und wir wurden gedrillt, Rebellen nach ihrem Leben zu trachten. Nur das zählte für uns. Wir Legionäre waren ständig in Lebensgefahr, permanent stand ich unter Strom. Dann kamen nach einigen Monaten die Tage der Apokalypse.

Wir waren mit unserer relativ kleinen Fremdenlegion-Kompanie von rund fünf Dutzend Mann in der Nähe von Sheik el Begir. Unser Auftrag lautete, die Aufständischen zu entwaffnen. Ein Spähtrupp von uns stieß auf der Landstraße auf drei Jugendliche, die ihnen mit erhobenen Armen entgegenkamen. Folglich senkten unsere Leute die Waffen. In diesem Moment bückte sich blitzschnell der mittlere der Jugendlichen und der rechts von ihm stehende drückte aus der mittig auf den Rücken des Mittleren geschnallten – und deswegen vorher nicht sichtbaren – Maschinenpistole ab: ein Trick, den der Vietkong schon im Vietnamkrieg praktizierte. Von den fünf Legionären überlebte nur einer. Unsere Kompanieführer beschlossen eine Vergeltungsmaßnahme. Das Dorf, aus dem die Rebellen stammten, sollte radikal ausgeräuchert werden. Der Plan wurde sofort in die Tat umgesetzt. Tabula rasa in der Kriegsführung. Wir griffen gleich am folgenden Tag mit einigen Dutzend Mann an und zerstörten ohne jede Rücksicht das gesamte Dorf – wie es unser Befehl war. Kein Stein blieb auf dem anderen; wir hinterließen ein flammendes Inferno.

Meine Welt geriet aus den Fugen. Ich, ein Sohn aus guter Familie, aufgewachsen in einem feinen englischen Internat, musste bei dieser Racheaktion komplett alles ausblenden, was ich jemals über den zivilisierten Umgang von Menschen untereinander gelernt hatte.

Am Abend dieses Tages versuchte ich mich zu erinnern, ob ich beim Drücken des Abzugs das Gewehr tatsächlich immer etwas zu hoch gehalten hatte – so wie es mein Vorhaben war, um nur ja nicht unschuldige Menschen zu töten. Die Fremdenlegion, mein Fluchtpunkt, mein verheißungsvolles Abenteuer, entwickelte sich zu einem furchtbaren Trauma. Die gellenden Todesschreie von Männern, Frauen und Kindern fanden in der Mitte meines Kopfes ihren Widerhall, Tag für Tag, Nacht für Nacht. Sie fraßen sich dort förmlich fest, und ich fing an, mich zu fragen, warum ich eigentlich hier war. Ich wollte fort, das war im Grunde klar. Aber es war nicht einfach, weil ich einen Vertrag unterschrieben hatte.

An diesem Abgrund meines Lebens kam mir der Gedanke, dass dies alles wie eine explosionsartige Steigerung dessen war, was ich bisher bei meiner Mutter und meinem Stiefvater erlebt hatte: Das Fehlen von Mitgefühl für den anderen, das kannte ich doch von Kindesbeinen an. Hier aber existierte es in einem völlig rechtsfreien Raum, war mit Blut getränkt, mit kaum vorstellbaren Grausamkeiten verbunden. Ein sinnloses gegenseitiges Auslöschen war das kurzfristige Ziel, bis das nächste Abschlachten erfolgte. Das, was wir in diesem Dorf als Strafaktion anrichteten, war ein entsetzliches Gemetzel. Es war das erste Mal, dass ich so etwas erlebte. Ich dachte nicht, dass ich noch einmal mit einem ähnlichen Erlebnis konfrontiert werden würde. Jahre später musste ich in einem tibetischen Kloster mit ansehen, wie chinesische Soldaten in einem Kloster buddhistische Novizen töteten. Da aber wusste ich dann schon eher, wie ich mit dieser Apokalypse umzugehen hatte.

✳

Am nächsten Tag, nachdem unser Trupp im Dorf das Zerstörungswerk vollbracht hatte, war ich mit einem Spähtrupp von sechs Männern unterwegs. Wir glaubten uns sicher, aber plötzlich begannen die vor uns liegenden Felsen lebendig zu werden. Überall tauchten zwischen dem Gestein Köpfe und Körper auf. Diese Männer waren wie verschweißt mit ihren schweren Waffen, die grell in der Sonne aufblitzten. Für Sekunden wurde die Stille der Wüste von einem trockenen Knallen zerrissen. Ungefähr zwanzig Rebellen überfielen uns, vier Männer aus unserem Trupp waren sofort tot, einer schwer verwundet. Ich wurde von einem Schulterdurchschuss niedergestreckt, mein Freund Joseph blieb unverletzt.
Die Rebellen brachten uns Überlebende ins nächste Dorf. Man gab uns zu trinken und machte uns klar, dass man uns nun als Köder benutzen würde, um unsere übrigen Kameraden in eine Falle zu locken. Man wolle uns so quälen, dass man unsere Schreie weit hören würde, erklärten sie uns in aller Ruhe auf Französisch. Der Plan der rund hundertzwanzig Guerilleros war, sich dann, wenn die Legionäre kämen, um uns zu retten, aus den Hütten des Dorfes zu stürzen und unsere Leute abzustechen.
Unser dritter Mann starb bald, es blieben der unverletzte Joseph und ich. Sie würden uns an einer Palme aufhängen, kündigten

die Rebellen an. Jetzt geht es um Folter, dachte ich, und ich sagte zu meinem Freund: »Joseph, lass mich zuerst.« Ich wusste, mein Kamerad hatte ein Stilett in seinem Ärmel versteckt. Würde er bei mir sehen, dass die zugefügten Schmerzen unerträglich wären, dann hätte er wenigstens die Chance, sich mit einem schnellen Stich ins Herz umzubringen. Ein Stich direkt ins Herz, das hatten wir gelernt, ist schmerzlos. Zumindest fast schmerzlos.

Man legte mich mitten im Dorf bäuchlings auf den Boden, den Kopf in den Sand gepresst. Anschließend zogen sie mir die zerfetzte Jacke und das Hemd aus. Alles passierte sehr ruhig, fast höflich. Die Rebellen schnitten mir nun mit einem Messer links und rechts an den Schulterblättern an jeweils zwei Stellen vertikal über etwa zehn Zentimeter Länge die Haut auf, schoben dann das lange Messer unter der Haut und den Schultermuskeln durch, von der einen Wunde zur anderen – eine Wunde war ja schon durch den vorherigen Durchschuss entstanden –, und zogen zwei fest verdrillte Palmblätter durch. An denen befestigten sie ein Seil, daran zogen sie mich gut zwei Meter an einer Palme hoch, sodass meine Füße rund einen Meter über dem Boden baumelten. Sie taten es nicht zum ersten Mal.

Was Schmerzen sind, hatte ich bei verschiedenen Kampfhandlungen in den letzten Monaten kennen gelernt. Damals, noch weit entfernt von Methoden wie der Hypnose, stand mir bei Schmerzen nur ein einziges Hilfsmittel zur Verfügung: Härte. Und das hieß, extrem die Zähne zusammenzubeißen. Ohnehin kann man in einer derartigen Situation nicht mehr über Schmerzen nachdenken. Diese Schmerzen sind so furchtbar und allumfassend, dass man größte Mühe hat, überhaupt noch zu atmen. Mein Leben war in diesen Stunden, als ich an meiner Rückenhaut an der Palme hing, eine einzige Qual. Wenn ich in dieser Zeit noch an etwas zu denken vermochte, dann ging es um ein Fünkchen Hoffnung. Gab es vielleicht doch eine allerletzte Chance zum Überleben?

Die Absicht der Guerilleros war es, dass wir vor Schmerzen brüllen und schreien sollten. Ich schrie aber nicht. Grüppchenweise forderten jetzt die Jüngeren unter den Rebellen unter großem Gejohle, die gleiche Prozedur bei Joseph zu wiederholen. Und als sein Körper an Haut und Muskeln der Schulterblätter an der Palme hing, brüllte er wie ein verendendes Tier, brüllte vor Schmerzen so, dass es mit höchster Wahrscheinlichkeit sehr weit zu hören war. Unser Trupp kam dennoch nicht, lief nicht in die Falle. Etliche unserer Kameraden waren in Indochina im Einsatz gewesen und ahnten wohl etwas.
Warum schrie ich nicht? Sicher nicht, weil ich so heroisch war. Vor meinen Augen lief fortwährend unser brutaler Angriff auf das algerische Dorf am Tag zuvor ab, mit all den Schüssen, all den verzweifelten Schreien, den spürbaren Todesängsten. Diese Menschen schrien für mich. So laut, dass ich mir am liebsten die Ohren zugehalten hätte. Die Brutalität, mit der unsere Leute vorgegangen war, ließ mich verstummen. Zugleich war ich voller Wut. Die Niederträchtigkeit, mit der meine Kameraden umgebracht worden waren, sie entsetzte mich dermaßen, dass ich den Rebellen nicht den Gefallen tun wollte – sie sollten mich nicht schreien hören.
Um mich doch dazu zu bringen, zogen sie mich an den Beinen. Aber nicht brutal. Es war eigenartig: Diese Menschen waren nicht auf plumpe Weise bestialisch, eher wohl durchdacht, fast zynisch. In aller Ruhe zupften sie immer etwas mehr an meinen Füßen. Dadurch riss die Haut Zentimeter für Zentimeter weiter ein. Die dicken Narben an den Schultern zeugen noch heute davon.
Die Folter war gekonnt. Unentwegt schossen mir Bilder des Dorfüberfalls durch den Kopf, sie vermischten sich mit den todesnahen Schmerzensschreien von Joseph, der keine sechs Meter neben mir hing. Nach endlosen Stunden brach die Nacht ein. Joseph war verstummt, schrie dann aber plötzlich wieder erbärmlich laut auf. Es war das letzte Mal. Der Tod hatte ihm gnädig die Hand auf den

Mund gelegt. Ich dachte, lieber Gott, lass mich auch sterben, lieber Gott, lass mich leben.
Es wurde Tag. Ich war immer noch stumm geblieben, spürte aber, ich würde diese Tortur nun nicht mehr lange überstehen. Undeutlich sah ich Menschen in meiner Nähe stehen. Waren es Feinde? Egal, dieser Zustand sollte nur vorbei sein. Mein Durst war mindestens so schlimm wie der unaufhörliche Schmerz, der vom Rücken ausging. Zugleich ließ er meinen gesamten Körper wie einen Schildkrötenpanzer versteinern.
Dann ließ die gleißende Sonne am zweiten Tag meinen Schmerz und meine Gedanken glücklicherweise ganz vertrocknen. Ich befand mich in einem Delirium. Mehlig registrierten meine Augen noch die irgendwann wieder einbrechende Dunkelheit. Danach nichts mehr. Ich fiel ins Koma.
In einem Lazarett wachte ich wieder auf. Erstaunt schaute ich um mich, auf meine Hände und Füße. Ich lebte. Man erzählte mir, dass unter den Legionären einige vietnamerfahrene Dien-Bien-Phu-Kämpfer dabei waren. Sie hatten in der Dunkelheit einen so genannten Sternangriff mit fünf Gruppen zu fünf bis sechs Kämpfern auf das Dorf organisiert. Zwischen den Gruppen legten sie Feuer, das durch seine vielfältigen Schatten verwirren sollte. Die Rebellen hatten auch tatsächlich den Eindruck, dass es sich bei diesem Angriff um eine extrem große Gruppe handelte. Die Legionäre töteten siebenundachtzig Rebellen. Mich retteten sie in letzter Sekunde, Joseph konnten sie nur noch tot von der Palme abschneiden. Immer noch im Koma, wurde ich ins algerische Hauptlager gebracht, anschließend in eine Klinik nach Marseille geflogen. Dort war ich vier Wochen in Behandlung. Zu meinem Glück infizierten sich die fürchterlichen Wunden nicht.

*

Ich war sechzehn Jahre alt, und nach allem, was ich erlebt hatte, weit älter. Sollte das das Leben sein? Zu Hause eine schockgefrostete Elternliebe und nun Tod und Verbrechen? Ohne damals wissen zu können, in welcher Weise diese bitteren Erfahrungen einmal Sinn machen würden, hatte ich nur begriffen, dass der Kampf gegen etwas Bestimmtes nur Gegendruck erzeugt, nur neues Leid mit sich bringt. Die Erkenntnis, dass man mit einem solchen Kampf nichts erreicht, wurde später eine der wichtigsten Grundlagen für meine Hypnosearbeit. Im Krankenhaus dachte ich nur, dass ich es ganz schön dick abbekommen hatte.
Nach meiner Genesung wurde ich wieder nach Algerien zurückgeflogen. Was ich schon vor der Folter für mich formuliert hatte, bekam jetzt eine noch größere Dringlichkeit: es reichte mit der Legion. Ich musste von ihr fort. Ich wusste von einigen anderen Legionären, dass sie auch die Nase voll hatten. So waren es fünf Männer, die mit mir desertieren wollten. Alles musste heimlich ablaufen, denn wer als Deserteur erwischt wurde, den erschoss man umgehend. Wir schlichen nachts davon, ohne Waffen, keiner von uns wollte je mehr eine tragen. Nur mit Kompass und Uhr ausgestattet, schlugen wir uns durch die Wüste Richtung Oran. In der vierten Nacht wachten wir auf und sahen zwischen den Felsen zwanzig dunkle Gestalten um uns herumstehen, obwohl wir aus Sicherheitsgründen kein Feuer angemacht hatten. Es waren Beduinen und rebellische Söldner. Einer von den Söldnern leuchtete mich an, musterte mich, bewegte sich auf mich zu und sagte freundlich: »Never forgot you. You risked your life for my people« – Ich habe dich nie vergessen, du hast dein Leben für unsere Leute riskiert. Der Söldner war ein Waliser, den die Beduinen gefangen genommen hatten und der nun zusammen mit den Einheimischen in dem Dorf lebte, in dem wir vor zwei Monaten sämtliche Hütten niederbrennen und die Bewohner töten sollten. Er hatte beobachtet, dass ich mit meinem Gewehr in die Luft schoss. Von den Legionä-

ren hatte das übrigens keiner gemerkt. Bei den Konsequenzen, die sich daraus für mich hätten ergeben können, läuft mir noch heute ein Schauer über den Rücken.
Die Beduinen brachten uns mit ihrer Kamelkarawane nach Oran. Dort versetzten wir unsere Uhren und bezahlten mit dem Geld Fischer, die uns mit kleinen Booten nachts nach Gibraltar brachten, wo wir uns den Engländern stellten. Mit mir waren es noch drei Männer, die beiden anderen hatten sich unterwegs abgesetzt. Wir wurden vernommen und mit gutem Essen aufgepäppelt. Für die Engländer kamen wir wie gerufen. Nichts kam ihnen besser gelegen, als über Deserteure bei den Franzosen berichten zu können. Anfangs stutzen die englischen Offiziere über mich. Ein deutscher Jugendlicher, der aus der französischen Fremdenlegion desertierte und perfekt Englisch sprach? Da sich meine Eltern aber längst mit der deutschen Botschaft in Madrid in Verbindung gesetzt hatten, waren alle Fragen rasch geklärt. Und bald war ich wieder in Deutschland.
In der Fabrik meines Vaters arbeiteten spanische Gastarbeiter, die Autos kaufen wollten. Das hatte ich schnell raus. Da ich schleunigst wieder von meinen Eltern abhauen wollte, musste ich zusehen, wie ich zu Geld kam. Ich vermittelte die Spanier an Gebrauchtwagenhändler und kassierte von denen bei einem erfolgreichen Verkauf fünf Prozent, dazu bekam ich von den Spaniern die Hälfte von der Summe, die ich beim Autohändler offiziell für sie herunterhandeln konnte. Schließlich hatte ich 14 000 Mark beisammen. Dummerweise fand mein Vater das Geld in meinem Zimmer in einer Zigarrenkiste. Er behauptete, ich hätte es geklaut, nahm es mir weg und steckte mich genau zu meinem achtzehnten Geburtstag, am 8. Februar 1961, in eine Erziehungsanstalt in Glückstadt. Dort lernte ich so wegweisende Fertigkeiten wie Fischernetze zu knüpfen und in einer Papierfabrik Hilfsarbeiten zu verrichten. Immerhin bekam ich dafür ein paar Mark. Dennoch war das Leben in dieser nord-

deutschen Kleinstadt äußerst trostlos. Ich hatte die Apokalypse in Algerien überstanden, ich wollte endlich leben. Etwas Warmes und Schönes sollte in mein Leben eintreten. Doch ich wusste nicht genau, wie das aussehen sollte, ich wusste nur, es musste etwas passieren.

*

Eine Anzeige der Bundeswehr strahlte mich an. Es wurden junge Leute gesucht. Mir erschien diese Anzeige wie ein Ausweg, obwohl ich mir in Algerien geschworen hatte, nie wieder eine Waffe anzufassen. Aber ich dachte, ich könnte ja Pilot werden, zudem müsste ich in einer Friedensarmee wie der Bundeswehr keinen Menschen umbringen. Schon deshalb könnte sie nicht so schlimm sein wie die Fremdenlegion. Kurze Zeit später erhielt ich die Aufforderung zur Musterung, und schon am 1. Juni 1961 kam ich zur Grundausbildung ins niedersächsische Bückeburg. Ich muss mir das auch immer wieder klar machen: Ich meldete mich freiwillig als Zeitsoldat nach diesen entsetzlichen Erfahrungen bei der Fremdenlegion – der Druck, von den Eltern wegzukommen, war wohl groß.

Für Jets war ich nicht tauglich wegen meines Asthmas und wegen meiner Rückenverletzungen, die mir die Rebellen zugefügt hatten, als sie mich in Algerien wie ein Stück Fleisch an einer Palme aufgehängt hatten. Aber bei Helikoptern und Propellermaschinen, da konnte ich als Heeresflieger einsteigen. Immerhin konnte ich den Leistungsschein im Segelfliegen vorweisen, das war von Vorteil. Schon mit vierzehn Jahren hatte ich meinen ersten Alleinflug gemacht.

Bei der Hamburger Flutkatastrophe im Frühjahr 1962 wurde ich dann für meine Helikopter-Einsätze ausgezeichnet. Vor dieser Katastrophe hatte ich als Co-Pilot mehrere Einsätze geflogen, um Hilfsgüter ins marokkanische Erdbebengebiet Agadir zu transpor-

tieren. Nach der Flutkatastrophe sagte man mir, ich hätte mich bestens bewährt. Und: Hätten Sie nicht Lust, so ein großes Transportflugzeug wie die Noratlas zu fliegen? Ich hatte viele Erfahrungen und unzählige Flugstunden. Warum nicht, dachte ich, damit hätte ich später einen guten Berufsstart – Hubschrauber waren zu dieser Zeit im Zivilbereich noch nicht so verbreitet.

Die Umgewöhnung auf die riesige Maschine schaffte ich schnell. Ich erhielt die Ausbildung für den IFL-Blindflug (Instrument Flight Landing), mit ihrem Abschluss hätte ich die kommerzielle Pilotenlizenz (CPL, Commercial Pilot License) gehabt. Zur Übung bekam ich einen Helm aufgesetzt, mit dem ich nicht mehr aus dem Cockpit schauen konnte. Er hatte einzig eine Blende, sodass ich nur die Instrumente im Blickfeld hatte. Hätte ich den Kopf in den Nacken gelegt, um zu mogeln, der Ausbilder, der neben mir saß, hätte dies sofort bemerkt.

Wir waren auf einem Feldflugplatz in der Lüneburger Heide. Alles lief sehr gut, wir waren kurz vor dem Ende der Ausbildung und übten zum wiederholten Male, nach Anweisung den Flugplatz anzufliegen, kurz aufzusetzen und unmittelbar wieder durchzustarten – Touch and Go *hieß das.*

Mit sieben Maschinen wurde diese Technik gelernt, ich saß in der vierten. Wir kamen sanft herunter, aber wenige Meter über dem Boden spürte ich, wie jählings ein heftiger Seitenwind in die Maschine einschlug. Ich schaltete sofort auf den SLIP, was heißt, man stellt die Maschine auf eine Tragfläche. Wir waren etwa dreißig Meter über dem Boden, hatten aber keine Chance. Auch der Fluglehrer, ein erfahrener Pilot, konnte nichts tun, die Fallbö kippte die Maschine und schleuderte uns mit der linken Tragfläche in ein kleines Befeuerungshäuschen neben der Landebahn, in dem die Elektronik des Feldflugplatzes untergebracht war. Ein infernalischer Krach war zu hören. Ich hörte jemanden fürchterlich schreien, bis ich feststellte, das war ich selbst, der da schrie. Wäh-

rend ich versuchte, mit dem Schreien aufzuhören, merkte ich, dass da noch ein anderer Mensch unter Schmerzen litt. Auch er schrie, es war der Navigator. Der Kapitän neben mir war tot, die gesamte elektronische Anlage war aus der Verankerung gerissen und hatte dem Navigator beide Beine oberhalb der Knie abgequetscht. Die Maschine brannte. Der Navigator und ich wurden noch rechtzeitig aus dem Flugzeug gezogen. Auf der Schulter und an den Schenkeln trug ich großflächige Verbrennungen davon.

Es ist nie geklärt worden, wie eine Bö dermaßen starke Auswirkungen haben konnte. Die Maschinen flogen damals sehr dicht hintereinander, dadurch entstehen starke Wirbel und Strömungen, wie man heute weiß. Die große Maschine lag jedenfalls rücklings im Feld.

In diesem Unglücksmoment passierte es nicht, dass mein ganzes Leben an mir vorbeizog, wie man es in pathetischen Filmen serviert bekommt. Ich war einfach paralysiert und dachte, das kann alles nicht sein, das kann nicht wahr sein, muss ich denn schon wieder so einen Mist erleben. Neben den Verbrennungen war ich auch noch am Bauch und am Rücken verletzt. Als Sanitäter mich auf die Trage hoben, schoss durch meinen Körper ein Schmerz, der mich fast umbrachte, ein so unvorstellbar furchtbarer Schmerz, noch schlimmer als jene Qualen, die ich in Algerien durchgemacht hatte. Zum Glück wurde ich ohnmächtig. Als ich zwei Tage später in das Bundeswehrlazarett nach Fürstenfeldbruck bei München geflogen wurde, wachte ich erst wieder während des Fluges auf. In Fürstenfeldbruck waren die Ärzte und Schwestern auf solche Unfälle gut vorbereitet. Die unzähligen Starfighter-Abstürze in den sechziger Jahren hatten sie trainiert.

Ein Arzt trat an mein Krankenbett und sagte mit trockener und stockender Stimme: »Herr Riedel, Sie befinden sich hier im Bundeswehrlazarett Fürstenfeldbruck. Sie hatten einen Flugzeugabsturz, und natürlich werden wir alles versuchen, damit Sie wieder laufen können.« Das war deutlich. Die Aussage dieses Arztes brannte sich unlöschbar in mein Hirn ein, denn ich, gerade aufgewacht und unter Beruhigungs- und Schmerzmitteln stehend, ahnte ja noch nichts. Jetzt wusste ich es. Ich konnte nicht mehr gehen. Ich war gelähmt.

2 Was ist Hypnose? Was kann Hypnose? Warum Hypnose?

Schau jetzt tief in meine magisch glühenden Augen! Du bist nun tief in Hypnose und wirst, wenn du wieder wach bist, für mich die Bank um die Ecke überfallen und bei mir die Beute abliefern. Danach wirst du von alledem nichts mehr wissen.« Die Geschichte zu diesem filmischen Monolog: Ein Mann wird von einem bösen Hypnotiseur in Trance gesetzt, um eine Bank um Millionen zu erleichtern. Selten habe ich einen solch dämlichen Krimi im Fernsehen gesehen. Wenn ich den Monolog nicht exakt wiedergegeben habe, möge man mir verzeihen.

Und tatsächlich: Auf suggestives Geheiß des Hypnotiseurs raubte der Mann eine Bank nach der anderen aus und lieferte das Geld folgsam beim Hypnotiseur ab, anschließend wusste er nichts von seiner neuen Karriere als Verbrecher. Derartiger Unsinn wird seit Jahrzehnten über die Hypnose verbreitet. Nichts scheint schöner zu sein, als die blühende Fantasie zu bedienen, mit einem mächtigen, natürlich schwarz gekleideten Hypnotiseur, der mit wild rollenden Augäpfeln Unheil anrichtet. Man findet Szenen dieser Art in vielen Filmen, TV-Serien, auch in Romanen, bis hin zu Comics mit gruselig skizzierten Hypnotiseuren, die Macht über alle anderen Helden haben. Man muss nur an Dagobert Duck denken, wie er gegen seinen Willen hypnotisiert wird und infolgedessen scheinbar freiwillig seine geliebten Talerchen abgibt. Die Geschichten sind der Wahrheit so nahe, wie es beispielsweise ein Film wäre,

in dem ein transplantiertes Herz mit Tesafilm im Brustkorb des Patienten befestigt werden würde.
Spiegeln nun solche Filme oder Comics vorhandene Vorurteile über Hypnose wider oder erzeugen sie erst diese? War die Henne zuerst da oder das Ei? Mit Sicherheit gibt es keine eindeutige Antwort. Es gibt aber mit Sicherheit eine Menge falscher Ansichten über Hypnose, die durch Nichtwissen zustande gekommen sind. Hypnose ist nicht schwarze Magie, sondern zusammen mit der Selbsthypnose eine der besten Methoden, um unser Leben glücklicher, gesünder und optimal zu gestalten. Dies zu zeigen, sehe ich als meine Aufgabe an.
In über zwanzig Jahren Hypnosepraxis konnte ich bislang Tausenden von Menschen mit den unterschiedlichsten seelischen und körperlichen Problemen helfen, sich sehr schnell selbst zu helfen. Die meisten dieser Patienten hatten anfangs große Vorurteile, erlebten dann die Therapie als ein höchst angenehmes Wohlgefühl mit erstaunlicher Effizienz. Mit dem Ende der Therapie waren ihre Vorurteile verschwunden, da sie neue Lebenskraft gefunden, ihr Lebensspektrum vergrößert und Gesundheit wiedererlangt hatten. Bewirkt hat dies allein die Erfahrung der Hypnose. Wenn Sie sich ohne Voreingenommenheit dieser Heilmethode zuwenden, erleben Sie die positive Wirkung der Hypnose noch effektiver.
Den Vorverurteilungen will ich gleich mit einer Information entgegnen, die den meisten Menschen nicht bekannt ist: Hypnose ist in Deutschland in der Ärztlichen Gebührenordnung (GOÄ, Gebührenordnung für Ärzte) unter Position 845 als wissenschaftlich anerkannte Methode aufgeführt – wie auch längst in Italien, der Schweiz und in Skandinavien. Sie ist an vielen ausländischen Universitäten selbstverständlicher Bestandteil des Medizinstudiums.
Die Vorurteile sind allerdings eher eine Randerscheinung. Ich hebe sie nur hervor, weil sie, das liegt in der Natur von Vorurteilen, mit

Unwissen in einem Zusammenhang stehen: Immer wieder berichten mir Patienten, bei ihrem Arzt oder auch ihrer Krankenkasse hätten sie, als sie nach den Möglichkeiten von Hypnose fragten, die Auskunft bekommen, das könne man ja nicht ernst nehmen, das wirke nicht, sei nur Placebo-Quatsch. Zudem wisse man ohnehin nichts drüber, Hypnose sei im Grunde Humbug. So ein Unsinn darf vielleicht am Stammtisch verzapft werden, nicht aber von Ärzten oder Krankenkassenvertretern, die wissen müssten, dass diese Therapieform anerkannt ist.

*

Schauen wir uns kurz an, was Hypnose grundsätzlich ist:
Das Wort »Hypnose« kommt aus dem Griechischen und heißt übersetzt »Schlaf«. Doch diese Bezeichnung ist irreführend. Im Zustand der Hypnose oder der Selbsthypnose schläft man nicht, sondern man befindet sich vielmehr in einer Form zwischen gewohntem Wachbewusstsein und Schlaf, nämlich in einer durch Suggestionen erzeugten Trance. In diesem Zustand ist man innerlich heruntergefahren, aber weder taub noch weggetreten. Man hört alles, was um einen herum passiert, nur wird einem in der Trance die Menge an Außenreizen unwichtig, weil man sich stattdessen auf Wesentliches konzentriert. Der Verstand wird dabei ausgeschaltet, in den Vordergrund tritt die Kommunikation mit dem Unterbewusstsein.
Viele Naturvölker praktizieren Formen der Trance seit Jahrtausenden. Sie haben erkannt, dass man über diesen Zustand Dinge erreichen kann, die sonst dem Menschen nicht möglich erscheinen. Doch wie Hypnose letztlich wirklich funktioniert, wissen wir bis heute immer noch nicht. (Müssen wir das überhaupt wissen?) Aber auch die Funktionsweise unserer Emotionen, Empfindungen und Ahnungen sind noch längst nicht erforscht. Erst in Ansätzen ver-

stehen wir die Prozesse, die im Gehirn bei Angst, Furcht, Freude, Liebe oder Hass ablaufen.

Der grundsätzliche Vorgang bei Hypnose und Selbsthypnose ist einfach und klar: Im abgesenkten Trancezustand laufen die Gehirnwellen sozusagen auf halber Geschwindigkeit, und bei dieser langsameren Gehirnwellenfrequenz ist der Verstand, das intellektuelle Denken, nicht mehr voll oder, bei sehr tiefer Trance, überhaupt nicht mehr wirksam. Dadurch hat der Mensch die Chance, direkt sein Unterbewusstsein anzusprechen. Da das Unterbewusstsein nicht wie der Verstand auf intellektuelles Denken reagiert, sondern Lebenserfahrungen aus Millionen von Jahren in Erfahrungsbildern in sich trägt, muss es mit Vorstellungen und Suggestionen animiert werden. Weil es nicht argumentativ abwägt, kann das Unterbewusstsein bei ihm eintreffende Informationen auch nicht intellektuell prüfen. Es nimmt vielmehr alle Meldungen und Nachrichten an und versucht in einer fast naiven Vasallentreue zu uns als Individuum, sie zu unserem Besten zu vernetzen und umzusetzen. Die Informationen werden vom Unterbewusstsein als Prägungen aufgenommen, ähnlich wie bei einem Computer ein Programm installiert wird.

Bei richtigen – und für den Menschen guten – Informationen setzt das Unterbewusstsein durch diese Vernetzung gewaltige Kräfte frei, gegen die sich der Intellekt geradezu lächerlich ausnimmt. Bei der Weiterleitung von Informationen aus traumatischen Erfahrungen (Unfälle, Überfälle, Vergewaltigungen, Kriegserlebnisse) können jedoch auch Mächte wirksam werden, die uns schaden können, ohne dass dies das Unterbewusstsein weiß. Denn, wie gesagt, es gewichtet nicht nach Logik, nicht nach Gut und Böse, es will immer nur in unserem Sinne für lebenserhaltende Situationen sorgen. Hat man also schreckliche Lebenserfahrungen gemacht, erfährt das Unterbewusstsein entsprechende negative Programmierungen. Fortan können wir im Leben psychische Probleme haben. In derartigen Fällen kann man mit keiner Methode so gut wie mit der Hypnose das Unterbewusstsein direkt ansprechen, um die negativen Programmierungen aufzulösen und durch neue, positive zu ersetzen. Dies ist keine Manipulation, weil der Hypnoseexperte hier nur anregt und führt, die eigentliche »Programmierung« jedoch wird von einem selbst vorgenommen. Und dies geschieht auch nur dann, wenn man sie akzeptiert.

In der therapeutischen Hypnose wird das Unterbewusstsein gezielt zur Behebung der speziellen Problematik eines Patienten angesprochen. Mit den oberflächlicheren hypnotischen Effekten, die kurzzeitig wirksam sind – etwa, dass ein Trinker einfach nicht mehr fähig ist, eine Flasche hochzuheben –, wird nur im Notfall gearbeitet. Prinzipiell geht es immer um eine direkte, tiefe Ansprache des Unterbewusstseins, um Strukturen aufzulösen, die den Menschen Schwierigkeiten bereiteten.

Dabei spielt die Art des zu lösenden Problems keine Rolle. Das kann das Stottern eines Kindes sein, das lästige Rauchen, Alkoholmissbrauch, die allgemeine, nicht recht zu definierende Lebenskrise, Depressionen bis hin zu einer gewünschten Leistungssteigerung im Sport oder die Durchführung großer, stundenlanger Operationen ohne Narkosemittel: in allen Fällen hilft Hypnose. Und lachen Sie nicht: Es ist in Studien nachgewiesen worden, dass Knochenbrüche mithilfe von Hypnose schneller zusammenwachsen, auch, dass man durch sie bei Frauen das Wachstum der Brüste anregen kann – dies nur als Beispiele für die fast grenzenlose Bandbreite der Hypnose.

Für mich funktioniert Hypnose, wie auch eine gut trainierte Selbsthypnose, besonders überzeugend, wenn es darum geht, der nicht ganz so einfachen Suche nach dem Lebensglück, nach einer optimistischeren Lebenseinstellung einen Weg zu weisen. Bei diesen Methoden findet man das, was die Grundvoraussetzung für jede Form von Lebensglück ist: sich selbst.

Die Grenzen der Hypnose sind schnell gesteckt. Ihre Arbeitsweise ist nicht anwendbar bei Menschen mit schweren Psychosen oder debilen Menschen – und natürlich bei den Personen, die Hypnose partout ablehnen.
Hypnotische Effekte können zu kleinen Manipulationen eingesetzt werden – die Werbung tut das laufend. Prinzipiell schläft man jedoch nicht in der therapeutischen Hypnose, noch ist man ohnmächtig oder gar bereit, Dinge zu tun, die man letztlich nicht will. Die Sache mit dem Bankraub wird nicht funktionieren, außer Sie wollten schon immer mal eine Bank überfallen. Man verliert in der Hypnose in keiner Weise die Kontrolle über sich selbst. Das Unterbewusstsein arbeitet immer nur im Interesse des Menschen, in dessen Körper es »wohnt«. Außerdem wird therapeutische Hypnose nur dann langfristig wirksam, wenn man als Therapeut dem Unterbewusstsein allein Anregungen gibt oder einige Möglichkeiten aufzeigt. Die Änderungen im Leben oder in der Gesundheit eines Patienten werden von ihm selbst vollzogen beziehungsweise bewältigt. Im letzter Instanz ist nämlich jede Hypnose eine Art von Selbsthypnose. So, wie man auch eigenständig Ski fährt, selbst wenn der Skilehrer zuvor diesen oder jenen hervorragenden Tipp gegeben hat.
Hypnose lässt sich auch hervorragend mit anderen Methoden kombinieren, kann Psychoanalysen unterstützen und beschleunigen, also grundlegend dabei helfen, seelische Probleme rascher aufzudecken. Hypnose ist nämlich genau das Gegenteil eines zudeckenden Verfahrens, wie es leider sogar von medizinisch beschlagenen Menschen immer noch behauptet wird. Wenn man sich das eigene Seelengebäude als Haus vorstellt, dann lässt sich sagen, dass keine Methode so erfreulich schnell und konkret den abgestellten und vergessenen Sperrmüll vom Dachboden und aus dem Keller räumt und Ordnung schafft wie die Hypnose. Anschließend traut man sich wieder, der Umwelt nicht nur sein Wohnzimmer zu zeigen,

sondern das ganze Haus – so schafft Hypnose wohltuende Öffnungsprozesse und weitet den Blick.

Es gibt durchaus viele therapeutische Methoden, die unsere Seelennöte, den Liebeskummer, die vergebliche Suche nach Glück und die negativen körperlichen Folgen mancher seelischen Verstrickungen hervorragend erkunden, erkennen, analysieren und bewerten können. Nur: Ändert sich deshalb Ihr Leben?

Hypnose entfacht von der ersten Stunde an die nötigen zündenden Funken in Ihrem Unterbewusstsein und gibt Ihrem Inneren alles an die Hand, damit Ihr Leben durch Ihre eigene Aktivität eine rasche positive Änderung erfährt. Angesichts solcher Möglichkeiten lohnt es sich, die Kraft des Unterbewusstseins und seine viele Millionen Jahre alte Geschichte genauer anzuschauen.

3 Seien Sie nett zu Ihrem inneren Steinzeitmenschen

Eine Bitte, bevor Sie weiterlesen: Denken Sie jetzt nicht an ein grünes Krokodil. Nein, auf gar keinen Fall sollen Sie an ein großes, grünes Krokodil denken. Man muss sich nur einmal ein so mächtiges, grünes Krokodil vorstellen, mit diesem riesigen, zähnebewehrten Maul. Bloß nicht, das wäre der helle Wahnsinn. Also, denken Sie einfach nicht an ein grünes Krokodil.

So, das wäre erledigt, nun können wir uns den eigentlichen Themen zuwenden. Ach so, jetzt geistert Ihnen dieses blöde grüne Krokodil im Kopf herum? Sie können gar nicht anders, wie bei einem Musikohrwurm kommt Ihnen immer wieder dieses grüne Krokodil in die gedankliche Quere?

Machen wir ein anderes Spiel, vielleicht verschwindet dann endlich das grüne Krokodil. Legen Sie sich bitte auf die Couch und brüllen Sie in dieser horizontalen Lage laut, entschlossen und mehrere Male »Ich muss!« und »Ich will!«. Sie werden feststellen, wie Ihr gesamter Körper zur versteinerten Festung wird. Wie unter einem unausweichlichen Zwang verkrampfen sich Bauch, Schultern, die Arme und schließlich die Hände. Wenn Sie diesen Zustand erreicht haben, ändern Sie die Übung ein wenig, indem Sie einzig zwei Worte austauschen. Sie liegen wieder auf dem Sofa und rufen jetzt laut »Ich möchte!« und »Ich werde!«. Merken Sie etwas? Spüren Sie, wie sich beim zweiten Teil der Übung die Lungen beim Atmen viel mehr weiten, die Muskeln dagegen

entspannt bleiben, wie das Ganze eine gewisse Leichtigkeit bekommt?
Nun machen wir noch ein drittes Spiel. Wir nehmen einen superstabilen Vierkantholzbalken von zwölf Meter Länge und einer Kantenbreite von zwanzig Zentimetern, wie er etwa für Dachkonstruktionen bei Wohnhäusern verwendet wird. Wir legen beide Enden des Balkens jeweils auf eine rund fünfzig Zentimeter hohe Kiste und bieten Ihnen fünfzig Euro, wenn Sie problemlos über den Balken gehen können. Lächerlich, werden Sie sagen, und tatsächlich gehen Sie flott über diese zwölf Meter und haben in ein paar Sekunden das Geld verdient. Nun legen wir denselben Balken mit den Enden in Fensteröffnungen zwischen zwei nahe beieinander stehende Häuser und fragen Sie wieder, ob Sie nochmals über den Balken gehen können. Dieses Mal bieten wir Ihnen fünftausend Euro. Der Balken befindet sich übrigens in Höhe des fünften Stockwerks. Werden Sie nun über das Holz gehen – auch wenn Sie völlig schwindelfrei sind und es somit keinen realen, keinen vernünftigen Grund gibt, nicht ebenso locker über den Balken zu gehen wie zuvor? Sie könnten in Sekunden fünftausend Euro verdienen – und Sie werden es dennoch nicht tun. Außer Sie sind geübter Hochseilartist oder Fensterputzer bei Wolkenkratzern.
Mit diesen drei banalen Spielen haben Sie selbst gesehen, dass und wie Hypnose in ihren Grundprinzipien funktioniert. Der Verstand erhielt die Botschaft, man solle nicht an das grüne Krokodil denken – und man tat es dennoch. Was ist passiert? Die Meldung, nicht an das Krokodil zu denken, erfolgte auf der Ebene des Intellekts. Das grüne Krokodil selbst aber kam als Vorstellung und Bild zur Hintertür wieder herein. Und dieses unterbewusste Vorgehen ist erstaunlicherweise viel mächtiger als die intellektuelle Botschaft.
Schon sind wir an dem Punkt, der erklärt, warum bei vielen Menschen vieles schief läuft und warum uns die Methode der Hypnose bei fast allen Problemen schnell und durchgreifend helfen kann.

Nicht wenige Menschen gehen mit einem falschen Ansatz an ihr Leben, ihren Beruf, ihre Probleme, ihre Aufgaben heran: Sie wollen alles mit dem Verstand, dem Wissen und vor allem dem – intellektuell unterfütterten – Willen lösen. Und bleiben dabei in etlichen Bereichen auf der Strecke. Das Krokodil-Spiel zeigt, warum das so ist: Unser Intellekt, erst wenige tausend Jahre alt, sitzt auf der Spitze der menschlichen Entwicklungspyramide. Es hat viel weniger Macht als unser viel älteres Unterbewusstsein, welches das Bild vom Krokodil empfangen hat. Wenn wir also bei unseren Handlungen und Plänen nur mit dem Intellekt arbeiten und das Unterbewusstsein übergehen, folgen wir einer verhängnisvollen Strategie. Wir haben oftmals schlichtweg verlernt, mit unserem Unterbewusstsein zu kommunizieren und respektvoll seine Eigenheiten aus urzeitlichen Prägungen zu beachten.
Möglicherweise sieht es in 250 000 Jahren anders aus, vielleicht sind die Leistungen unseres Verstands dann viel weiter und mit unserem Unterbewusstsein auf neue Weise miteinander verzahnt. Wer weiß schon, wohin sich der Mensch entwickelt? Aber wir leben im Hier und Heute, und zwar auf einer Stufe, auf welcher der Mensch in seiner Entwicklung noch lange nicht abgeschlossen ist. Wir lächeln über unsere Vorfahren aus der Steinzeit und betrachten die damaligen Sitten und Gebräuche als äußerst primitiv und rabiat. Aber diese Zeiten sind entwicklungsgeschichtlich nicht einmal einen Wimpernschlag her. Jede Kellerassel ist uns da überlegen, sie gab es schon vor dreihundert Millionen Jahren. Die Steinzeit ist erst viertausend Jahre her, davor liegen aber ein paar hunderttausend Jahre Evolution, die ebenfalls zum heutigen Menschen beigetragen haben. Folglich hat auch diese Zeit ihre Informationen in uns hinterlassen. Ihre Prägung wird zu der vergleichsweise kurzen Zeit intellektueller Prägung oft unterschätzt. Dabei ist sie immer noch an jeder Straßenkreuzung zu beobachten, wenn sich beispielsweise zwei männliche Autofahrer streiten, weil

beide der Ansicht sind, dass die Vorfahrt speziell bei ihnen liegen würde. Stellen Sie sich diese krakeelenden Männer mit einem netten Wams aus Fell und einer großen Keule in der Hand vor, das Bild könnte nicht stimmiger sein.

Der Mensch in der heutigen Welt befindet sich in einem Dilemma. Einerseits funktioniert er noch wie der Urmensch, bei dem weitgehend das Handeln nicht von intellektuellen Überlegungen abhing, sondern von Aktionen und Reaktionen bestimmt war, die von im Unterbewusstsein gespeicherten Informationen ausgingen. Wurde dieser Urmensch mit Bränden, wilden Bären oder Tigern konfrontiert, sandte das Unterbewusstsein in dem Bruchteil einer Sekunde die Nachricht aus: »Sofort fliehen! Nur eine Flucht kann dein Leben retten!« Dieser frühe Mensch musste Gefahren vorzeitig erkennen, dabei half ihm ein entsprechendes Programm. Man könnte es als Ab-durch-die-Mitte-Selbstschutzprogramm bezeichnen. Für den Urmenschen gab es keine Zeit, das Für und Wider der Flucht vor dem Bären unter logischen Gesichtspunkten abzuwägen und in einer Podiumsdiskussion lang und breit zu analysieren. Noch immer schlummert diese Panik-Programmierung tief in uns, jener Alarm, der sozusagen als Fluchthilfe zu körperlichen Höchstleistungen befähigt. Nur: Wir kommen in der heutigen Welt ganz selten in diese entsprechenden Situationen. Nur noch zuweilen werden wir lebensbedrohlich körperlich bedroht und müssen unser Heil in der Flucht suchen.

Andererseits kommen uns diese Angstbilder, diese Worst-case-Szenarien, die als Erbe der Urzeit tief in uns eingeprägt sind, mitunter auch in die Quere. So können wir plötzlich nicht mehr über einen Balken gehen, nur weil er, wie im dritten Spiel beschrieben, in einer bestimmten Höhe ausgelegt wird und dadurch Angst in uns auslöst. Wir haben zwar für eine wichtige Prüfung brav gelernt, fangen aber vor den Prüfern an zu stottern und haben Dinge vergessen, die wir eigentlich wissen müssten – was uns hier bedroht, ist die Versagensangst. Die Vorstellung, vom Balken zu fallen, ist ebenso nur eine Imagination wie die, durch die Prüfung zu fallen. Unser Intellekt weiß ja genau, dass wir völlig problemlos über den immerhin zwanzig Zentimeter breiten Balken gehen könnten, und dennoch, das zeigt dieses Beispiel sehr deutlich, ist die Imagination viel mächtiger als das intellektuelle Wissen.

Nun kann man sich auch Bilder vorstellen, die nicht gerade ein mörderisches grünes Krokodil beinhalten. Ein angsterzeugendes Bild von einem Ausrutscher auf einem Balken in großer Höhe sollte nicht ständig in uns präsent sein. Es gibt andere Vorstellungen, schöne, angenehme und kraftvolle Bilder, die von dem erzählen, was Sie gesundheitlich, beruflich oder privat erreichen wollen. Müssten diese nicht genauso funktionieren wie die negativen Imaginationen – und zwar in der Form, dass bei ihnen die unbewussten Programmierungen stärker wirken als die intellektuellen?

In dieser Voraussetzung verbirgt sich das Grundprinzip der Hypnose: Die für uns nachteiligen Bilder werden durch sinnvolle und nützliche ersetzt, um schließlich im Unterbewusstsein wirksam zu werden.

Wer die unglaubliche Kraft bestreitet, die mittels Bilder über unser Unterbewusstsein erzeugt wird, müsste andersherum fähig sein, mit ausgefeilten, verstandesmäßigen Argumenten zu beweisen, dass es völlig egal sei, ob ein Holzbalken fünfzig Zentimeter oder zwanzig Meter über dem Boden schwebt. Das Gehen über den Balken bleibt ja stets derselbe Vorgang. Also müssten Sie auch bitte schön in zwanzig Meter Höhe problemlos über den Balken balancieren können.

Aber werden Sie es aufgrund logischer Argumente tatsächlich können?

4 Bewusste und unbewusste Regionen: Was uns wirklich steuert

Wir leben in einer Zeit, die den Intellekt äußerst hoch schätzt. Dadurch wird uns auch die Möglichkeit gegeben, uns von den Tieren zu unterscheiden. Gleichzeitig nehmen wir in all unseren Lebensbereichen eine vermehrte Angst in uns wahr. Der Balken in einer Zwanzig-Meter-Höhe nimmt als Erfahrung zu. Wobei wir nicht einmal genau orten können, wodurch diese Ängste entstanden sind. Auch wissen wir nicht, wie negativ programmierte Bilderwelten zustande kommen und wie sie in uns wirken.

In uns agiert etwas Mächtiges, in sehr gekonnter Weise, ohne dass wir darüber Auskunft geben können, weil wir zu wenig darüber wissen. Folglich können wir auch nicht richtig damit umgehen. Schon gar nicht sind wir fähig, diese Kräfte in einen produktiven Kontext mit unserem Intellekt zu bringen.

Im Gegensatz zum Tier sucht der Mensch laufend neue Herausforderungen, um sich weiterzuentwickeln. Kein Pavian würde sich mit dem Hintern in einen Termitenhaufen setzen, nur um herauszufinden, ob man dadurch zu neuen Erkenntnissen gelangen kann. Der Mensch aber schluckt als forschender Chemiker für Selbstversuche ominöse Substanzen, Reinhold Messner wollte herausfinden, wie es ist, ohne Sauerstoffgerät auf den 8848 Meter hohen Mount Everest zu steigen, Formel-1-Fahrer möchten Geschwindigkeitsgrenzen bezwingen, Apnoetaucher sind darauf aus, Rekorde zu brechen, und rauschen auf Schlitten mit einem einzigen Luftzug in der Lunge in Meerestiefen von mittlerweile hundertsiebzig Metern, und Polarforscher nehmen große Entbehrungen auf sich, nur um ihr Wissen über die eisigen Regionen zu vergrößern. Eine Katze hingegen lässt derartige Expeditionen tendenziell kalt; sie liegt lieber hinterm warmen Ofen und nimmt die Herausforderung ausschließlich dann an, wenn es ums eigene Überleben geht. In einem solchen Fall wird das Urzeitenprogramm mobilisiert, mehr nicht. Das funktioniert bei Tieren wunderbar. Bei uns dagegen mangelt es jedoch an der Kompatibilität zwischen den im Unterbewusstsein abgespeicherten Urprogrammen und dem im Laufe der Evolution herauskristallisierten Verstand. Da er ja, wie schon gesagt, noch längst nicht perfekt ist, kommt es wie bei noch nicht ausgereiften und nicht kompatiblen Computerprogrammen zu internen Kollisionen und Abstürzen.

Die Menschen haben aber schon immer gemerkt, dass ihnen eine bestimmte Harmonie fehlt. In vielen alten Kulturen – von den Tibetern über die Indianer Nordamerikas bis hin zu den Inkas oder den Bergbauern Tirols – finden wir viele Versuche, das Unterbewusstsein weiterhin als eine große Macht zu respektieren, ohne damit gegen den Verstand zu wirken. In ihrem tradierten Wissen sind die interessantesten Verbindungen zwischen intuitivem Denken und Handeln sowie logischem Vorgehen zu finden. Irgendwann einmal aber wurde der Mensch angesichts seiner vermeintlich nun unglaublichen Verstandeskräfte übermütig und tat alles, was mit dem Unterbewusstsein zu tun hatte, als böse Magie oder zumindest als altmodisch ab. Mit größter Überheblichkeit wurden alle Erfahrungsbereiche, die nicht durch den Verstand geprägt waren, als Altlasten erklärt und schlichtweg verdrängt.

Tatsache ist aber, dass diese unterbewussten Regionen noch in uns vorhanden sind. Sie kommen, weil sie nicht richtig geführt werden und dadurch ein Eigenleben haben, mal auf problematische, mal auf kuriose Weise zum Vorschein.

Haben Sie sich schon einmal überlegt, warum wir Terminator- oder Kriminalfilme lieben, in denen, völlig irreal, an jeder Straßenecke ein bewaffneter Bösewicht lauert und in denen es laufend Prügeleien und atemberaubende Verfolgungsjagden gibt? Die Erklärung dafür ist einfach: Diese Thriller gehen direkt in den Bauch. Unser Unterbewusstsein mit seinem urzeitlichen Ab-durch-die-Mitte-Selbstschutzprogramm findet derartige Filme ganz prima und sorgt dafür, dass wir bei der James-Bond-Verfolgungsjagd ähnliches Herzklopfen bekommen wie einst, als wir dem Säbelzahntiger enteilen mussten. Im Gegensatz dazu sind wir jedoch für die realen Gefahren, die uns heute bedrohen, nicht gerüstet. Denken Sie an bösartige Attacken von Computerviren, die einen Werbeagenturchef, der kurz vor einer Präsentation steht, die Existenz kosten können. Oder denken Sie an die diffusen Ängste, die wir haben, wenn wir uns mit neuartigen Krankheiten wie Aids, Ebola oder der Lungenkrankheit SARS konfrontiert sehen. Aber auch andere Ängste bestimmen uns mehr und mehr: die Bedrohung durch Terroranschläge, die Furcht, man könnte seinen Arbeitsplatz verlieren oder der Partner könnte sich in einen anderen Menschen verlieben. Bei diesen Fällen ist die bisherige Programmierung unseres Unterbewusstseins überfordert, denn wenn es bei derartigen Ängsten nach alter Manier auf Panik umschaltet, gibt es ja nichts Konkretes, vor dem wir wegrennen können. Selbst wenn wir einen konkreten Anhaltspunkt haben, etwa einen bedrohlichen Brief des Finanzamts oder ein Kündigungsschreiben, ist es sinnlos, von dannen zu eilen. Kurz gesagt: Wir können den heutigen Problemen nicht einfach davonlaufen.

In unserer Gesellschaft nehmen unbestimmte Ängste zu. Sie lösen bei vielen Menschen Panikattacken aus, die zu einem Kollaps führen können. Zumindest machen sie auf Dauer krank. Der Intellekt wird meiner Erfahrung nach niemals allein mit den daraus folgenden Lebensproblemen fertig. Hilfe aus dem Unterbewusstsein bekommt er aber auch nicht, weil wir verlernt haben, es zu nutzen, nicht mehr wissen, mit welchen Bildern wir es zu unserem Nutzen ansprechen könnten. So arbeitet es in einer Art Wildwuchs, ist daher eher kontraproduktiv, zumal wir ohnehin nicht wissen, wie wir es ansprechen sollen.

Wir bauen supermoderne Autos, haben die putzigsten High-Tech-Handys, leben in schicken Wohnungen, aber unsere Probleme, vor allem im psychischen Bereich, lassen durch diese Leistungen nicht nach, sondern wachsen geradezu an. In den vergangenen Jahren verordneten deutsche Kassenärzte jährlich Psychopharmaka und Schlafmittel im Wert von über einer Milliarde Euro, dazu kommen noch die immensen Summen für frei verkäufliche Tranquilizer bis hin zum Megaseller Johanniskraut. Die Praxen der Psychologen und Psychotherapeuten sind voll, für Klienten gibt es lange Wartezeiten. Und ich wage zu behaupten, dass im Hinblick auf die seelische Problematik unserer Gesellschaft der Vulkan erst angefangen hat zu spucken.

Wir bekommen unsere Schwierigkeiten ziemlich schlecht in den Griff. Die Gründe sind vielfältig: Erstens gehen wir davon aus, dass in unserer modernen Gesellschaft alles nach vernunftgemäßen Regularien funktionieren würde. Zweitens sind wir davon überzeugt, dass wir uns im Falle, dass etwas schief geht, nur auf unsere Urteilskraft verlassen müssen, um die Sache wieder richten zu können. Und drittens respektieren wir unser Unterbewusstsein nicht, ignorieren es, gehen fahrlässig und schlampig damit um. Wir merken nicht einmal, wenn es in diesem elementaren Bereich zu irrtümlichen und für uns schädlichen Vernetzungen kommt.

Auch wenn wir festgestellt haben, dass unser Unterbewusstsein mit den heutigen Anforderungen und Bedrohungen nur ungenügend zurechtkommt, ziehen wir daraus die falschen Schlussfolgerungen. Anstatt davon auszugehen, dass unsere Kommunikation mit dem Unterbewusstsein ungenügend ist, wir dringend intensiver mit ihm in Verbindung treten sollten, schreiben wir ihm ungenügende Kompetenzen zu. Diese Ausrichtung führte fatalerweise dazu, dass entscheidende psychische Kräfte sich nicht entfalten konnten. Das Denkvermögen hat gegenüber dem Fühlen und Wollen die Oberhand gewonnen – nicht zu unserem Vorteil.

Die Realität zeigt, dass vielfach »aus dem Bauch heraus« entschieden wird. Top-Manager erstellen bei großen Entschlüssen eine Matrix über die jeweiligen Plus- und Minus-Argumente, geben aber zu, bei ihren Bestimmungen letztlich auf ihren Instinkt zu vertrauen. Die Liebe unter den Menschen ist ebenso wenig wie ein ausbrechender Hass vernunftgesteuert. Und ein Musikkonzert wird von jedem Besucher anders erlebt, wobei das akustische und atmosphärische Erlebnis kaum von logischen Einsichten bestimmt wird. Denken Sie auch an die Faszination, die von einem großartigen politischen Redner ausgeht. Menschen lassen sich dadurch zu Begeisterungsstürmen hinreißen, unabhängig davon, ob die Argumente des Politikers tatsächlich in ihrer Sachlichkeit überzeugend sind. Folglich wird auch eine Partei nicht nur nach der Einsichtigkeit ihres Programms gewählt. Trotz alledem weigern wir uns, diesen Reaktionen mehr zu vertrauen, bewusst mehr Raum zu geben.

Neben dem Irrtum, dem Unterbewusstsein mangelnde Kompetenzfähigkeit zu konstatieren, existiert noch ein weiterer, der auf dem ersten basiert: So glauben wir, unsere Probleme mit einem kopfgesteuerten Vorgehen in den Griff zu bekommen. Die Konsequenz daraus ist, dass wir grundsätzlich beim Auftreten einer Schwierigkeit etwas **gegen** diese Schwierigkeit tun wollen. Wir wehren uns gegen die Krankheit, gegen die Schulfaulheit der Kinder, gegen das Rauchen – und wundern uns dabei, warum das so mühsam und oft so wenig erfolgreich ist. Letztlich führt das wieder zu meiner Überzeugung: Wir haben unser im Unterbewusstsein schlummerndes Urprogramm vergessen, das wir, würden wir es etwa mit Autosuggestion und Hypnose gezielt ansprechen, längst hätten aktivieren können. Und dieses Urprogramm heißt, um es noch einmal deutlich zu sagen, nichts *gegen* einen auftauchenden Bären zu tun, sondern etwas *für* mein eigenes Überleben.

Die Krankheit Krebs ist dafür ein gutes Beispiel. Krebs ist für den Menschen von heute das, was für den Steinzeitmenschen die Lebensbedrohung in Form eines Bären oder Säbelzahntigers war. Diese Krankheit verbreitet sich aus vielen Gründen immer mehr, teils, weil wir älter werden, teils, weil spezifische Strukturen unserer modernen Umwelt Zellveränderungen herbeiführen, teils, weil wir mit unseren seelischen Problemen nicht zurechtkommen und sie sich auch körperlich manifestieren können. Wird nun einem Menschen die Diagnose Krebs mitgeteilt, sagt man ihm im selben Atemzug, kämpfen Sie dagegen, geben Sie sich nicht auf. Stirbt ein solcher Krebskranker, heißt es oftmals in der Todesanzeige, er habe den Kampf gegen seine schwere Krankheit tapfer gekämpft und ihn nun verloren – alles in getragener Diktion.

Vor kurzem hatte ich einen Herzinfarkt mit dreifacher Reanimation. In dieser Situation habe ich nicht gegen das kranke Herz gekämpft, sondern für mein Wohlbefinden. Binnen einer Woche wurde ich mit Selbsthypnose wieder gesund. Das Ergebnis entspricht den Erfahrungen meiner Hypnosepraxis, die ich seit gut zwei Jahrzehnten in einem Vorort Bremens führe: In der Hypnosetherapie werden prinzipiell negative Energien ausgeschlossen. Es gibt kein »Dagegen«, sondern ausschließlich ein »Dafür«. Eine Erkenntnis aus der Physik besagt, dass Druck erzeugt wird, wenn gegen etwas gearbeitet wird, und dass Druck wiederum Gegendruck erzeugt. Wenn diese Gesetzmäßigkeit nun in der Seele eines Menschen abläuft, so nimmt es kein Wunder, wenn diese Person an einem bestimmten Punkt verzweifelt, aggressiv, depressiv oder panisch reagiert.

*

Ich hoffe, es ist deutlich geworden, dass die oben skizzierten drei Spielchen in keiner Weise als kindisch zu bezeichnen sind. Mit dem Bild des grünen Krokodils haben wir die Empfänglichkeit unseres Unterbewusstseins und seine gegenüber dem Intellekt größere Durchsetzungskraft aufgezeigt. Der an die Vernunft gerichtete Befehl lautete, nicht an das grüne Krokodil zu denken, aber das Unterbewusstsein sog das Bild dieses archaischen Tieres auf und erhielt es aufrecht. Letztlich ist das Bild eines grünen Krokodils bedeutungslos. Anders sieht es mit Bildbotschaften aus, die bewusst auf unser persönliches Wohlergehen zielen. Und wenn wir darüber hinaus – jetzt wird das zweite Spiel wichtig – nicht mehr andauernd verbissen gegen etwas kämpfen, sondern uns freudig motiviert ein Ziel visualisieren, wenn wir also statt »Ich muss! Ich will« die Worte »Ich möchte! Ich werde!« sagen, dann könnte sich die in Gang gesetzte Energiespirale positiv nach oben drehen – genau zu dem Punkt hin, zu dem wir kommen wollen.
Mit autosuggestiven Methoden wie dem Autogenen Training kann der Einzelne eine Menge erreichen, besonders wenn es darum gehen soll, einfach entspannter zu leben. Ist aber das Ziel, das wir anstreben, schwierig zu erlangen, da es sich komplex gestaltet, dann braucht man einen Trainer. Bei einem mühseligen Alpenanstieg nimmt man sich vernünftigerweise ja auch einen Bergführer. Als Hypnosetherapeut bin ich für meine Patienten ein derartiger Führer, ein Trainer, der sie eine Zeit lang begleitet, bis sie ihren Weg selbst gefunden haben. Viele Gurus, Coachs, Esoteriker und Psychotherapeuten gehen so weit, dass sie ihren Klienten und Patienten neue Wege aufzeigen wollen. Ich halte nicht viel davon, weil dadurch eine zu große Abhängigkeit seitens des Klienten gegenüber dem Trainer vorprogrammiert ist. Der Patient kommt meiner Erfahrung nach später viel besser mit den Anforderungen des Lebens zurecht, wenn ich ihm nur bis zu dem Punkt helfe, von dem aus er seinen eigenen Weg finden kann. Erst durch dieses

Vorgehen wird er »authentisch leben« können, wie es heute so modern heißt.
»Authentisch leben« ist bei der Hypnose jedoch keine Lifestyle-Worthülse, keine leere Floskel, sondern eine Option für eine Lebensform. Natürlich wird diese nicht zu realisieren sein, wenn der Vorsatz ist: »Ich will, ich muss authentisch leben.« Sie kommen dieser näher, wenn Sie die Formulierung »Ich möchte, ich werde authentisch leben« favorisieren.
Damit habe ich eigentlich die Wirkweise der Hypnose erklärt und meine Aufgabe als Trainer beschrieben. Mit Hypnose sind schier unglaubliche Dinge möglich, Dinge, die einem wie ein Wunder erscheinen mögen. Aber die Ergebnisse der Hypnose sind keine Wunder. Sie basieren auf den gewaltigen Kräften, die im Unterbewusstsein eines jeden Menschen schlummern. Wir müssen sie nur wecken.

5
»Alles Humbug« – Vorurteile gegen Hypnose

Da die Erfolge der Hypnose vielfach außerordentlich erscheinen, versucht man sie oft zu schmälern. Lapidar wird dann die Meinung geäußert, eine solche Therapie könne doch gar nicht funktionieren, ohne medizinische Apparaturen und ohne den Einsatz von Arzneimitteln.
Doch, sie funktioniert tatsächlich. Ich brauche dazu keine beeindruckenden High-Tech-Geräte, auch nicht Container voll von den menschlichen Körper belastenden Pillen. Ich weiß, wovon ich rede. Seit über zwei Jahrzehnten Hypnosepraxis habe ich Menschen mit allen nur denkbaren Problemen helfen können, vom niedersächsischen Bauern über den Tennisstar bis hin zu Bestsellerautoren und Schauspielern. Meinen eigenen Leidensweg habe ich ja schon angedeutet, mehrmals stand mein Leben »auf der Kippe«. Heute weiß ich, dass diese extremen Erfahrungen sinnvoll für mich waren: Mir ist nichts mehr fremd, ich kann mich in die Probleme meiner Patienten hineinfühlen, ganz gleich, ob sie mit Schmerzen, Verzweiflungsängsten, Impotenz, Hautausschlägen oder Hoffnungslosigkeit zu mir in die Praxis kommen. Viele von ihnen haben diverse schulmedizinische Therapien versucht, immer ohne wirklichen Erfolg. Nicht wenige klammern sich an die Hypnose wie an einen letzten Strohhalm. Ich bin mir dessen bewusst, und ich kann ihre seelischen und körperlichen Schmerzen mitfühlen. Mitgefühl bedeutet nicht Mitleid – ein solches würde

das professionelle Vorgehen nur behindern. Aber mein Mitgefühl erleichtert es mir, mich in diese Menschen hineinzuspüren und sehr schnell darauf zu kommen, wie und worüber ich in der Hypnose mit dem Unterbewusstsein dieser Personen kommunizieren muss.

Viele Menschen hegen Misstrauen gegenüber der Hypnose und haben Vorurteile. Jede zweite Frau sagt schaudernd, o nein, Hypnose, da sei man doch völlig willenlos, da könne man ja mit ihr machen, was man wolle – das ergab jedenfalls eine Umfrage. Das trifft vielleicht für eine Vollnarkose zu, aber nicht für die Hypnose: Jeder, der sich wenigstens mit Autosuggestion und Autogenem Training intensiver beschäftigt hat, weiß, dass man in tiefer Trance sogar eine ganz besondere Wachheit hat. Wenn Menschen in Hypnose völlig »weg« wären, könnte ich ja mit ihnen gar nicht arbeiten. Hypnose ist nicht ein Schlafzustand, sondern ein extremes Wachsein des Unterbewusstseins, ohne dass der Verstand ständig störend mit irgendwelchen kleinlichen intellektuellen Zweifeln hineinfunkt.

Ganz sicher hat zu dem Vorurteil, Hypnose mache willenlos, die Showhypnose beigetragen. Vor gut zwanzig Jahren habe ich selbst zahlreiche Bühnenauftritte absolviert. Mein Bestreben war damals dasselbe wie heute: Beflügelt durch die tatsächlich wie ein Wunder wirkenden Möglichkeiten der Hypnose, die ich am eigenen Leib erfahren hatte, wollte ich dieser Methode unbedingt mehr Gehör verschaffen. Ich trat in seriösen Fernsehsendungen wie *3 nach 9* auf und hypnotisierte Menschen, sogar die äußerst skeptischen Redakteure dieser Bremer Talkshow.

Bei der Showhypnose war es stets mein Anliegen, den Menschen nicht zum Affen zu machen. Leider gibt es heute einige Bühnenhypnotiseure, die Mitspieler aus dem Publikum regelrecht vorführen. Es ist ein Unterschied, ob ich jemanden wie ein Huhn gackern lasse oder ob ich ihm suggeriere, er sei an einem heißen Strand, und alle Zuschauer können sehen, dass dieser Person tatsächlich der Schweiß ausbricht. Allerdings habe ich dann relativ bald mit der Showhypnose aufgehört, als ich feststellte, dass diese Therapieform damit zwar wirklich bekannter wurde, aber eben nur als schrilles Entertainment. Meine Versuche, dabei zu verdeutlichen, dass die Bühnenhypnose letztlich anders funktioniert als die therapeutische, gingen weitgehend unter. Auf der Bühne, das weiß man heute in Zeiten von *Big Brother* und *Dschungelcamp* besser denn je, ist nur der Vorführeffekt gefragt. Mir wurde bewusst, dass ich mit solchen Methoden nur die Vorurteile gegenüber der Hypnose verstärkte.

Grundsätzlich macht bei einer Showhypnose nur jemand mit, der das wirklich will. Ein guter Hypnotiseur erkennt sehr schnell, welche Menschen im Publikum diese Bereitschaft haben, und sie werden diese gezielt auswählen. Die hypnotischen Befehle, die auf der Bühne gegeben werden, sind, vereinfacht gesagt, aufgesetzte Befehle. Das heißt, sie würden nie über längere Zeit wirken. Bei der therapeutischen Hypnose wird ein anderer Ablauf bezweckt: Hier geht es um die Kommunikation mit dem Unterbewusstsein, um dessen positive Kräfte frei zu machen und aktiv werden zu lassen, nicht um einen sozusagen vordergründigen hypnotischen Befehl. Ein solcher Befehl mit Kurzzeiteffekt wird auch in der Therapie angewandt, aber nur dann, wenn eine wirklich extreme Krisensituation besteht, etwa bei der Therapie eines Quartalstrinkers, der sich gerade im schlimmsten Stadium befindet. Mit einem aufgesetzten Hypnosebefehl kann dann diese aktuelle Situation etwas entschärft werden. Konkret gesagt: Hier könnte ich in Hypnose den posthypnotischen Befehl einbauen, dass es dem Alkoholiker einfach nicht gelingt, ein Glas oder eine Flasche mit hochprozentiger Flüssigkeit anzuheben. Das wäre aber nur eine Maßnahme, die einem Notarzteinsatz vergleichbar wäre – sie würde keine Heilung bringen. Die ist nur mit einer richtigen Hypnosetherapie möglich,

in der das Unterbewusstsein die Situation offen ansieht und begreift, wie überflüssig der Alkohol ist.
In diesem Zusammenhang ist das Wort »begreifen« von großer Wichtigkeit. Es geht bei der therapeutischen Hypnose nicht um ein bloßes Verstehen. Der Verstand würde nur logisch operieren und das Erfasste in bestimmte Schubladen packen. Erst wenn wir die Dinge wirklich begreifen, das heißt, wenn wir sie mit allen unseren Sinnen erfasst und mit unseren im Unterbewusstsein gespeicherten Informationen abgeglichen, korreliert und konfrontiert haben, erst dann können sich die Situationen ändern, die wir ändern wollen. Jeder Mensch weiß, dass zu viel Alkohol den Körper und die Seele zerstört, fettreiche Nahrung ungesund ist und dass ständiges Jammern über eine gescheiterte Beziehung nichts bringt. Aber solange sein Unterbewusstsein nicht wirklich begriffen hat, dass diese negativen Wege überflüssig sind und man stattdessen positive, wohltuende Pfade gehen kann, so lange wird sich nichts ändern. Da nützen auch hundert Jahre Gesprächstherapie wenig.
Zu meiner Freude hat Hypnose in den vergangenen zwanzig Jahren mehr und mehr Eingang in den therapeutischen Bereich gefunden. Vielleicht habe ich auch durch meine Arbeit ein wenig dazu beigetragen. So bildete ich in den letzten Jahren beispielsweise Dutzende von Ärzte in Hypnose aus. Auch gibt es jetzt mehrere seriöse Hypnose-Gesellschaften in Deutschland, sogar eine spezielle für Zahnärzte. Immerhin steigt die Zahl der Dentisten, die bei größeren Zahnbehandlungen Hypnose einsetzen und dadurch weitgehend auf Narkose verzichten können.
Zudem bieten sich weitere Methoden auf dem Markt der Therapieformen an, die sich mal im esoterischen Bereich, mal im Management-Training, mal im psychotherapeutischen Bereich bewegen und die sich dadurch auszeichnen, dass sie sich ziemlich ungeniert der Grundprinzipien von Autosuggestion und Hypnose bedienen. Diese Techniken werden dann vielfach mit einem schi-

cken Namen versehen und als gänzlich neue Vorgehensweise verkauft. Ich halte davon einerseits nicht viel, weil damit letztlich happige Seminar- und Therapiepreise gerechtfertigt werden sollen. Andererseits bin ich auch nicht völlig dagegen, nur darf dadurch im Therapieablauf nicht Pfusch durch mangelnde Professionalität betrieben werden. Hypnose ist mehr, als dem Patienten beschwörend in die Augen zu sehen und mit tiefer Stimme irgendwelche Formeln vor sich hin zu brabbeln. Hypnose muss man lernen, von Grund auf, denn Hypnosetherapie heißt Verantwortung.

Weitaus mehr verstimmt mich die Tatsache, dass der Siegeszug der Hypnose im Heilbereich seit vielen Jahren unterdrückt wird. Mit der Hypnose steht uns eine Methode zur Verfügung, mit der wir fast an jedes Problem gehen können, vom Bettnässen beim Kind über Orgasmusprobleme einer Frau und Impotenz beim Mann bis hin zu Panikattacken einer jungen Mutter. Mit Hypnose kann die Zivilisationskrankheit Reizdarm therapiert werden. Krebs wie auch Multiple Sklerose können in vielen Fällen zumindest gestoppt werden. Sogar große, viele Stunden andauernde Operationen mit Organtransplantationen sind ohne jeglichen Narkoseeinsatz möglich. Angesichts der unendlichen Möglichkeiten, Menschen ohne jegliche Chemie zu helfen – und dies meist viel schneller als mit jeder anderen therapeutischen Methode –, spielt Hypnose in Deutschland leider eine völlig unbedeutende Rolle.

In Skandinavien, England oder den USA ist ein Grundwissen über Hypnose Teil des Medizinstudiums und das Hinzuziehen eines Hypnosetherapeuten bei zu erwartenden Narkoseproblemen während einer Operationen üblich. In Deutschland: Fehlanzeige. Dabei existiert hier einer der größten Esoterikmärkte der Welt. Sobald von Urschrei, Rebalancing, Channeling, Selbstfindung und Energien – abseits der Elektro-Handwerksmeister – die Rede ist, da wird gecoacht, seminarisiert und gekauft, was das Zeug hält. Wohnungen werden Feng-Shui-kompatibel gestaltet, wenn aber

in einer solchen bei einem abendlichen Cocktail das Wort Hypnose fällt, hört man garantiert den Satz: »Da kann man ja Patienten vergewaltigen oder einen Mordbefehl geben.«
Vergessen Sie diese typischen Märchen über Hypnose. Halten Sie sich lieber vor Augen, dass es sich bei diesem Heilverfahren um eine wissenschaftlich anerkannte Methode handelt, die in anderen Ländern einen sehr hohen Stellenwert besitzt. Denken Sie daran, dass es sich bei der Hypnose um eine sehr effektive Methode handelt, eine kostengünstige zudem, und eine, bei der Sie nicht mögliche Schäden oder Nebenwirkungen in Kauf nehmen müssen, wie es sogar schon bei vielen rezeptfreien Medikamenten der Fall ist. Wenn Sie unbefangen der Hypnose gegenübertreten, dann können Sie sich vielleicht manchen Marterweg sparen, den viele meiner Patienten hinter sich haben, bevor sie zu mir kommen. Der Leidensweg eines wegen seiner Depressionen bereits früh verrenteten Gymnasialdirektors, der, als er zu mir kam, in den vergangenen fünf Jahren einmal sechs und einmal neun Wochen in einer psychiatrischen Klinik verbracht hatte und der über Jahre täglich Psychopharmaka einnahm, ist ein typisches Beispiel dafür. Nach genau zweieinhalb Monaten Hypnosetherapie hatte er seinen Durchbruch: Er konnte die Welt wieder mit positiven Augen sehen. Wir setzten die Therapie noch einige Monate mit einer reduzierten Anzahl von Sitzungen fort, um weiter Sicherheit zu erlangen. Wäre dieser Patient früher zu mir gekommen, als er sich noch nicht absolut am Ende fühlte, hätte ich ihm schneller helfen können. Auf diese Weise hätte er seine Nieren nicht über Jahre mit chemischen Giften und sich und seine Familie mit täglichen Selbstmordgedanken traktieren müssen.
Jeder Hypnosetherapeut wäre froh, wenn Hypnose einen höheren Bekanntheitsgrad hätte, weil dadurch die Chance größer wäre, dass die Patienten in einem früheren Stadium ihrer Probleme zu ihnen kommen würden. Es würde schon ausreichen, wenn Schulmedi-

ziner sich mehr über diese Heilmethode informieren und ihre Patienten dazu raten würden, einen Versuch mit dieser Therapieform zu wagen. Es ist aber zu befürchten, dass noch immer viele Ärzte meinen, Hypnose als Humbug abtun zu müssen – wie es vor Jahren der Hausarzt eines Patienten von mir tat. Ich sagte dem Patienten, der seit zwei Wochen bei mir in Behandlung war und dem es nach eigenem Bekunden nach fünf Sitzungen schon viel besser ging, er solle seinem Arzt einen schönen Gruß ausrichten, aber wenn er der Ansicht sei, Hypnose sei totaler Quatsch, dann sei er ein blöder Hund. Der Hausarzt verklagte mich daraufhin, und der Richter befragte mich im Prozess: »Haben Sie gesagt, Herr Dr. X ist ein blöder Hund?« Ich antwortete: »Nein, Herr Richter, ich sagte nicht, Dr. X ist ein blöder Hund. Ich ließ ausrichten, er sei ein blöder Hund, wenn er behaupten würde, Hypnose sei Humbug. Denn ein Arzt, der etwas, was in seiner eigenen Gebührenordnung als anerkannte Methode aufgeführt ist, als Humbug bezeichnet, ist für mich ein blöder Hund.« Der Richter meinte daraufhin: »Na ja, aber Ihr Ton gegenüber einem Doktor ...« – »Herr Richter, ich bin selbst Doktor, Doktor der Rechtswissenschaft, und ich meine, wenn ein Arzt Hypnose als Humbug bezeichnet, werde ich in meiner Arbeit als Hypnosetherapeut beleidigt. Eine solche Äußerung zeugt entweder von Ignoranz oder maßloser Arroganz. Wenn dieser in der ärztlichen Gebührenordnung fixierte Bereich Hypnose Humbug wäre, dann müsste man sich ja fragen, ob nicht noch weiterer Humbug in dieser stünde.« Ich habe den Prozess mit einer Hundert-Mark-Spende an das Rote Kreuz für mich sehr zufriedenstellend erledigt.

✳

Bei meinen Ausführungen zur Hypnose betonte ich die große Kraft des Unterbewusstseins gegenüber dem Intellekt. Meiner Ansicht nach stellt er bislang nur eine Art äußere Lackschicht unseres Seins dar. Es soll aber auch nicht der Eindruck entstehen, unser Verstand sei nicht wichtig. Ich halte es in dieser Hinsicht mit dem Dalai Lama, der nicht müde wird in jedem Vortrag darauf hinzuweisen, dass sein Plädoyer für mehr Mitgefühl untereinander nicht heißt, dass wir dazu unsere Intelligenz nicht einsetzen sollten. Vielmehr müsse man die Intelligenz, die dem Menschen als besondere Gabe in die Wiege gelegt worden sei, in Verbindung mit dem Mitgefühl einsetzen. Diesen Gedanken kann ich nur unterstützen.

Am Beispiel großer Krisen und Ängste will ich nun zeigen, wie wir Verstand und Unterbewusstsein sinnvoll in Verbindung bringen könnten.

6 Schau dir deine Krisen und Ängste an!

Sie schneiden in der Küche schöne, frische Tomaten – und schwups, es ist passiert: Sie haben sich in den Finger geschnitten. Das tut weh, aber ihr Verstand sagt, es besteht keine Lebensgefahr, so schrecklich der Finger auch blutet. Sie überlegen rasch, was nun zu tun ist. Auf Ihrer Entscheidungsmatrix taucht die Frage auf: Ist der Schnitt so groß, dass eine Mullbinde zum Einsatz kommen muss, oder genügt ein einfaches Pflaster? Sie entschließen sich für das Pflaster. Entsprechend handeln Sie, suchen nach einem Strip und kleben ihn anschließend auf die Wunde. Sie hatten eine Krise, die so winzig war, dass sie allein mit dem Verstand bewältigt werden konnte.

Na ja, so winzig war sie nun auch nicht. Sie haben in drei Tagen ein Golfturnier, und da wird der tiefe Schnitt am Zeigefinger noch nicht gut verheilt sein. Der Vorfall führt also doch zu einem kleinen Handikap fürs Handikap. Selbst wenn Sie es kaum glauben wollen, auch hier können Hypnose und Selbsthypnose helfen – Autosuggestion dürfte bei so kleinen Problemen jedoch ausreichen. Es ist nachgewiesen, dass Schnittwunden mit suggestiver Unterstützung eine kürzere Heilungsdauer haben. Geht man konsequent vor, kann man bei kleinen Wunden Blutungen innerhalb von Sekunden stoppen. Man macht nichts gegen die Wunde, aber man kann etwas dafür tun, dass sie schneller heilt. Dabei stellt man sich in starken Bildern vor, die man sich aus seiner

eigenen Erlebniswelt holt, wie man seine körpereigenen Abwehrkräfte mobilisiert und wie sich die Wunde an dieser Stelle schnell schließt. Falls Sie Polizist sind, ist es für Sie vielleicht passend, sich die körpereigenen Abwehrkräfte als eine harmonische Gruppe gut trainierter und einsatzbereiter Polizisten vorzustellen. Sind Sie Landschaftsgärtner, behagt Ihnen vielleicht eher das Bild eines Bächleins, das im Wasser schwimmende Zweige eilig zur Unfallstelle bringt, einem kleinen Dammbruch im Bachverlauf, um das Loch im Damm abzudichten.
Ich garantiere Ihnen, die Wunde wird schneller heilen, wenn Sie solche Suggestionen in den darauf folgenden Tage öfter einsetzen. Dabei müssen Sie in einen tranceartigen Zustand gehen, etwa mithilfe des Autogenen Trainings. Diese Vorgehensweise sollte parallel mit den richtigen Reaktionen des Verstandes ablaufen, der pragmatisch signalisiert hatte, ein Pflaster auf die Wunde zu kleben. Wenn sich die Verletzung nun durch die zusätzliche mentale Arbeit tatsächlich viel schneller schließt, so ist das doch schon wie ein kleines Wunder, oder? In Wirklichkeit ist es aber keines. Sie haben nur Ihre ureigenen Kräfte aktiviert, anstatt irgendeine Salbe auf die Wunde zu schmieren. Dieses Selbst-aktiv-Werden ist ein zentraler Punkt in der Hypnosearbeit: Ich als Therapeut bringe Menschen nur dazu, ihren Weg individuell zu finden, dann werden die persönlichen Kräfte aktiv. Nehmen Sie einen komplizierten Knochenbruch: Selbstverständlich kann er durch Hypnose allein nicht geheilt werden – er muss fachgerecht eingerichtet und versorgt werden. Aber auch hier lässt sich der Heilungsprozess durch Selbsthypnose und Hypnose stark beschleunigen. So kann das Knochenwachstum um bis zu dreißig Prozent beschleunigt werden. Viele Studien haben das nachgewiesen.
Gehen wir eine Stufe weiter: Sie müssen eine Strahlentherapie machen. Möglicherweise sagen Sie: »O Gott, ich muss eine Strahlentherapie über mich ergehen lassen!« Wenn Sie das tun, sind

Sie inaktiv und schwächen allein durch eine solche Äußerung die heilenden Möglichkeiten, die diese vom Menschenverstand ersonnene Therapie bietet. Wenn Sie sich dagegen von Ihrem Arzt die Geschichte Ihrer Krankheit und die Wirkungsweise der Strahlentherapie genau erklären lassen, um daraufhin vor Ihrem inneren Auge starke Bilder zu entwerfen, die aktiv von Ihnen bearbeitet werden, setzt sich ein Prozess in Gang, der die positiven Kräfte multipliziert.

Ähnlich können Sie mit psychischen Krisen umgehen. Sie können sich als Opfer sehen und passiv bleiben, oder Sie begeben sich in eine aktive Rolle. Ihr Einwand, eine Strahlentherapie oder ein größeres psychisches Problem würde einhergehen mit einer lähmenden Angst, lasse ich nicht gelten. Es stimmt nicht, dass die Angst lähmt. Nur Furcht lähmt. Ich würde nie zu einem Patienten sagen: »Sie dürfen keine Angst haben.« In der Hypnose – in der übrigens die Klienten immer geduzt werden, da das in Urzeiten entstandene Unterbewusstsein Probleme mit dem »Sie« hat; das hat in keiner Weise etwas mit mangelndem Respekt vor den Klienten zu tun, denn vor und nach den Sitzungen spricht man sich wieder mit »Sie« an – sage ich immer wieder: »Angst darfst du haben, nur fürchten musst du dich nicht.« Angst lähmt nur, wenn ich sie nicht zulasse. Gebe ich hingegen jedoch der Angst ihren Raum, kann sie sogar befreiend wirken, indem sie mich nämlich selbst aus der Gefahr herausholt. Dazu muss ich furchtlos die Angst ansehen, die ich habe. Ich muss mir ohne Scheuklappen das anschauen, was mir Angst macht. Betrachte ich die Angst dagegen nicht und fliehe geradezu vor ihr, wird aus dem sinnvollen Warnsignal eine unkontrollierbare Furcht.

Gerade die Angst zeigt, wie uneffektiv unser Intellekt oft sein kann. Verstandesmäßig können Sie sich in einer Angstsituation sagen, beispielsweise kurz vor einer Prüfung, dass die Angst völlig unlogisch sei, nicht umsonst hätten sie für diese Prüfung intensiv gelernt. Was sollte da passieren können? Dennoch bleibt eine unlogische, also diffuse Angst, und die sitzt einem im Nacken. Fast entwickelt sie sich zur Furcht. Und das Unterbewusstsein, das uns im Prinzip helfen könnte, fördert derartige Ängste fatalerweise sogar noch. Es spürt, dass wir die Prüfung als Gefahrensituation ansehen, und verstärkt darum die Angst – entsprechend den steinzeitlichen Fluchtmustern –, um uns zu einer schnellen Flucht zu bewegen. In Zeiten der Keulenschwinger war eine solche Reaktion nützlich, nicht aber heute. Das Unterbewusstsein konnte aber in dieser Prüfungssituation nur auf die uralten Informationen zurückgreifen, weil es keine besseren in Form von Bildern erhalten hatte. Wer mit dem Unterbewusstsein nicht kommuniziert, muss also damit rechnen, dass es auf der Basis eines alten Erfahrungsfundus aus der Steinzeit arbeitet. Grundsätzlich ist deshalb nachvollziehbar: Wann immer einem Menschen in heutigen Situationen die Furcht heftig im Nacken sitzt, erfährt er sich als geschwächt. Dass ein derartiger Zustand Probleme und Krankheiten intensiviert, liegt auf der Hand.

Nun fragen Sie sich vielleicht, warum man sich bei den aufgeführten Problemen für Selbsthypnose oder gar Hypnose entscheiden sollte? Es gibt doch auch noch die verschiedensten Methoden des so genannten positiven Denkens! Zwischen der Hypnose und dem positiven Denken liegen jedoch Welten, auch wenn bei beiden Techniken durchaus mit positiven Bildern gearbeitet wird. Positives Denken jedoch heißt, Sie hängen sich im Bad einen großen Zettel über den Spiegel auf, auf dem steht: »Mir geht es von Tag zu Tag in jeder Hinsicht besser.« Na wunderbar! Ihnen ist gestern die Frau weggelaufen und das Auto gestohlen worden. Sie kommen gerade aus der Klinik, weil Sie heute Morgen unter der Dusche ausgerutscht sind und sich den Arm gebrochen haben. Und jetzt klingelt es an der Tür, weil der Gerichtsvollzieher etwas von Ihnen will. Ihr Job ist Ihnen auch schon lange nicht mehr sicher, aber sie stehen fröhlich summend vor dem Spiegel, weil es Ihnen ja von Tag zu Tag besser geht.

Das bloße positive Denken ist Opium für die mentalen Kräfte. Die eigentlichen Probleme werden dabei bestenfalls verdrängt oder überlagert. Eine derartige Methode mag eine Zeit lang funktionieren, das will ich auch gar nicht bestreiten, nur wird man – wie bei allen Verdrängungsmechanismen, inklusive Schlaftabletten – irgendwann von ihnen wieder eingeholt. Und sie schlagen dann mit vermehrter Wucht zu. Es kommt zu einem großen Knall, dem Ausbruch einer Krankheit oder zum totalen Zusammenbruch.

In der Hypnosearbeit hingegen kann und darf nichts geschönt werden, was die Realität betrifft. Im Gegenteil: Wenn wir im Nacken die Angst spüren, wird sie nicht verdrängt, wir drehen uns sogar um, um uns diese Angst anzusehen. Dadurch verhindern wir, dass wir starr werden und nicht mehr handeln können. Das gilt auch für kleinere Probleme. Wer etwa zu dick ist, wird nie schlanker werden, indem er seine Korpulenz verdrängt. Nur ein genaues Ansehen der eigenen Rundungen macht es möglich, das Problem hinter dem Problem zu erkennen, also zu begreifen, warum ich eigentlich zu viel esse. Wer große Angst vor einer bevorstehenden Prüfung hat, sollte nicht gegen die Angst kämpfen oder sie verdrängen, sondern sie sich in Ruhe anschauen und die Lage analysieren: Wie sind die Fakten? Habe ich genug gelernt oder, ehrlich gesagt, nicht? Dementsprechend muss man agieren, die Prüfung verschieben oder einige Nächte durchbüffeln. Und sollte man ausreichend gebüffelt haben, wird es notwendig sein, einen Weg zu finden, um sich zu entspannen. Das kann wunderbar gelingen, wenn man sich nicht mehr im Zustand der Flucht befindet – und man auch keinen weiteren Selbstbetrug betreibt. Erst dann lösen sich Blockaden, die Durchblutung stimmt wieder und damit auch die geistige und körperliche Leistung.

Es ist nicht immer einfach, die eigenen Probleme genau anzusehen, besonders wenn diese massiv sind. Doch in der Hypnose entsteht ein leichterer Zugang zu ihnen. Der Patient ist in ihr befreit vom Intellekt. In der Trance, in die wir als Basis jeder Hypnosearbeit zuerst gehen, drängen sich keine von der Vernunft erzeugten Gruselvorstellungen über die Situation des Klienten vor. Ruhig und entspannt kann ich mir mit dem Patienten seine Probleme anschauen. Die Angst offenbart sich in der Hypnose in Bildern – und verliert allein dadurch auch an Bedrohlichkeit. So zeigt sie sich vielleicht in der Gestalt eines Bären, wenn ich dies suggeriere. Bei jedem Patienten muss ich erspüren, welche Bilder am besten wirken können – schließlich bestehen Menschen nicht aus Normbauteilen. In dem angenehm abgesenkten Zustand der Trance findet er dann den Mut, sich umzudrehen und den Bären anzuschauen. Und der Patient wird feststellen, dass der Bär ihm nichts ernsthaft Böses tun will. Von diesem Punkt aus suchen wir nach dem, was hinter dem Bären steckt, also die Umstände, die die Angst erzeugen. Und auch diese Faktoren sehen wir uns in der Trance gelassen und sachlich an. Im Anschluss daran machen wir eine Bestandsaufnahme und ziehen Bilanz. In dieser Hinsicht folgen wir den Mechanismen der Logik, gehen nun aber dazu über, mit dem Unterbewusstsein zu kommunizieren. Nach und nach empfängt es starke Metaphern, die es ermöglichen, dass es zu einer veränderten »Programmierung« kommt. Nur dadurch lassen sich alte Handlungsmuster aufbrechen. Natürlich können die behandelten Probleme nur in den seltensten Fällen durch einen Befreiungsschlag gelöst werden. Es hat ja meist auch Jahre gedauert, bis sie zu einem derartigen Berg angewachsen waren.

Zwischen den einzelnen Hypnosesitzungen ist es wichtig, dass der Patient bei seinem – durch die Hypnose sehr gestärkten – Wunsch zur Änderung der Situation bleibt. Auch hier gilt: Der Patient darf nicht von einem »Ich muss die Situation zum Guten ändern« sprechen, sondern er sollte sich sagen: »Ich werde die Situation zum

Guten ändern.« Ist das geschafft, kommt jetzt wieder der Verstand ins Spiel: Gemeinsam wird nun überlegt, welches der nächste kleine Schritt sein könnte, der den Patienten motiviert und zum weiteren Voranschreiten animiert. Wenn es dem Klienten gelingt, daraufhin täglich alle Briefe zu öffnen, auch die des Finanzamtes, sowie sämtliche Rechnungen, die in der früheren Verdrängung verschlossen blieben, dann hat er etwas Positives für sich getan, auch wenn der Inhalt des Briefes vielleicht nicht gerade positiv ist.

Um sich wieder besser zu fühlen, untereilt man den Weg dorthin in viele Einzeletappen. Nur so schafft man es, aus der Abwärtsspirale herauszukommen. Der erste Schritt kann eine Art Gedankenhygiene sein. Wir waschen uns jeden Tag von Kopf bis Fuß und nennen das Körperhygiene. Wie wäre es, wenn wir ebenso selbstverständlich täglich eine mentale Hygiene betreiben würden? Könnte es nicht sein, dass wir uns in Kombination mit der Körperhygiene nicht noch wohler fühlen? Wenn uns Unangenehmes bedrängt, sagen wir gerne »Mist« oder benutzen noch härtere Worte. Das kommt nicht von ungefähr. Es geht dabei um mentalen Unrat, von dem wir uns befreien wollen, sonst belasten wir auch alle anderen Gedanken und Handlungen mit diesem seelischen Müll. Es macht einfach wenig Sinn, ein frisches Hemd auf einen völlig verschwitzten Körper zu ziehen. Wenn Sie sich aber von dem gedanklichen Unrat befreien wollen, geht auch das wieder nur mit einer ehrlichen Bestandsaufnahme: Sie müssen sich Ihre Gedanken offen und ehrlich ansehen, nur dann können Sie sich der unguten entledigen. Auch hier hilft die Versenkung in eine Selbsthypnose. Und ebenso gilt: Sie sollten sich keineswegs wegen der schlechten Gedanken kasteien. Wichtig ist, dass Sie für sich etwas tun, für Ihr mentales Wohlbefinden. Jeder weitere Veränderungsschritt fällt dann leichter.

Gegen gutes Honorar kommen heute Leute in Büros und entmül-

len sie, bringen Ordnung in Regale, lassen überflüssige Ablagen verschwinden – die Mitarbeiter fühlen sich dabei erst ein bisschen vorgeführt, danach aber viel wohler. Sie können wieder richtig durchatmen und ohne Blockaden arbeiten. Lösen Sie Ihre Krisen auf ähnlich pragmatische Weise! Man muss nicht nur davon träumen, dass man sein Leben gerne auf einen Schlag komplett anders hätte. Man muss einfach die eigene Situation ehrlich betrachten, darüber nicht jammern, sondern mit dem Aufräumen beginnen. Kleine Schritte können dabei für den Anfang hilfreich sein, beispielsweise das Geschirr abwaschen, das Büro aufräumen oder ungeöffnete Briefe endlich öffnen und ordnen. Wenn das erledigt ist, können Sie sich an größere Schritte wagen: Endlich dem Partner aufrichtig sagen, wie man die gemeinsame Situation einschätzt und in welche Richtung man sie vielleicht gerne ändern würde. Sobald man spürt, dass die Dinge in Bewegung kommen, fühlt man sich danach freier und wohler. Hey, sagt man sich, das hat ja geklappt, morgen mache ich gleich den nächsten Schritt und übermorgen wieder einen ... Vielleicht klingt das alles ein bisschen banal, aber es sind genau diese Sachen, an denen unzählige Menschen scheitern. Stellen Sie sich vor, Sie tragen, nur weil Sie blockiert sind, vier Wochen lang dasselbe Hemd! Da geraten Sie ganz sicher in eine olfaktorische Krise. Welche Folgen das bei Ihren Mitmenschen haben könnte, vermögen Sie sich bestimmt auszumalen.
Schwieriger scheint es zu sein, im seelischen Bereich Hygiene zu betreiben, sich der Mühe zu unterziehen, sozusagen regelmäßig das Hemd zu wechseln und auch zu waschen. Hypnose kann hier helfen. In kleinen Krisen reicht Autosuggestion allemal – nur achten Sie bitte auf vernünftige Bedingungen, wenn Sie das Autogene Training erlernen wollen. Viele, die es in Großgruppen unter drei Dutzend schwitzenden, schniefenden und mit unappetitlichen Socken bestückten Menschen ausübten, verloren den Spaß daran,

ehe sie überhaupt an den Kern der Sache herankamen. Suchen Sie sich einen guten Lehrer, am besten einen Hypnosetherapeuten, der nur mit kleinen Gruppen oder sogar ganz alleine mit Ihnen arbeitet, und Sie werden bald sehen, wie sehr Ihnen schon die kleine Schwester der Hypnose, die Autosuggestion, helfen kann.
Fühlen Sie sich seelisch in einer ziemlich aussichtslosen Sackgasse, müssen Sie Bauchschmerzen, Herzrasen und Angstzustände nicht mit Psychopharmaka verdrängen. Sie können viel mit einer Hypnosegrundtherapie erreichen. Eine solche dauert bei mir zum Beispiel einen Monat à zwei bis drei Sitzungen pro Woche. Mit einer derartigen Kurztherapie werden Sie in den meisten Fällen einen durchschlagenden Erfolg haben und Ihr Leben mit ganz anderen Augen sehen. Sie werden es mit neuen Kräften angehen, und Sie werden lernen, wie Sie beim Auftauchen neuer Lebenskrisen rechtzeitig mit Imaginationen arbeiten können, um wieder Ihr Wohlbefinden zu erlangen.
Und selbst wenn Sie mit Hypnose und Autosuggestion noch gar keine Erfahrung gemacht haben – probieren Sie es einfach aus. Und zwar noch heute. Legen Sie sich dazu einfach auf Ihr Bett und entspannen Sie sich. Alle möglichen Gedanken werden Ihnen durch den Kopf sausen: der verpasste Zahnarzttermin, das noch zu findende Geburtstagsgeschenk für Tante Marga, der versprochene Kinoabend mit dem Patenkind. Versuchen Sie nicht, diese Gedanken zu verdrängen. Wie schon gesagt, es gibt kein *Gegen*, nur ein *Für*. Stellen Sie sich auch nicht unter Leistungsstress; es muss jetzt, wo Sie auf dem Bett liegen, nichts klappen. Lassen Sie einfach alles geschehen, verbieten Sie sich keinen aufkommenden Gedanken, kein auftauchendes Bild. Sie spielen gerade ein schönes Spiel, nichts weiter. Betrachten Sie nun die Gedanken, die Ihnen durch den Kopf flitzen. Sie sind wie kleine Wölkchen, die rasch heranziehen und im nächsten Moment auch schon wieder verschwunden sind. Jetzt taucht Ihr Chef auf, der Sie heute zusammengeputzt

hat. Am liebsten hätten Sie ihn zur Hölle geschickt. Ja, denken Sie das ruhig nur, erlauben Sie sich den Gedanken, dass Ihr Boss Ihnen Angst macht. Aber der Gedanke ist ja nur eine Wolke. Und während sie weiterzieht, wird seine Stimme immer leiser, immer leiser ... Sie liegen nun ganz entspannt an einem warmen Strand oder auf einer blühenden Bergwiese. Hier bleiben Sie, ruhen aus und stellen sich konkret etwas vor: Sie überlegen sich Bilder, bei denen Sie das Gefühl haben, dass diese Sie am nächsten Abend zufriedener mit sich selbst machen können. Imaginativ blicken Sie auf das, was Sie an diesem Tag erledigen können. Sie werden sehen, allein dieses Vorgehen, das nur in Ansätzen zeigt, was Sie erreichen können, wenn Sie anschaulich mit Ihrem Unterbewusstsein kommunizieren, wird zu positiven Veränderungen führen.

Hypnose hat nichts mit Heilsversprechungen zu tun, die vorgaukeln, Ziele seien mühelos erreichbar. Die Tatsache, dass einem dabei ein Therapeut zur Seite steht, heißt nicht, dass dieser die Lebensverantwortung für den Patienten übernimmt. Veränderungen im Leben bleiben nur auf Dauer wirksam, wenn man sie sich selbst erarbeitet hat. Darin liegt die große Stärke der Hypnose gegenüber jeder Pille: Letztere entführt Sie ins Land der Schmerzfreiheit oder ins Land der positiven Lebenseinstellungen. Dieser Weg ist eine Täuschung. Er hat so wenig mit der Wirklichkeit zu tun wie der Plastikdschungel in Disneyland mit dem echten im Amazonasbecken. Wenn neue Patienten zu mir kommen, mache ich ihnen unmissverständlich klar, dass es nicht genügt, wenn sie von der Ehefrau oder dem Freund geschickt werden. Sie müssen vielmehr selbst den aktiven Wunsch haben, ihre Situation ändern oder ihr Problem lösen zu wollen. Um mit mir zusammen zu arbeiten, müssen sie zu einem hundertprozentigen Einsatz bereit sein. Es bedeutet Arbeit, eine vernachlässigte Wohnung wieder auf Vordermann zu bringen, und es bedeutet noch mehr Arbeit, Ähnliches im mentalen Bereich zu realisieren. Allerdings: Wer dies verstanden hat, wird schnell sehen, dass es eine wunderschöne Arbeit ist. Hypnosesitzungen sind für den Klienten angenehm und wohltuend. Da die Fortschritte, die man in diesen Stunden macht, erstaunlich schnell eintreten, fällt der konkrete Alltag, der zur besseren Lebensgestaltung gehört, viel leichter – wenigstens im Vergleich zu früher, wo man ihn mit schwermütigen und erdrückenden Gedanken bedachte.

Menschen, die auf diese Weise ihr Leben selbst neu geordnet und in Schwung gebracht haben, gehen übrigens auch ganz anders mit dem um, was wir gemeinhin als Glück bezeichnen. Glück, dieses Wort wird ja längst inflationär angewendet: Viele Methoden versprechen es und viele Menschen sehen ihr persönliches Heil in der Erfüllung eines Forderungskatalogs, der sich vornehmlich auf das eigene Ich, auf spezielle Konsumwünsche bezieht. Ich habe dabei festgestellt, dass viel über Glück gefaselt wird, aber kaum jemand ist in der Lage, es zu definieren, geschweige denn, glücklich zu sein. Wahrscheinlich soll Glück auch nebulös bleiben. Oder was ist der Grund, warum offenbar so selten nach dem individuellen Glück gefragt wird. Dieses eigentlich sehr intime Gefühl einer inneren Zufriedenheit wird meist von öffentlichen Glücksformeln überlagert: Du bist glücklich, wenn du fit und schlank bist, du bist glücklich, wenn du möglichst lange jugendlich ausschaust. Dass der Mensch bei solchen klischeehaften Vermarktungen irgendwann total überfordert auf der Strecke bleibt, interessiert dabei offenbar niemanden. So werden aus einstmals gesunden Menschen willkommene Objekte unserer Krankheitsindustrie gemacht.

Wer über die Kraft der Imaginationen wieder lernt, auf sich selbst zu hören, und Schritt für Schritt Zufriedenheit, Ausgeglichenheit und damit auch Mitgefühl für andere entwickelt, der weiß, wie Glück sich wirklich anfühlt. Dieser Mensch muss nicht permanent sein Glück vorspielen, er ist im Grunde seiner Seele und seines Körpers schlichtweg lebensfroh.

7 In den eigenen Schuhen geht man viel besser

Sie haben hoffentlich die richtigen Alufelgen an Ihrem Auto, gehen sicher in angesagte Lokale, sind bei trendigen Sportarten dabei, lesen, was man so liest, und leben, wie es Ihnen die Lifestylezeitschriften vorschreiben. Sie sind männlich, jung, flexibel, kompatibel, stromlinienförmig bis zur Durchsichtigkeit und dürfen sich als Lohn mit der freien Auswahl Ihres Haargels einen Tupfer Individualität leisten. Als Frau sind Sie supermodern, Sie arbeiten, sind aber auch allein erziehende Mutter und gehen entsprechend den Anleitungen in den Frauenzeitschriften nur fröhlich pfeifend durch die Welt. Wie sollte es auch anders sein bei einer Dreifachbelastung als Berufstätige, Mutter und Hausfrau? Und als ältere Dame sind Sie natürlich eine tolle Oma, können kochen wie keine, auf die Enkel aufpassen und über Top-Designer und ihre Models mitreden.

Immer mehr Menschen, die mit psychischen Problemen in meine Praxis kommen, brechen unter dem Druck zusammen, unter den sie sich selbst gestellt haben. Sie machen alle Dinge so, wie man sie angeblich zu machen hat, sie leben sehr fremd- und normenbestimmt. Ich erkläre ihnen dann einfach: Sie leben in den falschen Schuhen. Sie passen Ihnen nicht, und darum werden Ihre Schmerzen größer, je länger Sie in ihnen gehen. In der Hypnosetherapie wird es nun unsere Aufgabe sein, dass Sie in Ihre eigenen Schuhe zurückfinden. Einen anderen Weg gibt es nicht, um wieder zufrieden zu werden.

Lebt man so, wie andere es von einem erwarten, findet man nie zu einer Zentrierung, zu einer inneren Ruhe, sondern hechelt permanent der Erfüllung äußerer Anforderungen nach. Ich habe es bei vielen meiner Patienten erlebt: Man funktioniert über einen langen Zeitraum klaglos, und der Anlass für einen Zusammenbruch, der dann irgendwann kommt, ist meist ein völlig unscheinbarer. Wer in den richtigen Schuhen durch die Welt geht, kann seine Umwelt souverän und spielerisch gestalten, dabei auch die Techniken des Tarnens und Täuschens anwenden. Es ist nicht notwendig, das eigene Herz ständig auf der Zunge zu tragen und jedem seine Weltansichten aufzudrängen. Sie können als Mann ruhig bei einem Termin mit Krawatte erscheinen, wenn es für einen guten Auftrag nützlich erscheint, auch wenn Sie eigentlich das Tragen von Schlipsen abgrundtief verachten und auch nur drei davon besitzen. Sie können als Frau bei wichtigen Meetings mit einem Prada-Täschchen aufkreuzen, das Sie vielleicht selbst lächerlich finden, aber Sie wissen, es könnte Entscheidungen zu Ihren Gunsten beschleunigen. Solange Sie lächelnd und spielerisch mit solchen Accessoires umgehen, muss ein solches Versteckspiel für Sie nicht zum Problem werden. Auch hier wirken einige recht gesunde Ur-Programmierungen nach: Die Mimikry, das Vortäuschen besonders beeindruckender oder wehrhafter Eigenschaften zum eigenen Schutz und Nutzen, spielte in der Natur schon immer eine Rolle. Und wenn Sie als Architekt, Werbemann oder Mode-Marketingfrau bei einer Präsentation mit bestimmten rahmengenähten Schuhen oder einem von polynesischen Jungfrauen bei Vollmond und begleitet von Fruchtbarkeitsliedern handgenähten Kostüm mehr Eindruck schinden können, so ist das auch nichts anderes, als wenn der Pfau sein Prachtgefieder oder der Hunderüde die Nackenhaare aufstellt – es macht was her. Der Hund etwa tut dies aber nur in spezifischen Situationen. Nach dem Imponierspiel ist er so nett, gutmütig und eigensinnig wie immer. Keine Katze käme auf den Gedanken, permanent mit drohend buschigem Schwanz und großem Buckel herumzulaufen, es wäre ihr viel zu anstrengend. Wir aber versuchen inzwischen rund um die Uhr perfekt, schön und leistungsfähig zu sein. Wir betreiben kaum noch Verkleidung, um andere kurzzeitig zu täuschen, vielmehr geben viele von uns ihr Innerstes auf, um in eine vorgestanzte Rolle zu schlüpfen. Diese wird dann auch entsprechend ausgefüllt. So etwa bei der jungen Frau, die sich an Nase und Brust operieren, sich das straffende Nervengift Botox in die Stirn und Silikon in die Lippen spritzen lässt, um ein Abziehbild von Britney Spears zu werden. Ähnliches passiert auch bei der Hausfrau, die immer absolut perfekt und für alles in der Familie verantwortlich sein will. Irgendwann tritt aber der Punkt ein, an dem der Mensch diese paradoxe Zerrissenheit spürt, die entsteht, wenn man eigentlich ein besonders individueller Mensch sein will und in Wahrheit ein Herdentier ist.

Viele Menschen verschweigen vor Freunden, Bekannten und Kollegen ja nicht nur ihre eigene Meinung, sondern sogar Krankheiten, beispielsweise einen Herzfehler, um nur ja nicht aufzufallen. Schwächen kann man sich nicht leisten in einer vermeintlich starken Gesellschaft, davon sind sie überzeugt. Und nicht umsonst sind die Zeitschriften voll von Instant-Lebenshilfen: fünf Tipps zum erfolgreichen Verhandeln, schlank in zehn Minuten, vier Anmachtricks, auf die alle Frauen fliegen. Bei diesen knappen Ratschlägen fallen mir immer einstige preußischer Zuchtordnungen ein, auch die verlogene Moral von früheren niederbayerischen Klerikern, die das Ziel hatte, die Menschen zu etwas zu verbiegen, was sie nie sein wollten.

Wer lange eine Rolle zum eigenen Leben macht, fällt irgendwann aus derselben. Es muss ja nicht gleich ein Amoklauf sein, wie in dem legendären amerikanischen Film *Falling Down – Ein ganz normaler Tag* (1992), in dem ein Angestellter, gespielt von Michael

Douglas, plötzlich sein bisheriges Leben aufgibt, indem er mitten in einem Highway-Stau aus seinem Auto steigt und anschließend als Amokläufer durch die Gegend zieht. Hauptsächlich fällt man auf stille Weise aus der Rolle, wird seelisch krank, weil der größere Hubraum unseres Autos, die makellos aufgeräumte Wohnung und unsere stromlinienförmige Anpassung an die Meinung unseres Chefs nicht das richtige Futter für unser lebenshungriges Unterbewusstsein waren.

Als Hypnosetherapeut kann ich bei derartigen Krisen ansetzen. Mein Job ist es, solchen Menschen, die dann oft mit schweren Leiden zu mir kommen, zu zeigen, wo ihre eigenen Schuhe stehen. Alle sind bisher freudig in diese eigenen Schuhe geschlüpft, und das Gehen war danach viel leichter. Sie waren wieder glücklich.

Ein Mensch, der nicht so lebt, wie er eigentlich von der Schöpfung gedacht war, der seit vielen Jahren das Gefühl hat, das Ausleben seiner Visionen, Wünsche, Neigungen sei nicht erlaubt, der hat einerseits große Angst davor, sich selbst zu leben. Andererseits ist er tief frustriert – vielleicht auch wütend – über seine Selbstbeschränkung. Dieser Mensch gerät immer mehr zwischen zwei Mühlsteine: Von außen wird er normiert, fremdbestimmt, aber mit seinem Unterbewusstsein zu kommunizieren, das wiederum hat er verlernt. Entsprechend funktioniert das Innere nach dem schon beschriebenen Steinzeit-Überlebensprogramm oder nach vorgegebenen äußeren Mustern. Die Folgen sind deutlich: Mittlerweile leiden immerhin über acht Millionen Deutsche an massiven Ängsten. Wir haben inzwischen bundesweit Notfall-Anlaufstellen für Essgestörte, Alkoholiker, Mobbing-Opfer, Angstpatienten oder Suchtgefährdete. Natürlich gibt es für all diese Personen auch jede Menge dämpfende und gemütsaufhellende Medikamente, Institutionen wie die Bundesanstalt für Arbeit (BfA) ersticken in Anträgen für stationäre psychosomatische Therapien.

Wer es stattdessen mit Hypnose versuchen will, kann davon ausgehen, dass ein professioneller Therapeut das Grundproblem der falschen Schuhe recht schnell aufzulösen vermag. In meiner Therapie geht es dabei anfangs darum, wie schon gesagt, die eigene momentane Situation ungeschönt anzusehen, mitsamt den Ängsten, vor denen man sich bisher herumgedrückt hat. Weiter ist es wichtig, dem Menschen in einer direkten Unterhaltung mit seinem Unterbewusstsein ein gewisses gesundes Egodenken zu verdeutlichen: Erst komme ich, dann du, dann wir – so lautet die einfache Formel. Denn wenn ich zuerst etwas bekomme, dann kann ich auch geben. Und wenn schließlich beide bekommen haben, auch das »du«, vermögen sogar beide zu geben, aber auch ohne schlechtes Gewissen zu nehmen.

Die meisten Probleme und Missverständnisse gibt es immer wieder bei dem »Ich-Modell«, von dem ich ausgehe. Allgemein sprechen wir nach unseren Rechtsvorstellungen von einer grenzenlosen Individualität. In Wahrheit betreiben wir eher eine grenzenlose Anpassung. In bestimmten esoterischen Bereichen wird von einem Ich-Modell ausgegangen, bei dem das eigene Ich im kosmischen Ich aufgehen soll. Mit diesem möchte ich mich gar nicht erst weiter befassen, denn hier gelangen die meisten Menschen weder zum Selbst noch ins Nirwana, sondern nur in eine oft lebensbedrohliche Abhängigkeit von ihrem Guru. Ein weiteres Ich-Modell intendiert ein Power-Ich, vergleichbar mit Tarzan, der sich auf die Brust trommelt. Ich denke dabei an die frühen Seminare des Think-positiv-Krakeelers Jürgen Höller. Eine andere Form ist bei den Jüngern von Rüdiger Nehberg zu beobachten – ein rüder Egotrip wird hier mit Würmern und Heuschrecken garniert.

Bei all diesen Ich-Touren erlebt sich der Mensch nur als ein Abziehbild von sich selbst. Er sucht ausschließlich danach, wie er gerne sein würde – anstatt zu erspüren, wie er wirklich ist. Was bedeuten würde, dass er sich akzeptieren lernt und sich über das gefundene persönliche Potenzial freut.

Es ist einfach Selbstbetrug, das zu suchen, was man gerne wäre. Man muss erst finden, was man ist. Wegweisende Änderungen sind hernach immer noch möglich. Aber sie basieren dann auf einer gesunden Grundlage, frei von allen Selbstlügen und Verdrängungen. Diesen Weg, der wirklich zu etwas führt, können Sie mithilfe der Hypnose auf ganz hervorragende Weise gehen.
Ein uraltes Lied von Peter Alexander heißt »Die süßesten Früchte«. Darin singt Frau Enterich ihren Jungen vor, die nicht immer nur Salat, sondern auch mal von den herrlichen Kirschen da oben am Baum naschen wollen: »Die süßesten Früchte schmecken mir und dir genauso, doch weil wir beide klein sind, erreichen wir sie nie.« Volkstümliche Weisheiten sind ungemein verräterisch: Dieser Schlagertext entspricht exakt der Lebensansicht vieler Menschen. Es ist eine Lebensansicht, die in Wahrheit keine eigene Erkenntnis ist, sondern eine aus Normen bestehende Vorgabe, die ohne ein Hinterfragen vom Verstand aufgenommen wurde. Aber das, was der Verstand als »vernünftig« akzeptiert, muss es nicht unbedingt für Sie sein. Ihr Verstand ist nämlich nur ein Werkzeug, das Sie durchaus einsetzen sollten, aber in richtiger Gewichtung.
Sie können an die Kirschen kommen. Aber nur, wenn Sie dazu Ihre eigenen Schuhe benutzen. Diese Schuhe verweisen Sie auf Ihr ureigenes Wesen, auf Ihre Seele – ein Bereich, in dem nicht der Verstand, sondern Ihr Unterbewusstsein sitzt. Vertrauen Sie also nicht einfach kraft Ihres Verstandes in das, was in Ihrer Umgebung gesagt wird, was »man« zu tun und zu denken hat. Vertrauen Sie in die enormen Kräfte, die in Ihrem Unterbewusstsein schlummern. Sie warten nur auf die richtige Ansprache. Sie selbst sind so klein oder so groß, wie Sie es sich vorstellen können. Wer sich nicht vorstellen kann zu wachsen, wird nicht wachsen. Seien Sie einfach Sie selbst. Menschen, die zu mir kamen und das nicht mehr konnten, schwelgten manchmal geradezu vor Freude, wenn sie sich selbst fanden.

Glauben Sie also lieber nicht dem von Peter Alexander vorgesungenen Volkslied, sondern eher Johann Wolfgang von Goethe: »Sofort nun wende dich nach innen, das Zentrum findest du da drinnen ...« Interessant ist auch folgendes Zitat des indischen Philosophen Sri Aurobindo: »Was der Mensch Wissen nennt, ist nichts anderes als die Hinnahme äußerer Erscheinungsformen durch den Verstand. Weisheit blickt hinter den Schleier und schaut. Der Verstand erfasst Einzelheiten und wägt sie gegeneinander ab. Der Verstand trennt die Gegensätze, die die Weisheit in harmonischer Ehe vereint ... Das einzige Geschäft des Verstandes besteht darin, die Wahrnehmungen zu ordnen und zu kritisieren. In sich selbst hat er weder Urteilskraft noch gibt er Handlungsimpulse. Wenn er vorgibt, etwas ins Leben zu rufen oder zu veranlassen, tarnt er andere Antriebskräfte.«
Der Verstand als unpersönlicher, aber uns nützlicher Handlanger, okay. Aber wenn er einem sagen will, in welchen Schuhen man durch die Welt zu gehen habe, da übernimmt er sich doch ein wenig, oder?
Nur so wird ein für Sie persönlich passender Schuh daraus: Man muss sich über die richtige Kommunikation mit seinem Unterbewusstsein selbst finden. Dann laufen die Dinge in eine harmonische, erfolgreiche und gesunde Richtung. Wenn man diese Weichen entsprechend gestellt hat, dann kann und muss man als intelligenter Mensch auch seinen Verstand gemäß dieser Richtung einsetzen.

8 Fälle aus meiner Praxis: Dämonen werden geritten

Inmitten von Motorjachten, mächtigen Außenbordmotoren und jeder Menge Zubehör stehen wir in einer schicken, neuen Halle in einer norddeutschen Hafenstadt. Jens Gröbner, Mitte dreißig, kommt federnden Schrittes und mit freundlichem Lächeln aus seinem Büro: »Wollt ihr einen Kaffee?«

Jens ist Besitzer des respektablen Geschäfts, das dank seiner Agilität auch in den derzeit wirtschaftlich schwächeren Zeiten sehr gut geht. Für mich ist Jens schon fast wie ein Sohn – ich kenne ihn seit achtzehn Jahren. Ich konnte mich in den damals Siebzehnjährigen mit seiner Schulangst und Schulablehnung bestens hineinversetzen, ich brauchte nur an meine eigene Jugend zu denken. Jens Gröbner fühlte sich total beengt als Schüler. »Ich malte mir immer im Vorfeld die schlechteste Situation aus«, sagt er heute. Aus Angst – weil er seinen Platz in dieser Welt nicht finden konnte – wurde Trotz, und der sorgte für eine steile Abwärtskarriere vom Gymnasium über die Real- zur Hauptschule. »Ich log mir viel in die Tasche, machte auf cool, was ich gar nicht war«, erzählte er mir. Die Mutter stand glücklicherweise zu ihm, die Lehrer aber unkten: »Aus dir wird nie was.«

Man braucht keinen Alkohol und keine Drogen, damit aus einem »nie was wird«. Es genügt, ständig in den falschen Schuhen zu stehen und sich selbst nicht zu sehen. Viele spüren das und können damit nicht leben.

Oft schwänzte Jens die Schule, hatte Angst vor der Polizei, die ihn holen könnte. Im Prinzip wollte er Ruhe haben: »Ich wollte niemandem, aber vor allem nicht meinen eigenen Ängsten entgegentreten.« Seine Mutter versuchte ihn dazu zu überreden, zu einem Psychologen zu gehen. Jens verweigerte auch dies, weil er der Meinung war: »Hier bin ich falsch, wie überall.« Nach einem Nervenzusammenbruch mit fünfzehn wurde er in eine psychiatrische Klinik eingewiesen. Der Aufenthalt war mit einer wirkungslosen Therapie verbunden. Ein Psychologe meldete Jens schließlich von der Schule ab, das tat ihm gut, endlich war ein großer Druck weg. Wie ein Nichts fühlte er sich dennoch, und jetzt erst recht als einer, der nichts mehr lernt. Eine Existenz schien zerstört zu sein, bevor sie überhaupt erst richtig anfangen konnte.
Mit siebzehn Jahren erschien Jens in Begleitung seiner Mutter erstmals bei mir zur Hypnosetherapie. Schon eine Woche später konnte er wieder einkaufen gehen, ohne extrem verkrampft zu sein. Jens: »Mit mir konnte man damals wirklich überhaupt nicht kommunizieren.« Die Hypnosesitzungen machten seinen Geist freier, er wurde lockerer. Er ging zur Volkshochschule und nach einem Jahr konnte er den Hauptschulabschluss machen – als Bester seiner Klasse.
Wie in der geometrischen Kurvenform einer Parabel ging die Kurve bei Jens erst steil nach unten und schwang dann kontinuierlich nach oben. Immer wieder fühlte sich der junge Mann phasenweise ziemlich minderwertig, aber es gelang mir, der ich inzwischen eine Art ständiger Begleiter für ihn geworden war, den Strauchelnden in den Hypnosesitzungen wieder zu stabilisieren. Dabei halfen ihm auch meine Suggestions-Kassetten, die Jens täglich hörte. Schließlich machte er den Sportbootführerschein und nach einem Jahr Berufsfachschule den Realschulabschluss – wieder als Klassenbester. Bei der Lloyd-Werft in Bremerhaven erhielt er in seiner Lehre als Industriemechaniker eine Lehrver-

kürzung, die sonst nur Abiturienten bekommen, und schloss mit einer Eins ab.

*

Danach erfolgte ein – diesmal kleinerer – Rückschlag, der ihm zeigte, dass seine massiven Probleme aus der Jugendzeit doch noch wie ein schlummerndes Virus in ihm saßen und jederzeit aufbrechen konnten. Auf einer Hochzeit tanzte Jens so wild, dass er den Nacken überzog. Er hatte eine Art Schleudertrauma. Die schmerzhaften Verspannungen erinnerten Körper und Seele an die frühere Totalverkrampfung. Wieder erlebte er Panikattacken und wieder umklammerte ihn die unbestimmte Angst, er könne plötzlich ohnmächtig werden. Aber das Problem war mit ein paar weiteren Besuchen bei mir schnell erledigt. Der ehemalige Schulversager absolvierte nun die Seefahrtschule Cuxhaven, holte die Fachhochschule nach und wurde innerhalb von zwei Jahren Schiffsingenieur.

Dann erlitt Jens den ganz großen Rückschlag. Wie Dämonen suchten ihn die alten Ängste erneut auf. Er konnte nicht mehr einkaufen, nicht zum Friseur gehen, er war unfähig, Bus zu fahren, hatte Platzängste, vermied Gespräche, nicht einmal ein Glas Wasser vermochte er ruhig zu halten. Gleich schweren Alkoholikern, die ihr Problem mit abenteuerlichen Tricks vor ihrer Umwelt zu verbergen versuchen, mogelte sich Jens mit speziellen Strategien durch: »Mühevoll schaffte ich es, meinen Zustand vor Freunden zu vertuschen. Wenn ich vor Angst zitterte, weil ich mich unter Menschen unwohl fühlte, sagte ich, hab wohl zu lange gestern Abend gefeiert.« Jens Gröbner machte mit seinen jetzt achtundzwanzig Jahren wieder eine Therapie bei mir. Zum Glück war er sich immer sicher, dass ich genau wüsste, was mit ihm los sei. Er schaffte es, auch diese Dämonen wieder zu vertreiben.

Je älter Jens wurde, umso besser konnte er nachvollziehen, was mit ihm passierte. Dadurch vermochte ich auch anders mit ihm zu arbeiten. Allmählich merkte er, wie simpel eigentlich alles ist. Er begriff, dass bei einem Menschen Strukturen ablaufen, die, wenn sie negativ sind, einfach durchbrochen werden müssen. Jens lernte das, als er in Hypnose seine Gedankenabläufe abspulte. Jedes Mal, wenn er in tiefer Trance seine Angst erreichte, fragte er: »Kommt jetzt die Angst wieder? Die Panik?« Ich unterbrach ihn dann mit einem fast scharfen »Warum?«. Das half, in seinem Unterbewusstsein schließlich die negative Kette zu durchbrechen – doch ohne Verbote. Die Angst vor der Panik wurde nicht verbannt oder verleugnet, jedoch relativiert. Panik? Kann – aber muss doch gar nicht ..., hieß es nun. Wenn diffuse Ängste im Anmarsch waren, bestand ich in der Hypnose darauf, dass Jens Gröbner nicht vor ihnen floh. Ich sagte: »Lass sie kommen, schaue sie dir an.« Dabei sah Jens, wie die Ängste nun wie Seifenblasen zerplatzten.
Jens war in diese erneute Therapie mit einem total verspannten Nacken gekommen; er wirkte wie eine Schildkröte. Am Ende der Sitzungen ging er wieder aufrecht, wirkte fast einen Kopf größer. Er sagte zu mir, was er in den Sitzungen empfunden hatte: »Ich bekam wieder Luft, das Brustbein öffnete sich. Ich hörte es regelrecht knacken.«
Und wie immer gab ich ihm zu verstehen, er solle nicht gegen seine schmerzhaften Symptome arbeiten, sondern sie einfach zulassen. Jens Gröbner musste lernen, vom Ist-Zustand auszugehen: Wenn es einem dreckig geht, soll man sich nicht belügen, sondern die Situation annehmen und von diesem Ausgangspunkt formulieren, was man dennoch tun kann, Schritt für Schritt, Erfolgserlebnis für Erfolgserlebnis. Diese Erkenntnis ist wahrlich nicht neu. Aber sie individuell und feinfühlig während der Hypnosesitzungen dem Unterbewusstsein zu vermitteln, das bringt vielen Menschen einen entscheidenden und relativ raschen Durchbruch. Sie nehmen

wahr, wie in ihnen neue Muster entstehen, spüren und lernen, sich selbst als ganzen Menschen zu sehen, erleben statt bisheriger Aussichtslosigkeit neue Perspektiven. Sie entkommen den Sackgassen, aus denen ihnen vorher keine andere Therapie und kein Tranquilizer heraushelfen konnte.

Jens Gröbner selbst beurteilt seine Krise, die er mit achtundzwanzig Jahren erlitten hatte, als die schlimmste, schlimmer als die, die er als Fünfzehnjähriger durchgemacht hatte. Der entscheidende therapeutische Wendepunkt ist bei ihm aber dennoch in seiner Jugendzeit festzumachen. In ihr wurde zum Glück sehr früh die Basis geschaffen, die ich bei seiner Krise als Achtundzwanzigjähriger relativ leicht in der Hypnose aktivieren konnte. Längst spürt Jens seinen Körper wieder, kann mit ihm kommunizieren, kann Muskeln entspannen, und er kann loslassen. Viel für jemanden, dessen Seele und Körper einst in einer kompletten Verkrampfung gefangen waren.

Heute sitzt er als Jungunternehmer in seinem riesigen Boots-Laden und sagt ungezwungen, aber ernst: »Was mir früher Angst machte, ist jetzt zu einer Herausforderung geworden. Ich kann heute sehr spontan reagieren, kann aber auch die Dinge ruhig auf mich zukommen lassen.« Und nun, nachdem er über den eigenen Tellerrand schauen kann, fällt Jens auf, »dass furchtbar viele Menschen sehr negativ eingestellt sind«. Er ist davon überzeugt, würden diese Personen ein halbes Jahr lang eine Hypnosetherapie mitmachen, es ginge ihnen besser.

9
Zwei Jahre nutzlose Reha: Aber Autogenes Training half mir

Die Art und Weise des Arztes, mir meine Querschnittslähmung mitzuteilen, hatte mich geschockt. Immerhin sensibilisierte sie mich für meine spätere Arbeit. Eine Wut auf den kalten Pragmatismus vieler Ärzte bekam ich erst später, als Therapeut, und zwar, wenn ich Operationen begleitete, in denen Hypnose die übliche Narkose ersetzen musste. Hier bekam ich mit, wie Ärzte oft über ihr Opfer reden – und ich sage in diesem Zusammenhang mit Absicht »Opfer« –, wo doch die Patienten alles mitbekommen, selbst in der tiefsten Narkose. Gern fiel der Satz: »Das lohnt sich nicht mehr, nähen wir ihn wieder zu.« Wir wissen von einem Fall in Amerika, einem Koma-Patienten, der nach siebzehn Jahren erwachte und Erinnerungen daran hatte, wie vor zwölf Jahren in seiner Anwesenheit Ärzte darüber redeten, ob man bei ihm jetzt die Geräte abstellen solle. Er erinnerte sich auch, dass er in seinem Koma immer nur hoffte, dass seine Mutter und seine Verlobte zu Besuch kommen würden.

Aber zurück zu mir und meiner mir mitgeteilten Querschnittslähmung. Da lag ich nun in meinem Bett, gerade volljährig geworden, und hatte eigentlich nur schwierige Jahre hinter mir. Jahre, die gekennzeichnet waren von einem ewigen Sich-Durchbeißen, einzig, um eine Form eines eigenen Lebens zu finden; Jahre, die gepflastert waren mit der Erfahrung von Kampf, Folter, Einsamkeit, Blutvergießen und Liebesarmut. Das einzig Positive, was ich von mir

sagen konnte, bestand darin, dass ich nicht unterzukriegen war. Ich hatte gelernt, mich als junger Mensch allein durchzuschlagen, ich hatte töten gelernt, und ich hatte gelernt, nicht zu töten. Ich war ein Stehaufmännchen.
Und nun wurde mir gesagt, dass das auch vorbei sei. Dass ich nie mehr erleben werde, wieder aufzustehen und zu gehen. Jeder Fortschritt in meinem bisherigen Leben bestand zumindest aus einem Fortschreiten, über das ich entschieden hatte. Diese Daseinsperspektive war mir nun durch den Flugzeugabsturz genommen, gleichzeitig war eine Alternative nicht in Sicht.
Die fürchterlichen Schmerzen im Rücken waren nicht das Schlimmste. Ich starrte stundenlang auf meine Bettdecke und dachte, meine Beine seien wie eine Skulptur aus Marmor – ohne jegliche Bewegung, also tot. Ich wollte in dieser Zeit nur noch sterben. Ich stand am Anfang meines Erwachsenwerdens und dachte, okay, das war's.
Das einzig Lebendige an mir war meine Wut auf alles und jedes. Ich war furchtbar wütend auf mein Elternhaus und dachte, hätte ich nette Eltern gehabt, wäre ich nicht zur Fremdenlegion und nicht freiwillig zur Bundeswehr gegangen – und all das wäre nicht passiert. Ich hätte meine Schule abgeschlossen und wäre heute ein lustiger Student.
Meine Gedanken brachen schon verkrustete Erinnerungen auf. Ich dachte daran, wie ich mit fünf Jahren nach England kam, weil mein Vater dort eine gute berufliche Position erhalten hatte. Ich war der deutsche Junge, der den Krieg verloren hatte. Später in Deutschland war ich der Sohn von dem, der Leute entließ, wenn sie zum Beispiel Schokolade aus der Firma geschmuggelt hatten. Die einzig positiven Betrachtungen betrafen meine Lehrer Wynn Schröder und Herta Neuhoff. Bei ihnen hatte ich das Gefühl, dass sie mich mochten. Entsprechend förderten sie mich. Herta Neuhoff war die Person, die mir ab und zu übers Haar strich, abgesehen

von unserer alten Haushälterin, die mich voller Wärme in den Arm nehmen konnte. Es zogen noch viele andere Bilder an mir vorüber, meine ersten Erfahrungen mit Mädchen, Spanien, viele schöne Bilder waren darunter. Doch wenn es um elterliche Liebe, Rückhalt und Urvertrauen ging, gab es keine warmen Erinnerungen. Insgesamt blieb das Gefühl von einem Leben voller Kampf und Kälte übrig, kulminiert in einer Totallähmung nach dem Flugzeugabsturz. Wie zwei Tunnelröhren aus härtestem Beton hoben sich meine Beine unter der Klinikbettdecke ab. Ich hätte mich zu Tode brüllen mögen, fühlte in mir nur noch Hass, Hass und nochmals Hass.

Nach einiger Zeit im Lazarett kamen verschiedene Ärzte an mein Bett und sagten, es gäbe vielleicht eine Chance, dass ich wieder die Beine bewegen könnte, aber dazu müsste ich Unterwassergymnastik und -massagen machen. Was wahnsinnige Schmerzen sind, hatte ich schon in Algerien erfahren, als ich von Rebellen an einer Palme aufgehängt worden war. Im Vergleich zu den Schmerzen bei der Unterwassergymnastik erschienen sie mir geradezu banal.

Bei dieser Form von Gymnastik ließen mich Therapeuten in einem Tragkorb ins Wasser und bewegten und bogen meine Beine, auch zogen sie daran. Ich habe gebrüllt vor Schmerzen, als die vom Absturz geschundenen und beschädigten Gliedmaßen und Gelenke bewegt wurden. Es war die Hölle, und gleichzeitig nützte die Tortur nichts, die Beine blieben tot. Der in Deutschland bekannte Hypnosetherapeut Kurt Tepperwein erzählte mir sehr viel später, dass mein ganzer Hass wohl auch derart in meine Gefühle eingedrungen war, dass dies das Schmerzempfinden extrem verstärkte.

Diese Form von Folter war so schlimm, dass mir die Ärzte Morphium gaben. Ständig. Ich konnte mir also ausrechnen, wann ich nach dem Zeug süchtig sein würde. Auf meine Einwände hinsichtlich einer Abhängigkeit reagierten die Ärzte leicht genervt: »Wollen Sie etwa lieber diese unerträglichen Schmerzen aushalten?« In diesen Tagen bekam ich ein Reader's Digest-*Magazin in die Hän-*

de, in dem ein Artikel über Schmerzausschaltung durch Hypnose stand. Gierig sog ich jede Zeile in mich hinein und sprach sofort am nächsten Tag den Arzt bei der Visite darauf an. »Hypnooose? Höhöhö, och, hör'n Sie mir doch auf mit dem Blödsinn, so'n Quatsch, höhö«, war die Antwort. Aber, fuhr er in einem jovial-verächtlichen Ton fort, sie hätten hier in der Klinik einen jungen Assistenzarzt, der würde mit solchem Unsinn herummachen, mit Autogenem Training oder so'n Quark, ich solle doch mal mit dem reden.

Dieser junge Arzt kam zwei Tage später vorbei, setzte sich an mein Bett und erzählte mir ausführlich über die Geschichte und die Funktionsweise des Autogenen Trainings. »Kann ich damit meinen Schmerz verringern?«, lautete schließlich meine Frage. Er sagte: »Das ist möglich – aber dazu müssen Sie dieses Training lernen und üben, viel üben. Ich kann Ihnen diese Methode nicht einfach überstülpen. Es liegt an Ihnen, Sie müssen selbst trainieren.«

Ähnliches sage ich den Patienten in meiner Praxis. Ich versuche ihnen klar zu machen, dass sie, um ihre eigenen Ressourcen nutzen zu können, wirklich mitarbeiten müssen. Gold regnet nicht vom Himmel, es muss mühsam geschürft werden. Auch bei Operationen, die ich begleitete, gab ich den Patienten deutlich zu verstehen, dass sehr viel von ihrer Eigenleistung abhängen würde. Der Zustand der Hypnose ist äußerst angenehm. Aber wenn man nicht nur entspannen, sondern etwas erreichen will, muss man darüber hinaus mitarbeiten.

Der junge Assistenzarzt in Fürstenfeldbruck stellte in Aussicht, ich könne in etwa einem Jahr völlig schmerzfrei sein, aber nur, wenn ich äußerst intensiv üben und mitarbeiten würde. Und in einem Vierteljahr könnten die Schmerzen zumindest erträglicher sein.

Ich war begeistert von dem Gedanken und übte die Formeln des Autogenen Trainings – bei denen man wie bei der Hypnose über den Weg der gedanklichen Vorstellungen mit seinem tiefen Inneren kommuniziert – in zehn Sitzungen mit dem Arzt und dann täglich alleine eine, manchmal über mehrere Stunden. Die Angst, morphiumabhängig zu werden, motivierte mich dabei sehr.

Schon nach genau einem halben Jahr war ich tatsächlich komplett schmerzfrei und konnte auf Medikationen verzichten. Man muss sich dieses Erfolgserlebnis vorstellen: Meine Schmerzen waren zuvor so extrem, dass ich immer wieder nachts aufwachte und vor Schmerzen schrie. Der Schmerz beraubte mich aller klaren Gedanken, ließ mich die Betten durchschwitzen und mir wurde ständig schlecht. Ich war nicht einmal mehr ich. Mit solchen Qualen ist man kein Mensch mehr, sondern nur noch eine schreiende Masse. Stellen Sie sich vor, Sie stützen sich versehentlich mit der gesamten Handfläche auf eine heiße Herdplatte und können sie nicht wegziehen, weil Sie festkleben. Der irrsinnige Schmerz bleibt, man hat keine Chance, ihm zu entkommen. Außer man nimmt Morphium. Und nun hatte ich tatsächlich diesen Kreislauf aus Schmerz und Morphium durchbrochen – mit der Kraft meiner Vorstellungen.

Endlich war ich nicht mehr so verzweifelt, alles erschien nicht mehr so absolut perspektivlos. Auch wenn die Lähmung nach wie vor da war und ich voll gepflegt werden musste, täglich unter entwürdigenden Szenen litt, wenn es um die Verrichtung meiner Notdurft oder meine Körperhygiene ging.

Auch diese Erfahrungen spielen heute in meine Tätigkeit und mein Denken hinein. Ich weiß genau, wie Patienten unter schweren Erkrankungen und Behinderungen leiden, und ebenso weiß ich, wie belastend es für das Pflegepersonal ist, Menschen auf den Stationen zu haben, die rund um die Uhr gepflegt werden müssen und die dann auch noch Tag und Nacht vor Schmerzen brüllen. Da diskutieren außerhalb von Kliniken kritische Intellektuelle über die Problematik von Ruhigstellungsmedizin, und in den Krankenhäusern weiß man sich nicht anders zu helfen. Hätte jede Klinik auch nur einen in Hypnose professionell ausgebildeten Arzt, hätten wir eine ganz andere Situation. Man könnte gerade bei schwerkranken Personen wie auch bei manchem starrsinnigen Menschen im Altersheim viel erreichen, viel Erleichterung für beide Seiten schaffen, ohne auch nur ein einziges Medikament anzuwenden.

Als ich frei von Schmerzen war und wieder zur Unterwassergymnastik kam, wandte ich Autogenes Training unmittelbar vor der physikalischen Therapie an, führte aber auch eine Atemübung aus, die ich gelernt hatte. Der Assistenzarzt hatte mir die Bauchatmung empfohlen, weil diese viel weniger als die übliche Brustatmung mit dem Willen zu tun hat. Es gibt im Autogenen Training für die Atmung die Grundformel »Atem ganz ruhig und gleichmäßig«; man kann sich an ihrer Stelle aber auch ein viel wirksameres »Es atmet« vorstellen. Mit dieser Formel ist das Atmen weit entfernt vom System des Willens; das Atmen geschieht wie von selbst. Nun hatte ich aber durch meine Verletzungen auch Probleme mit der Bauchdecke und konnte in dieser Körperregion nicht voll durchatmen. Es dauerte eine Weile, bis ich eine Technik herausfand, über den Bauch einzuatmen und anschließend den Atem ganz sanft in den oberen Bereich des Körpers zu lenken. Diese Atemmethode, die ich später durch Erfahrungen in Tibet perfektionieren konnte, wenden meine Patienten seit über zwanzig Jahren mit durchschlagendem Erfolg an. Sie harmonisiert den Körper innerhalb von Sekunden.

Kurz bevor die Pfleger mich per Tragekorb ins Wasserbecken ließen, wollte die Krankenschwester mir noch die übliche Chemiekanone gegen meine Schmerzen spritzen. Ich weigerte mich, obwohl mich der Tragekorb mit dem eingebauten Sitz wie ein Marterpfahl angrinste. Das endlose Einüben der Formeln des Autogenen Trainings und des Atmens verhinderte eine Panik. Ich bemerkte zu meinem Erstaunen, dass ich völlig ruhig blieb. Die Unterwassermassage glich an diesem Tag keiner Folter mehr, sie glitt schemenhaft an mir vorüber. Während der ganzen Therapiesitzung hielt ich mich an einem sonnigen Strand auf, den ich glücklich entlanglief. Von der einstündigen Behandlung habe ich überhaupt nichts mitbekommen, die Therapeuten mussten mich am Ende fast wecken. Sie brachten mich aus dem Bewegungsbecken zurück ins Bett, und da passierte das erste kleine Wunder: Ich spürte und sah, wie einige meiner Zehen sich plötzlich ein ganz kleines bisschen bewegten. Aufgeregt rief ich die Schwester, die den Arzt holte, der meine für mich sensationellen Gefühle und Beobachtungen aber nur mit einem lapidaren Seitenblick auf meine dünnen Beinchen abtat: »Ja, ja, das sind Nervenreflexe, die gibt es öfter mal, haben aber keine Bedeutung.«

Mag so eine Reaktion unmöglich und unmenschlich erscheinen, sie ist dennoch verständlich. Der tagtäglich Umgang mit unendlich viel Elend lässt Ärzte abstumpfen. Für mich war damals jedoch die gerade aufkeimende Hoffnung, die Beine irgendwann doch wieder bewegen zu können, wieder bei null angelangt. Ich glaubte dem Arzt. Tatsächlich ist es auch so, dass bei einem sehr hohen Prozentsatz der bauchabwärts Gelähmten die Nerven des Rückenmarks durchaus nicht vollständig durchtrennt sind. Also lag es im Rahmen des Möglichen, dass es ab und an zu solch kleinen Nervenzuckungen kommen konnte.

Meine Zehen bewegten sich nun nicht mehr, ich hatte mir ja auch einprogrammiert, dass der Arzt mit Sicherheit Recht hatte, die Zuckungen waren bedeutungslos gewesen. Immerhin blieb mir die Schmerzfreiheit. Intensiv übte ich Tag für Tag mein Autogenes Training weiter, und die Morphine konnten zum großen Erstaunen der Ärzte vollständig abgesetzt werden – einen Fall, der in so kurzer Zeit ganz ohne Schmerzmittel auskam, hatten sie noch nicht erlebt. Ich war dem jungen Arzt unendlich dankbar. Sehr viele Jahre später traf ich ihn auf einer Hypnosetagung der Milton Erickson Gesellschaft für Klinische Hypnose wieder, denn er arbeitete inzwischen auch mit Hypnose. Spontan konnte er sich nicht an mich erinnern, was vielleicht nicht nur an den langen

Jahren dazwischen lag, sondern auch daran, dass ich nun aufrecht vor ihm stand. Als ich ihm jedoch zu verstehen gab, dass ich der Gelähmte war, der durch einen Reader's Digest-*Artikel auf das Thema Autogenes Training gekommen war, funkte es bei ihm.*

Als Gelähmter hatte ich ein trostloses Leben ohne seelisches und körperliches Glück vor mir. Doch einige Zeit nach meiner Schmerzfreiheit ergab sich für mich ein weiteres einschneidendes Erlebnis: Durch die einfühlsame Art einer Frau durfte ich entdecken, dass es auch für einen Krüppel wie mich noch so etwas wie liebevolle Erotik geben konnte.

Eines Abends kam Ina, die bildhübsche, junge Pflegerin, in mein Zimmer, um mich wie üblich zu waschen. Da spürte ich unversehens ein nicht mehr gekanntes Gefühl in meinem Körper. Es war nicht identisch mit der Erektion eines gesunden Mannes, nicht zentriert auf mein Glied, vielmehr strömte dieses angenehme Gefühl von dort bis in den gesamten Bauchraum hinein. Es war warm, schön, irgendwie gut und vermittelte etwas Kraftvolles. Ina schaute mich an und rief verwundert: »Herr Riedel!« Ich selbst wusste nicht so genau, was los war, und hob den Kopf, um dort unten nachzusehen – und tatsächlich hatte sich da etwas nach oben gestreckt, was sich seit Monaten nicht rühren wollte. Heute noch muss ich lachen, wenn ich bei uns an der Nordseeküste einen Leuchtturm sehe, weil mich das irgendwie an diese Szene erinnert.

Für mich folgte ein so tiefes Erlebnis, das dazu führte, dass ich in dem Lazarett innerhalb kurzer Zeit einem zweiten Menschen in größter Dankbarkeit verbunden war: Drei Tage nach dieser erhabenen Waschung kam Ina zu nächtlicher Stunde in mein Zimmer, sagte nur wenig, schaute mich lange sehr innig an, nahm meine Hände und legte sie auf ihre Brüste, ohne auch nur eine Sekunde ihre Augen von meinen zu lassen. Sie küsste mich weich und voller Wärme, rutschte sanft auf mein Bett und nahm mich mit beruhigender Selbstverständlichkeit und sehr liebevoll in sich auf.

Zum ersten Mal seit dem Flugzeugabsturz schlief eine Frau mit mir, dem unbeweglich auf dem Rücken Liegenden, und es war unendlich viel mehr als pure Erotik oder Sexualität, was ich in jener Nacht erleben durfte. Es war ein Stück Menschwerdung für mich, ein Gefühl des Angenommenseins, auch bei dem, was Liebe sein könnte.

Etwas benommen lag ich noch lange im Dunkel der Nacht wach und wusste nicht so recht, wie mir geschehen war. Mein Gesicht war nass von Tränen, und zum ersten Mal in meinem Leben waren sie nicht wegen irgendwelcher Schmerzen geflossen. Ich hatte einen Zipfel von einem Glück erwischt, nach dem sich jeder Mensch sehnt. Ina hatte in dem Krankenbett nicht wild auf mir herumgetobt, das wäre entwürdigend für mich gewesen. Stattdessen hatte sie mich mit einer Zartheit gestreichelt, die für mich nicht von dieser Welt war. Sanft war ihre Berührung meines Gesichts und meiner Haut gewesen, noch lange spürte ich ihre langen Haare. Sie hatte mich auf eine Weise angesehen, die für mich alles verschwimmen ließ – außer ihren dunklen, schönen Augen. Diese Augen wurden für mich zu einer wunderbar schönen Welt, die ich bis dahin nicht gekannt hatte. Ein Sog des Verschmelzens war durch uns hindurchgegangen. Sie hatte kein Mitleid mit mir, es war eine von Herzen kommende mitfühlende Hingabe.

Ich habe Ina danach nie wiedergesehen, und meine späteren Versuche, sie zu finden, scheiterten am Datenschutz. Sie war versetzt worden. Mit diesem Wissen im Hintergrund war sie dadurch wahrscheinlich auch freier gewesen, mir das zu geben, was sie mir geben wollte. Diese junge Frau bedeutete für mich ein Schlüsselerlebnis, auch wenn ich nach wie vor gelähmt in der Klinik lag, noch nicht einmal fähig zur Rehabilitation. Das Leben lehrte mich in dieser Nacht, dass es nicht um Mitleid gehen kann, wenn man mit anderen Menschen zu tun hat. Ich begriff, dass wir ein Verständnis brauchen, das von Herzen kommt, also engagiertes Mitge-

fühl statt plattes und distanziertes Mitleid. Das versuche ich auch meinen Patienten zu vermitteln.
Ich hatte noch einen weiten Weg vor mir. Im Lazarett übernahm, nachdem Ina nicht mehr kam, wieder der Zynismus die Herrschaft über mich. Wenn wir Gelähmten mit dem Rollstuhl in den Klinikgängen unterwegs waren und Patienten mit Verbrennungen sahen, nannten wir diese »Schmorfleischtiger« – man glaubt in solchen Situationen an die Kraft der Bosheit, wenn man sonst an nichts mehr glauben kann. Was aber durch das Liebeserlebnis mit Ina wieder in mir aufgekeimt war, das war der Wille zu leben.

II. Teil:
Hypnose ermöglicht wahre »Wunder«

1 Fünf Jahre im Rollstuhl: Unter Hypnose stand ich auf

Meine Lähmung hüftabwärts war unheilbar, das gab man mir wenigstens zu verstehen. Alle Rehabilitationsversuche scheiterten, meine Beine blieben wie tot. Nach zwei Jahren wurde die Reha-Behandlung für beendet erklärt und ich als Frührentner verbucht. Andere junge Leute spielten Tennis und gingen in Discos, ich hatte viel Zeit und schaffte es daher, innerhalb von drei Jahren auf der Bundeswehr-Hochschule das Abitur nachzumachen und ein komplettes Jura-Studium samt Promotion hinzulegen. Es gelang mir, in kurzer Zeit einige Auslandsverbindungen zu knüpfen, und flog nun als Rechtsanwalt für Außenhandelsrecht im Rollstuhl durch die Welt. Ich fokussierte mich immer mehr auf Brasilien und erlangte dort binnen einiger Monate den Ruf eines knallharten deutschen Anwalts, der, wenn er zum Beispiel die Bauland-Interessen eines großen deutschen Autokonzerns vertrat, sich kaum um das Schicksal kleiner Bauern interessierte.

Ich arbeitete fünfzehn Stunden am Tag, mich interessierte nur der Job und die wirklich hohen Honorare, die ich erzielte. Je mehr mein Bankkonto anwuchs, umso dünner wurden meine Beine. Mein Interesse an privaten Vergnügungen war gleich null. Wichtig waren mir perfekte Abläufe in meinem Büro in Rio de Janeiro, in dem ich häufig bis tief in die Nacht saß, um Verträge auszuarbeiten. Zu Festen oder geselligen Empfängen ging ich nur, wenn ich beruflichen Nutzen darin sah.

Diesen meinte ich beispielsweise bei der Einladung in den deutschen Junggesellenclub zu haben. Ich sollte dort als neues Mitglied vorgestellt werden. Der Empfang bei bayerischem Bier und Brezen mit Weißwürsten versprach gute Kontakte. In feinstes Tuch gewandet, rollte ich geschäftig von Gespräch zu Gespräch, als mich ein großer, eindrucksvoller Herr ansprach und sich als Professor Dr. med. Helmut Jansen vorstellte, Dekan der medizinischen Fakultät der Universität Santa Ursula in Rio. Jansen kam aus Deutschland, war ein hervorragender Mediziner und zudem eine international anerkannte Hypnosekoryphäe. Dieser Arzt hatte auch, wie ich später erfuhr, die Hypnose wieder auf ein akademisches Podest gehoben. Zuvor wurde sie eher intern vom Meister zum Schüler weitergegeben. Helmut Jansen erzählte nun, er habe Deutschland verlassen, weil dort seiner Meinung nach viel zu voreilig operiert werde und man die Möglichkeiten der Hypnose mit dummer Arroganz übergehe. Hier, an der Universität in Rio, habe er interessantere Arbeitsbedingungen.

Jansen war eine leicht dominante, sehr selbstbewusste und dennoch ruhige Persönlichkeit. Er fragte mich, wie es zu meinem Leben im Rollstuhl gekommen sei, und sagte dann: »Wissen Sie, was mir auffällt? Sie sagen, Sie seien querschnittsgelähmt, aber wieso können Sie dann Ihre Knie bewegen?« Seiner Überzeugung nach, fuhr Jansen fort, gebe es so viele Fälle, in denen die Lähmung nur auf einer durch ein Unfalltrauma entstandenen Totalblockade beruhe. Ich hielt Jansens Ausführungen für Quatsch und dachte, was redet der gute Mann da. Schließlich war ich mit der Diagnose Querschnittslähmung seit über fünf Jahren verrentet, jedes halbe Jahr musste ich für vier Tage ins Bundeswehrlazarett in Fürstenfeldbruck zur Nachuntersuchung, die immer mit derselben Diagnose geendet hatte: unheilbar. Dennoch schaute ich während unseres Gesprächs auf meine Beine. Tatsächlich entdeckte ich eine winzige Hin-und-her-Bewegung der Knie. Ich hatte keine Ahnung, ob das schon länger so war, mich interessierten meine Beine ja seit Jahren nicht mehr, ich hatte sie abgeschrieben. Professor Jansen schlug vor, wenn es mich interessieren würde, könnte er »ja mal etwas versuchen«. Ich antwortete: »Wissen Sie, mit Hoffnungsgedanken möchte ich mich eigentlich gar nicht mehr abgeben.«

In den nächsten zwei Wochen war ich in Brasilien unterwegs und hatte Jansen fast vergessen. Bei meiner Rückkehr fand ich in meinem Büro eine Nachricht seiner Sekretärin vor, ich solle mich bitte unbedingt mit ihm in Verbindung setzen. Einerseits dachte ich, das Beste wäre, er würde mich in Ruhe lassen, zumal ich wirklich Wichtigeres zu tun hatte, andererseits aber machte ich seit Jahren Autogenes Training gegen Schmerzen und Arbeitsstress und dachte, vielleicht kann ich was dazulernen.

Natürlich war mir klar, dass ich für Jansen auch ein wissenschaftlich interessanter Fall war. Er erzählte mir später, er habe durchaus den sturen schulmedizinischen Kollegen in Deutschland zeigen wollen, dass man dort nicht nur zu vorschnell operiere, sondern auch viel zu vorschnell Patienten als unheilbar aufgebe.

Ich besuchte Jansen an einem strahlenden Sommertag, rollte in meinem Rollstuhl vom Taxi zum Eingang der Universitätsklinik und fuhr mit dem Aufzug zu seinem Büro in der dritten Etage. Er empfing mich freundlich und half mir auf die Liege, die in dem großen Raum stand. Kurz darauf leitete er mit ruhiger Stimme die Hypnose ein. Schon nach der ersten Sitzung sagte Jansen zu mir: »Herr Riedel, Sie müssen mit hypnotischen Effekten Erfahrung gemacht haben.« Ich erwiderte: »Nicht dass ich wüsste. Ich habe nur Autogenes Training gelernt und übe es wegen der Schmerzverhinderung ständig aus. Aber Hypnose ...« Jansen unterbrach mich, er wollte genau wissen, von wem ich das gelernt hätte und nach welcher Methode. Ich erzählte ihm von meinen ersten Übungen im Lazarett in Fürstenfeldbruck und davon, dass meine Schmerzen damals so irrsinnig waren, dass ich allein schon deshalb das Auto-

gene Training täglich trainierte. Der Professor war begeistert: »Das ist ein hervorragender Ansatzpunkt, da können wir, nach einer Pause, gleich eine zweite Sitzung machen.«

In dieser zweiten Sitzung, am Abend desselben Tages, sagte Jansen mir in meiner Hypnose, ich solle aufstehen. Er malte dabei mit großer sprachlicher Kraft Bilder von Jesus, der einem Lahmen gesagt hatte, er könne aufstehen, und nun solle ich mir vorstellen, ich sei der Lahme, der wieder gehen könne. In meiner tiefen Trance war das eine genussvolle Imagination, und während ich es mir noch vorstellte, sagte Jansen plötzlich irgendein kurzes, knappes Wort. Ich öffnete die Augen – und ich stand! Ich stand auf meinen eigenen Beinen! Das erste Mal seit über fünf Jahren stand ich auf etwas, was so lange sinnlos an mir dranhing wie die Beine einer Gliederpuppe. Ich stand, von seiner Hand gehalten, den Oberkörper wie ein hundertjähriger Wurzelsepp rechtwinklig nach vorne gebeugt. Ich hatte ja keine Ahnung mehr, wie Stehen funktioniert, und zudem war meine Beinmuskulatur vollkommen reduziert.

Professor Jansen sagte nun ganz ruhig zu mir, ich solle mich einfach aufrichten. Ich richtete mich auf. Ich richtete mich auf und stand! Wie soll ich dieses Gefühl beschreiben? Das Glücksgefühl, das mich in voller Hypnose durchströmte, war etwa so, wie wenn ein gesunder Mensch auf dem Balkon steht, mit den Armen wedelt und plötzlich fliegen kann. Oder man wacht am Morgen auf und kann auf einmal alle Sprachen dieser Welt fließend reden und verstehen. So war es für mich, als ich da stand!

Aber jetzt drohte ich umzufallen. Jansen hielt mich und half mir zurück auf die Liege. Mein Herz schlug wie wild. Begeistert meinte der unkonventionelle Mediziner: »Jetzt haben wir es. Daran arbeiten wir jetzt.« Es war nun auch für ihn eine große Herausforderung, zeigen zu können, welche scheinbar unglaublichen Erfolge mit Hypnose möglich sind. Und für mich war es noch viel mehr.

Mein Stehen war wie ein Schlag aus einer Starkstromleitung, weil ja etwas passiert war, was nicht sein konnte. Stellen Sie sich vor, Sie sind seit Jahren nur einen Meter dreißig groß, Sie haben keine Hoffnung mehr auf ein normales Leben, Sie können weder am Strand noch im Wald spazieren gehen noch Treppen hochsteigen. Die einzig interessanten Erlebnisse, die ich zu dieser Zeit kannte, bestanden in extrem guten Einnahmen durch meine erfolgreiche Arbeit als Dr. jur. Menschen und ihre persönlichen Probleme interessierten mich nicht, meine Seelenwelt war ähnlich verkümmert und unbeweglich wie meine Beine.

Erlebte ich nun bei Helmut Jansen die ersten Ansätze, dass es mit meinen Beinen vielleicht wieder funktionieren könnte? Selbst wenn ich noch nicht gehen konnte, allein das Stehen war eine Sensation. Und ich fühlte, wie von den Beinen über den Bauchraum etwas ausstrahlte, das sich ganz wunderbar sonnig und warm anfühlte.

Von diesem Moment an wurde ich ein anderer Wolf Riedel. Meine jahrelange Wut auf alles in der Welt wandelte sich in Tränen um. Ich lag an diesem Sommerabend zu Hause in meinem Bett und heulte wie ein Schlosshund, ich, der ich möglichst meine Tränen unterdrückt habe, sogar als ich in Gefangenschaft der Rebellen die schlimmsten Torturen aushalten musste. Die Schleusen waren geöffnet. Das salzige Wasser lief unaufhörlich aus meinen Augen, ich ließ es geschehen und hörte auf mit dem Taschentuch zu wischen. Irgendwie war es, als die Tränenbäche meinen Körper hinunterliefen, wie eine Überschwemmung. Es begannen sich die verhärteten Krusten aufzuweichen.

Stunden nach dieser Katharsis kamen mir neue Gedanken. Anfangs war ich wütend. Hey, dachte ich, warum habe ich nicht schon früher von Hypnose gehört? Warum habe ich Jahre meines Lebens gelähmt im Rollstuhl vergeudet? Wieso vergeudet?, fragte eine andere innere Stimme. In deinen Jugendjahren hast du gekämpft und dich geprügelt, aber seit du im Rollstuhl deinen Dok-

tor gemacht und gutes Geld mit deinem Kopf verdient hast, geht es dir im Grunde besser als damals, als du noch laufen konntest. Mit der einzigen Einschränkung, dass deine Seele abgeschaltet ist. In dieser Hinsicht hast du dir nach deinem Flugzeugabsturz eine Neutralität antrainiert und nichts an dich herankommen lassen.

Bei den nächsten Sitzungen mit Jansen machte ich enorme Fortschritte. Unter Hypnose schaffte ich es nach zwei Wochen, ein paar kleine Schritte zu gehen. Waren die Sitzungen zu Ende, führten wir lange Gespräche, die ich auch brauchte, da in meiner Seele eine Revolution ausgebrochen war. Jansen fragte mich, ob ich so weiterleben wolle wie bisher, und wenn nicht, wo ich dann Änderungsmöglichkeiten für mich sähe. Ich sagte, mit Sicherheit möchte ich nicht mehr das eiskalte Juristenschwein sein, das ich bislang war. Offen erzählte ich ihm, dass ich durch die Hypnose und die beginnende Genesung ein hemmungsloses Weinen kennen gelernt hätte und dass Gefühle in mir aufkeimen würden, die mir wie ein Tor zu einer neuen, mir unbekannten Welt vorkämen. Jansen sagte daraufhin, ich sei nie ein Schwein gewesen, ich hätte mich nur gegen unerträgliche Schmerzen verschanzt und aus verständlichen Gründen gegen Gefühle abgeschottet.

Der Professor hatte ja so Recht. In diesen Tagen fing ich an, zu verstehen, was in all den Jahren bei mir abgelaufen war: Ich hatte mich in kurzer Zeit als Karrierejurist sehr weit nach oben gearbeitet, aber ich hatte nie mich selbst gelebt, nie meine inneren Welten erfahren. Aber auch für die Schönheit der äußeren Welt hatte ich keinen Blick gehabt.

Das, was ich in den vielen Jahren danach immer und immer wieder bei meinen Hypnose-Patienten erlebte und erlebe, lernte ich in besonderer Ausprägung bei mir selbst kennen: Kontrolliert von einem präzise agierenden Intellekt, funktionierte ich bestens. Gleichzeitig war ich ein Seelenkrüppel, was in meinem Fall auch noch zum körperlichen Krüppel geführt hatte. Erst als ich mein

Leben elementar drehte, gab es wieder einen engen Zusammenhang zwischen Körper und Seele: Mit der körperlichen Blockade löste sich auch die seelische Blockade auf. Endlich waren die Türen offen, durch die mein inneres Potenzial Licht von außen bekam und dadurch zum Leben erweckt wurde. Ich, der für immer Gelähmte, lernte in Hypnosesitzungen bei Professor Jansen wieder das Gehen: Nach einem Monat konnte ich – noch recht wackelig – auch im Wachzustand einen Fuß vor den anderen setzen.

Helmut Jansen hatte anfangs täglich mit mir gearbeitet, dann hielten wir, nachdem ich in der vierten Woche schon im Wachzustand ein paar Schritte machen konnte, drei Sitzungen pro Woche ab, und zwar über einen Zeitraum von zwei Monaten. Parallel dazu ging ich in ein Fitnesscenter der Universität und trainierte auf dem Laufband sowie im Schwimmbad meine völlig verkümmerte Beinmuskulatur.

Durch die Straßen von Rio de Janeiro bewegte ich mich mit Krücken, dann wagte ich es erstmals ohne Gehhilfe an der Copacabana bummeln zu gehen. Was für ein Gefühl! Je mehr mein Körper auf die Beine kam, desto mehr kam auch meine Seele auf die Beine. Und diese wachsende innere Kraft wirkte wiederum auf den Körper ein und beschleunigte meine Fortschritte beim Gehen. Ich erlebte den Effekt, den ich später bei den tibetischen Mönchen intensiv einübte, bei dem sich Körper und Geist gegenseitig positiv aufschaukeln können. Aus diesem Grund wird in tibetischen Klöstern nicht endlos meditiert, sondern man absolviert auch viele harte körperliche Übungen, um ebenso leiblich zu erfahren, wie man durch Loslassen besser sein Ziel erreicht.

Die Bühnendarbietungen der Shaolin-Mönche auf ihren Europa-Tourneen machen dies sehr plastisch. Würde man eine Stecknadel auf eine Glasscheibe werfen, entstünde dadurch niemals ein Loch in der Scheibe. Bei den Shaolins geschieht dies dennoch. Man braucht sich auch nur einen zierlich gebauten, älteren asiatischen

Karatemeister anschauen. Überaus liebenswürdig, mit einem Lächeln, das jedem aus dem Publikum ein langes Leben wünscht, kniet er sich hin, und nach einer Minute stiller Konzentration, atomisiert er plötzlich mit der Kante seiner kleinen Hand einen auf einer schweren Eisenplatte liegenden, rund zwei Kilo schweren Flusskiesel zu Bröseln. Natürlich durfte das Publikum den Kiesel vorher genau inspizieren – da war nichts manipuliert worden. Es ist ganz einfach die Konzentration auf den Punkt, in der Meditation wie auch in der körperlichen Handlung, die solche »Wunder« möglich macht. Aber im körperlichen wie im seelischen Bereich sind solche Wunder eben ausschließlich über das Unterbewusstsein möglich. Mit logischen Argumenten wäre ich niemals in meinem Leben aus dem Rollstuhl gekommen.

Jansen war hocherfreut über meinen Erfolg, über seinen Erfolg. Dabei war er gewiss nicht der Mann, der das Herz auf der Zunge trug. Er verkörperte die vornehme Zurückhaltung eines renommierten Professors vom alten Schlag, trug auch in der größten Hitze stets Krawatte und Stehkragen. Unabhängig davon aber beherrschte er die Techniken und Wirkungsweisen der Hypnose ganz hervorragend. Bei solchen extremen Blockaden, wie sie bei meiner Lähmung im Bereich der Beine und der Gefühle vorgelegen hatten, kam man mit Selbsthypnose nicht weiter, und auch nicht mit einem Hypnosetherapeuten, der diese Techniken in nur einigen Wochenendseminaren erlernt hätte.

Die Wirkungsweise von Jansens Arbeit wurde mir klarer und klarer. Ich blickte ja auf eine jahrelange gute Erfahrung mit dem Autogenen Training zurück, und nun, bei den bahnbrechenden Erfolgen in den Hypnosesitzungen, war mir von Anfang an bewusst, dass ich hier nicht eine Behandlung bekam, nicht im üblichen Sinne be-handelt wurde, sondern nur eine perfekte Hilfe zum Handeln erhielt. Mit der Hypnose reichte Professor Jansen meinem Unterbewusstsein den Steigbügel. Und ich spürte, dass ich nun endlich im richtigen Sattel sitzen, dass mein Leben eine diametrale Wendung erfahren würde.

*

Und ich habe diese Wendung auch unmittelbar und aktiv vollzogen. Sogar etwas zu aktiv: Vielleicht aus Wut über die mir sinnlos erschienene Vergangenheit, vielleicht aus latenter Zukunftsangst, vielleicht aus zu großer Begeisterung übertrieb ich jetzt meine körperliche Übungen. Ich fing an, an der Copacabana zu joggen, und fiel dabei sehr oft hin. Kurzzeitig hatte ich einen nervlichen Zusammenbruch. Jansen fing auch diesen ab und lehrte mich, ganz ruhig, Schritt für Schritt, vorzugehen.

Bei meinen Patienten erlebe ich auch oft die stürmische Begeisterung über die positiven Resultate der Therapie, und gleichfalls muss ich bremsend eingreifen, weil der Patient sich sonst übernimmt. Vor allem bei Männern, die aus ihren sie lähmenden Problemen herausfinden, besteht die Tendenz, dass sie nun ohne Ende powern wollen. Man muss hier in den Flow finden, muss diesem Fließen entspannt vertrauen, sonst besteht die Gefahr, dass man wieder zu sehr verstandesmäßig vorgeht.

Als ich merkte, ich kann tatsächlich wieder richtig gehen, nicht nur stehen, fuhr ich in mein Büro und leitete alles zu dessen Auflösung ein. Ich wusste, mein Leben hatte sich geändert, und ich selbst würde nun auch meine Art zu leben ändern – einen anderen Weg gab es nicht. Meine Klienten hielten mich für wahnsinnig, als ich ihnen unterbreitete, ich wolle ab sofort nicht mehr als Jurist arbeiten. Weil ich wieder gehen konnte, konnte es aber für mich nicht mehr so weitergehen wie bislang. Das Hauptprinzip der Hypnose teilte sich mir deutlich mit: Die Erfolge, die man will und auch erreicht, hängen eng mit inneren Veränderungen zusammen.

Nach fünf Jahren Lähmung hatte ich mich aus meinem Rollstuhl erhoben. War es ein Wunder? Vielen mag es so erscheinen. Ich würde sagen, es war wunderbar – oder wie ein Wunder. Das Wunderbare steckt aber in jedem von uns. Das weiß ich nach den vielen Jahren als Hypnosetherapeut. Man muss es nur in sich entdecken, aktivieren und ansprechen – das ist die Aufgabe des Therapeuten. Ich habe nach meiner eigenen Heilung in meiner Praxis noch einige ähnlich schwere Fälle mit Patienten gehabt und alle waren mit großen Fortschritten verbunden.

Peu à peu lernte ich, immer längere Strecken zu gehen. Am Strand der Copacabana entlangzugehen und mit meinen Füßen den Sand zu durchpflügen, an den Fußsohlen wieder etwas zu spüren, dieses herrliche Reiben der Sandkörner zwischen den Zehen, die bis vor kurzem noch nur tote Masse waren, das waren gigantische Erlebnisse. In der Badehose am Strand zu spazieren, die Muskeln meiner Oberschenkel zu fühlen, für mich war das ein unglaubliches Geschenk. Meine Beine hatten nicht nur wieder die Fähigkeit des Gehens zurückbekommen, sondern auch das Gefühl von Schmerz, Wärme und Kälte, das Gefühl von pulsierendem Blut in den Adern, wenn ich mich körperlich anstrengte. Ich lief mir Blasen und genoss den Schmerz geradezu, weil er einfach gleichbedeutend mit Fühlen war. Ich genoss auch wieder Sexualität, denn auch hier kamen wieder kraftvolle Gefühle auf. Und manchmal zwickte ich mich einfach in den Hintern, nur um mich daran zu freuen, dass ich es spürte. Zu Hause sah ich meinen Rollstuhl an und sagte laut zu ihm: Du rollst mich nie wieder.

Ich lernte erstmals in meinem Leben zu leben und zu genießen. Es war ein emotionaler Sturm, der für mich unbegreiflich war. Ich gehe wieder! Am Horizont flackerte es hell auf, ich spürte, dass das Leben noch viel mehr Potenzial in sich trug, nur hatte ich dieses noch nicht erlebt. Das alles passierte in mir, während ich gleichzeitig meine Gehübungen machte. Ich erlebte an mir selbst das, was so viele meiner Patienten später auch erfuhren: Man

will mit der Hypnose etwas ganz Bestimmtes ändern, verbessern, kurieren – und es geschieht viel, viel mehr. Aus dem einfachen Grund, weil Hypnose keine zudeckende Methode ist, sondern tief im Innern des Menschen die Probleme an deren Wurzeln auflöst.
In mir wurde ganz allmählich die Welt der Emotionen spürbar. Und eine große Neugier kam hoch, mehr über Hypnose zu erfahren, die alle bisherigen an mir ausgeübten Therapien in die Schranken verwiesen hatte. Es drängte sich mir die Erkenntnis auf, dass Hypnose im Menschen etwas Gewaltiges bewirken kann. Allein schon deshalb wollte ich mehr davon wissen, diese Methode selbst lernen.
Ich erzählte Jansen davon, und er führte mich in den folgenden Monaten in die Grundstrukturen der Hypnosetechnik ein. Ich war dabei, wenn er Studenten unterrichtete und Patienten behandelte. Eines Tages sagte er mir: »Wenn Sie der Kunst der Hypnose weiter auf den Grund gehen und sie wirklich professionell beherrschen und in Mitteleuropa anwenden wollen, dann müssen Sie in Deutschland weiter bei Lehrmeistern wie Kurt Tepperwein lernen.« Das tat ich dann später auch; und neben Tepperwein hatte ich noch andere Lehrmeister. Aber erst musste ich mich noch an Brasilien erfreuen, als Mensch, der gehen und fühlen, der endlich auch mal Fünfe gerade sein lassen konnte und keine schneidend scharfe Bügelfalte mehr in der Hose brauchte.
Eines Morgens, ich konnte schon ordentlich gehen, hatte aber noch mein Anwaltsbüro, stand ich früh in meiner Wohnung in Rio de Janeiro auf, um mich für einen wichtigen Bürotag vorzubereiten – und da passierte etwas für mich ganz Ungewöhnliches: Ich blickte aus dem Fenster, auf die sonnenbeschienenen Dächer der Stadt, und ohne großes Nachdenken griff ich zum Telefon und sagte der Sekretärin, ich würde drei Stunden später kommen. Ich ging aus dem Haus und schlenderte das erste Mal in meinem Leben vormittags durch die Stadt. Es war eine pure Lust. Ich kaufte mir Schuhe,

eine Uhr, beim Juwelier Stern einen Ring und besuchte anschließend ein gutes Restaurant. Als ich auf die Uhr sah, war ich weitere zwei Stunden überfällig. In meinem Büro würden sie sicher denken, es sei irgendetwas passiert, denn ein solches Verhalten kannte man nicht von mir. Abends ging ich in eine Bar, trank einen Caipirinha und sah mir die Menschen um mich herum an. Früher hätte ich das als reine Zeitverschwendung angesehen.

Anschließend machte ich erst einmal ein paar Wochen Urlaub in Arraras, einer herrlichen Gegend in den Bergen hinter Petrópolis. Dort kaufte ich mir als Wochenenddomizil ein kleines Chalet und fing an in Ruhe über mein Leben nachzudenken. Ich war als Anwalt tätig und erstmals ohne Rollstuhl auf Dienstreisen. Parallel dazu entdeckte ich mehr und mehr Freuden. Essen war nicht mehr nur Nahrungsaufnahme und Landschaften waren nicht nur dazu da, Kilometer hinter sich zu bringen, um zum nächsten Termin zu rasen. Ich schmeckte wieder, sah mich an herrlichen Gegenden und schönen Frauen satt.

Bei einem Besuch in Deutschland wurde mir auf einer Düsseldorfer Messe ein in Brasilien lebender Koreaner vorgestellt, der große Hühnerfarmen besaß und im Eiergeschäft tätig war. Er erzählte mir, er habe so viele Brucheier, ob man denn damit nicht in das Geschäft mit Süßigkeiten einsteigen könne. Da ich mich in diesem Bereich durch meinen Vater sehr gut auskannte, machte ich mit ihm einen Termin in Brasilien aus. In Rio de Janeiro besuchte mich der Koreaner. Gemeinsam flogen wir mit seinem eigenen Learjet lange über den Regenwald und landeten mitten im Amazonasbecken, wo seine Farmen lagen. Was ich sah, warf mich beinahe um: Der Mann hielt dort sechseinhalb Millionen Hühner auf einem unvorstellbar großem Areal mit eigenen Zufahrtsstraßen. Dort wollte er auch Bonbonfabriken und Ähnliches errichten. Ich verkaufte ihm dazu nicht nur das Konzept, sondern auch die nötigen Maschinen. Eindringlich hatte ich ihn gemahnt, er müsse Kli-

matisierungsgeräte einbauen, denn die Produktionshallen müssten für solche Erzeugnisse stets kühl gehalten werden. Er aber wollte das Geld sparen, mit dem Ergebnis, dass sämtliche neuen Maschinen verklebten und durch eine Art Bonbon-Kolbenfresser blockiert waren.

Der Koreaner rief mich verzweifelt in Rio an, ich flog wieder in das Amazonasbecken und sah mir die Bescherung an: Die Arbeiter hatten die süßen Krusten losgeschlagen und einfach hinter die Hallen geworfen; die Zuckerberge waren mit Millionen von Ameisen und anderem Getier überzogen – man musste praktisch alles sanieren. Spezialisten meines Vaters bauten sämtliche Maschinen auseinander und säuberten sie. Rund zweieinhalb Millionen Dollar kostete die Sanierung, eine Klimaanlage inbegriffen.

Mit diesen Experten aus Deutschland, die über Monate blieben, zeigte ich dem Koreaner, wie man wirklich gute Bonbons kocht, und so kamen die »Ballas estrellas« auf den Markt, die Sternenbonbons.

Als die Firma offiziell eröffnet wurde, war ich eingeladen und lernte dabei einen Medizinmann kennen, der zur Einweihung seine Rituale durchführte. Ich fand den Mann sehr interessant, er sprach so schlecht Englisch wie ich Portugiesisch, so funktionierte unsere Verständigung auf sehr eigentümliche Weise, aber sie funktionierte. Ich besuchte ihn einige Tage später in seinem Dorf und erzählte ihm radebrechend von meiner langjährigen Lähmung und meiner Genesung. Er sagte, so etwas kenne er. Derzeit behandle er eine schwer kranke Frau, die »kaputt im Kopf« sei. Ich wollte diese Frau sehen, und der Medizinmann nahm mich mit zu ihr. Meiner Ansicht nach litt sie an Parkinson oder einer ähnlichen Krankheit, sie musste sich unentwegt zwanghaft schütteln. Der Medizinmann, der zu meinem Erstaunen kurz vor dem Besuch eine halbe Flasche Zuckerrohrschnaps getrunken hatte, setzte sich nun hin und nahm den Kopf der Frau in seine Hände und strich ihr einige Male über

den Körper. Ansonsten schaute er ihr nur eindringlich von oben in die Augen. Nach einigen Minuten hörte das Schütteln bei der Frau schlagartig auf, sie war nun völlig ruhig. Nichts mehr an ihrem Körper zuckte oder flatterte, sie lag jetzt vollkommen entspannt mit geschlossenen Augen da. Heute weiß ich, dass er etwas Ähnliches wie die bei uns bekannten Mesmer'schen Streichungen durchführte. Der Arzt Franz Anton Mesmer (1734–1815) heilte mit großem Erfolg Kranke mit Streichungen seiner Hände über den Körper des Patienten. Er sprach von einer heilsamen »Magnetisierung« und gilt als einer der Urväter der Suggestionstechniken.
Der Medizinmann nahm jetzt einen weiteren Schluck aus der Schnapsflasche und spuckte ihn sprühend und prustend über den Körper der Frau und berührte sie dann mit den Fingerspitzen an beiden Schläfen. Die Frau öffnete die Augen, schaute etwas erstaunt um sich, lächelte, stand auf, bedankte sich und ging. Von ihren furchterregenden Schüttelkrämpfen keine Spur mehr.
In diesem Moment machte es bei mir »klick«. Mir wurde klar, dass hier ähnliche Mechanismen am Werk waren wie bei der Hypnose. Das Interessante aber war, dass bei den hiesigen Fällen nichts wissenschaftlich verbrämt und erklärt wurde, dass diese Menschen über ihr Wissen keine Bücher hatten, keine Tagungen abhielten, sondern es als ein Urwissen in sich trugen.
Ich traf mich nun mehrere Male mit diesem Schamanen aus dem Amazonasbecken, und er stellte mir noch andere Schamanen vor, die sich Macumbas nannten. Ich wohnte vielen Ritualen bei, oft blutigen, und sah dabei Dinge, die Schulmediziner in höchste Erklärungsnot bringen würden. Ich wollte tiefer in diese Kulte einsteigen und reiste nun ein halbes Jahr durch den brasilianischen Outback, also jenseits der Zivilisation, schlug mich links und rechts von der damals gerade gebauten Panamericana in den Busch und besuchte die Macumbas in ihren kleinen Dörfern. Mal war ich allein unterwegs, mal begleiteten mich neu gewonnene Freunde aus diesen

Ortschaften eine bestimmte Strecke. Ich reiste per Jeep, öfter auch mit kleinen Buschflugzeugen, hauptsächlich Postfliegern, bei denen man für ein paar Dollar mitgenommen wurde. Gestartet und gelandet wurde auf holprigen Äckern im Busch. Manchmal ging es auch mit Booten über die sich träge dahinwälzenden Flüsse zu den nächsten Dörfern.

Ich wollte die Hypnosetechniken begreifen die hinter den Macumba-Ritualen standen. Ich verstand meine Reisen im brasilianischen Regenwald als eine Art Lehrzeit, um mein Handwerk zu lernen. Nur wer die verschiedenen Techniken und Abläufe beherrscht, kann eine gewisse Professionalität erlangen. Ganz besonders wichtig wurden diese Techniken für mich, als ich später anfing, große Operationen zu begleiten. Ich war darin später so versiert, dass der zu Operierende beispielsweise stundenlang den Arm seitlich nach oben zu halten vermochte – was im Normalzustand kein Mensch schafft. Halten Sie jetzt mal den Arm waagerecht zur Seite und lesen Sie in Ruhe das Buch weiter – mehr als ein paar Minuten werden Sie nicht durchstehen, dann brennen die Deltamuskeln vor Schmerz. Bei den Operationen aber brauche ich diese Armstarre sozusagen als Messinstrument: Wenn der Arm nur ein wenig absinkt, muss ich nachschieben, die Hypnose wieder verstärken.

✶

Es war für mich lohnenswert, den uralten Ritualen in vielen Teilen der Erde beigewohnt zu haben. Ich habe viel über Suggestion erfahren. So konnte ich in einem brasilianischen Dorf, in dem ich mich länger aufhielt, beobachten, wie mit Trance und einer einfachen Schiene aus Holz ein Unterarmbruch in vierzehn Tagen vollständig ausgeheilt war. Hypnoseexperten wissen, dass man Heilungsprozesse bei Brüchen mit einer unterstützenden Hypnose beschleunigen kann. In Indien habe ich mit eigenen Augen den berühmten Seiltrick verfolgen können: Dabei versteift sich ein Seil plötzlich wie ein Rohr und ein Junge klettert daran hoch. Ich sah diesen Trick wirklich, aber meine Videokamera zeigte mir später was ganz anderes. Die ganze Zeit über war das Seil am Boden geblieben, alles war nur Suggestion. Großartig, kann ich nur sagen, auch wenn Sie sich darüber wundern. Aber wenn es mit meiner Hypnosearbeit möglich war, in über fünfzig Fällen Menschen ohne jede Narkose den Bauch aufzuschneiden, und sie sich in dieser Zeit an einem schönen Strand wohl fühlten, dann ist doch die Suggestion mit dem Seiltrick ganz harmlos, oder?

Aber ich weiß, Sie kratzen sich dennoch am Kopf, und dann kommt wieder dieses ewige »Ja, aber« Ihres Verstandes zum Vorschein. Ich kann immer nur sagen, lassen Sie sich auf sich selbst und Ihre urgewaltigen Kräfte ein!

Als Abschiedsgeschenk bekam ich, kurz bevor ich die Zelte in Brasilien abbrach, eine Malaria tropica. Ich wurde liegend nach Hamburg ausgeflogen und in der Tropenabteilung des Hafenkrankenhauses behandelt. Dort sagte man mir, einmal Malaria tropica, immer Malaria tropica. Aber nach einem Vierteljahr verließ ich die Klinik und hatte dank intensiver Autosuggestionsarbeit nie wieder Malariaschübe.

2 Hypnose ist gefährlich!

Der dämonische Hypnotiseur, der jede Frau willenlos macht und dann, ohne dass sie davon etwas mitbekommt, über ihren Körper verfügen kann ... Diese Gruselgeschichte gehört zu den Klassikern der Vorurteile gegenüber der Hypnose. Die Wahrheit ist, dass man in Hypnose weder willenlos noch völlig »weg« ist – manche Patienten beschweren sich nach den ersten Sitzungen geradezu, dass sie nicht völlig weggetreten waren. Und die Wahrheit ist auch, dass eine Hypnosetherapie in gar keiner Weise gefährlich ist, sondern in jeder Hinsicht wahrscheinlich das Beste sein wird, das Sie sich zur Verbesserung Ihres Lebens geben können.

Ich spreche ganz bewusst von Hypnosetherapie. In anderen Bereichen ist Hypnose durchaus gefährlich. Nämlich in den Segmenten Ihres Lebens, in denen Sie vermeintlich glauben, diese hätten mit Hypnose überhaupt nichts zu tun. Faktisch sieht es aber ganz anders aus. Andauernd werden Sie hypnotisch »bearbeitet«, häufig nicht im Sinne Ihres Wohlergehens – wie es die eindeutige Aufgabe des Therapeuten bei seinen Patienten ist –, sondern eher zum Nutzen des Hypnotisierenden. Sie brauchen nur an die perfekten Demagogen in unserer Gesellschaft zu denken, an jene Politiker mit großer Rednerbegabung, oder an Filme oder ein Buch, die Sie so ins Geschehen hineinziehen, dass Sie Ihre Umwelt völlig vergessen: In all diesen Fällen werden Sie nicht mit Logik angesprochen, sondern dadurch verzaubert, dass Ihr Gefühl angesprochen wird, Ihr

Unterbewusstsein. Es findet in solchen Fällen zwar keine richtige Hypnose statt, aber es wirken hypnotische Effekte.
Ein harmloses Beispiel ist die Kult gewordene Werbekampagne für den Weichspüler Lenor aus den siebziger Jahren. In dem Werbefilm gab es unzufriedene Familiengesichter, weil die frische Wäsche kratzig war. Die Fernseh-Hausfrau hörte eine innere Stimme: »Siehst du, jetzt hast du ein schlechtes Gewissen.« Man setzte damit einen geradezu genialen hypnotischen Effekt.
Früher wurde sogar mit einer Sublimationstechnik gearbeitet, durch die auf nahezu unmerkliche Weise Suggestionen evoziert werden. Zum Beispiel wurden in Spielfilmen für Sekundenbruchteile Werbebilder eingeblendet, etwa für eine koffeinhaltige Limonade. Die Einblendung war dermaßen kurz, dass der Zuschauer sie nicht bewusst registrierte, aber sein Unterbewusstsein speicherte das Bild der Limonade, die natürlich in einer besonders passenden Filmsituation auftauchte. Vielleicht war es gerade heiß, ein Paar lag mit einem Drink am Swimmingpool ... Diese manipulative Form der Werbung wurde schließlich verboten – und das ist auch gut so.
Denken Sie mal nach, wie Sie es finden, wenn in Ihrem Leben sehr stark Dinge auf Sie einwirken, ohne dass Sie dies verstandesmäßig kontrollieren können. Bei einem spannenden Buch ist der hypnotische Effekt angenehm, immerhin hat man es sich selbst ausgesucht. Aber schon eine genaue Betrachtung der suggestiven Tricks in der Werbung zeigt, wo bei hypnotischen Effekten die Gefahr, manipuliert zu werden, wirklich lauert.
Einem Hypnosetherapeuten dagegen kann man vertrauen. Er steht ja nicht nur in der Pflicht, alles zu Ihrem Besten zu tun. Schließlich ist er ganz einfach auch daran interessiert, mit seiner Arbeit eine hohe Erfolgsquote zu erzielen. Wer Menschen effektiv beistehen kann, zu dem kommen weitere Hilfe suchende Menschen. Also wird der Therapeut selbstverständlich optimal arbeiten.
Und dennoch werden die Vorurteile in Bezug auf die Hypnose

nicht auszurotten sein, das ist mir klar. In Deutschland wird in einem Jahr weniger mit Pistolen und Pumpguns herumgeballert als in einem einzigen US-Action-Krimi. Übertragen auf meine Arbeit bedeutet das: Die Hypnose-Räuberpistolen aus irgendwelchen zweitklassigen Verbrechergeschichten haben nichts mit der realen Hypnosetherapie zu tun. Wie ich schon an anderer Stelle sagte: Meine Patienten, die oft mit den seltsamsten vorgefassten Meinungen in die ersten Sitzungen kommen, sind tendenziell eher enttäuscht, dass diese äußerst unspektakulär ablaufen. Ein völliges Weggetretensein beispielsweise würde auch nichts nützen, da ich als Therapeut in Kontakt mit meinen Klienten bleiben muss. Was der Patient meist tatsächlich nicht erfährt – der Verstand hat ja in der Hypnose nichts verloren –, ist eine Steigerung der auf sein Problem bezogenen Suggestionen. Die Suggestionen werden vom Unterbewusstsein angenommen, und weil sie so angenehm sind, auch sehr freudig. So passiert es, dass die meisten Patienten einige Sitzungen später doch verblüfft reagieren, und sie sagen dann: »Mir geht es plötzlich viel besser, wie kommt denn das?« Meine Antwort darauf: »Fragen Sie mal Ihr Unterbewusstsein, das arbeitet jetzt wieder mit voller Leistung für Sie.«

Nun will ich nicht so tun, als sei es völlig unmöglich, Praktiken zur Beeinflussung des Unterbewusstseins nicht auch negativ nutzen zu können. So, wie man bestimmte Gifte in einer speziellen Dosierung als nützliche Arznei einsetzen kann, so vermag man auch die Menge zu erhöhen, um Menschen zu vergiften. Entsprechend ist ein Missbrauch im mentalen Bereich möglich. Der fängt bei Reden und Ritualen gewisser Politiker an. Im Dritten Reich waren sie zu beobachten, bei bestimmten kommunistischen Diktatoren wie auch bei fanatischen Attentätern. Indoktrinationen jeder Art können, wie nachgewiesen wurde, hypnotische Effekte auslösen. Ist es also doch möglich, Menschen über Hypnose zu manipulieren? – Jein. Ein Hypnotiseur kann einen Menschen nicht dazu bringen, etwas zu tun, was dieser seiner im Unterbewusstsein verankerten Überzeugung nach gar nicht will. Man kann also nicht einen freundlichen und herzensguten Menschen in Hypnose versetzen und ihm anschließend befehlen, er solle seine Nachbarn umbringen.

Es wäre aber möglich, die Motivation eines Menschen über Hypnose peu à peu trickreich zu ändern, um ihn letztlich zu bösartigen Handlungen zu bewegen. Eine solche schrittweise Umwandlung könnte beispielsweise derart aussehen: Das Ziel ist, dass eine bestimmte Person einen Zigarettenkonzern in die Luft sprengt. Man könnte nun statt einer üblichen Suggestion zur Raucherentwöhnung: »Du willst selbst nicht mehr rauchen; wenn andere es tun, macht es dir nichts aus«, folgende setzen: »Du lehnst Rauchen generell ab. Du hasst es, wenn geraucht wird.« Mit dieser Suggestion arbeitet man vielleicht ein ganzes Jahr, bis sie wirklich tief verankert ist. Danach wäre es relativ leicht möglich, die Motivation zu verändern, etwa mit der nun durchaus schlüssigen Suggestion: »Dein Hass gegen die Hersteller von Zigaretten ist riesig. Du erträgst es nicht mehr, wenn Menschen Lungenkrebs deswegen bekommen. Also, spreng den Laden in die Luft!«

Zu diesem konstruierten Beispiel muss man einerseits sagen, dass ein derartiger Umweg zeitlich sehr lange dauern würde. Denn im Grunde will die betreffende Person diese Handlung nicht. Andererseits frage ich mich aber, warum ausgerechnet immer bei der Hypnose die Möglichkeit des Missbrauchs vermutet wird. Jeder Arzt, jeder Bankbeamte, jeder Chemiker und Politiker kann in seinem Beruf Missbrauch betreiben, doch kalt läuft es den Menschen den Rücken runter, wenn er das Wort »Hypnose« hört.

Wer aber wach mit seinem Unterbewusstsein kommuniziert, wird mentale Manipulationsversuche am ehesten erkennen. Er wird ein recht sensibles Alarmsystem gegen falsche hypnotische Effekte von außen entwickeln.

3 Kommt der Siegeszug der Hypnose?

Zahnärzte wenden bei größeren Eingriffen immer mehr die Technik der Hypnose an. Ich selbst habe über fünfzig Ärzte in Hypnose ausgebildet, um dafür zu sorgen, dass mehr und mehr Operationen unter Hypnose durchgeführt werden können. In Deutschland ist es aber nicht erlaubt, dass ein Hypnosetherapeut die Narkose einleiten darf, es muss ein Anästhesist bei der Operation anwesend sein, der eine leichte Betäubung injiziert, erst dann darf der Hypnosetherapeut tätig werden. Er läuft als Assistent des Anästhesisten mit, und auf diese Weise sind hierzulande schon viele Operationen bei Menschen unter Hypnose durchgeführt worden, die eine normale Narkose nicht vertragen.

In England arbeiten viele Kliniken mit Wunderheilern zusammen, und dies mit großem Erfolg. In der Schweiz wird eine Narkose unter Hypnose in der Klinik in Glarus gemacht. Dieses Krankenhaus ist vertraut mit der modernen Schulmedizin und ist mit den neuesten medizinischen Geräten ausgestattet, dennoch hat die Hypnose hier ihren Platz – der Leiter der Klinik sieht darin keinen Widerspruch, möchte nicht stur irgendeinen Standpunkt vertreten, sondern einzig das tun, was seine Patienten gesund macht.

Bei uns in Deutschland lösen sich die massiven Vorbehalte jedoch nur langsam auf. Es werden Erbhöfe und Pfründe verteidigt, denn welcher Arzt will schon anderen Disziplinen Raum lassen?

Es gibt viele Ärzte, die es gern anders hätten, auch einige, die seit

Jahren zu mir kommen, um Hypnose zu lernen, aber gegen das eingefahrene System haben sie keine Chance. Zugleich existiert noch ein anderes Problem: Für einen normalen Hausarzt ist die Anwendung der Hypnosetherapie viel aufwändiger als das schnelle Verschreiben eines Schmerz-, Schlaf- oder Beruhigungsmittels. Kein Wunder, dass sich die Hypnose schwer tut, als Therapiemaßnahme Eingang in Arztpraxen zu finden.

Ein weiterer Grund, der bislang einen Siegeszug der Hypnose verhinderte, ist, dass man sie fast ausschließlich in einen Zusammenhang mit der Psychosomatik gebracht hat. Und alles, was in diesen Bereich fällt, wird bei uns immer noch als peinlich empfunden. Eher darf man Aids haben als eine psychosomatische Krankheit, so kommt es mir wenigstens manchmal vor. Immerhin sind Anzeichen erkennbar, dass dies sich langsam ändert.

Vielleicht wurde auch nur versäumt, der Hypnose einen modernen Anstrich zu geben, wenn sie schon nicht mit den beeindruckenden Apparaturen aufwarten kann, wie dies in weiten Bereichen der Medizin geschieht. Meiner Ansicht nach wäre es wichtig, offener über Ängste und Depressionen zu reden, und auch darüber, dass Hypnose in diesen Fällen nützt. Aber Hypnose lässt sich auch hervorragend zur Steigerung der eigenen Leistungen einsetzen. Warum stellt man sich die Hypnose nicht als eine Art Bodybuildingstudio für die Seele vor – es ist ja wirklich so, dass das Unterbewusstsein mit Hypnose sozusagen Muskeln ansetzt. Bekannt ist ja, dass Mentaltraining im Spitzensport ohnehin schon lange angewandt wird; unter Hypnose könnte dieses Training noch viel effektiver zur Leistungsoptimierung eingesetzt werden.

Der Ehemann einer meiner Patientinnen sprach mich an, als es seiner depressiven Frau schon nach wenigen Sitzungen wieder gut ging. (Es kommt übrigens oft vor, dass ich mit den Angehörigen und Partnern meiner Patienten rede.) Dieser Mann war im Vorstand eines bedeutenden Tennisclubs und fragte, ob man im Sport

Hypnose leistungsfördernd einsetzen könne. Ich erzählte ihm, dass Russen, Amerikaner und Chinesen dies schon seit vielen Jahren tun würden, und erklärte weiter, dass man mit Hypnose aber nicht das gesamte Tennisspiel »tunen« könne, sondern gezielt an Bereiche herangehen müsse, in denen Blockaden erkennbar seien, etwa beim Aufschlag. Nicht viel später fand sich aus diesem Verein eine Gruppe von fünf Spitzenspielern bei mir zur ersten Sitzung ein – in diesem Fall arbeitete ich auch mit der ganzen Gruppe. Nach nur fünf Hypnosesitzungen hatten sich alle fünf Sportler bemerkbar in ihren spielerischen Leistungen verbessert. Danach stürmten noch weitere Tennisspieler aus diesem Club in meine Praxis – so groß war deren Begeisterung über die erzielten Ergebnisse. Allerdings verschwiegen sie ihrer Umgebung die Hypnosesitzungen. Nicht, weil sie etwa Angst hatten, die Konkurrenz könnte sich nun auch über Hypnose spielerisch steigern, sie hatten wohl mehr Bedenken, dass man ihnen unterstellen würde, sie hätten eine derartige Psychobehandlung dringend nötig gehabt. Mich verwunderte das nicht. Gerade Männer sind in dieser Hinsicht sehr vorsichtig. So zahlen viele Manager Unmengen von Geld für ein mentales Coaching, aber zu den Terminen reisen sie lieber ohne ihren Chauffeur an, nur damit niemand erfährt, sie würden an einem solchen Training teilnehmen. Müssten also ein solches absolvieren.

Um im Sport seine Leistungen zu verbessern, braucht man keine spezielle Hypnosetechnik. Ich gehe hier wie bei anderen Problemen mit dem Klienten in Trance, um mit seinem Unterbewusstsein Kontakt zu bekommen. Ebenso werden den Vernetzungen, die zu den Blockaden geführt haben, die neuen Informationen mittels bildhafter Suggestionen gegeben.

Golf-Profi Bernhard Langer hatte über Jahre ein Putt-Problem. Er experimentierte mit verschiedenen Griffen und Schlägern, dennoch schaffte er es bei einigen großen Turnieren nicht, an und für sich vollkommen sichere Putts zu versenken. In ihm steckte eine

Fehlprogrammierung, die sich festgesetzt hatte. Gleichwohl hatte sie nichts mit den körperlichen Fähigkeiten von Langer zu tun – diese lassen sich bei solchen Spitzensportlern meist gar nicht mehr steigern –, das Problem befand sich im mentalen Bereich. Mit Hypnose hätte es schnell überwunden werden können. Oder hat Langer vielleicht Hypnose gemacht?

*

Hypnose, wie sie heute zu erfahren ist, betreibt einen Spagat zwischen gauklerischer Bühnenshow und vorurteilsbehafteter klinischer Praktik; zwischen diesen beiden Polen existiert kaum etwas anderes. Es fehlt ein sachliches Wissen über diese Therapieform, eine selbstverständliche, alltägliche Anwendung, aber auch ein Image, das es nicht mehr zulässt, dass sich selbst Ärzte dazu versteigen, Hypnose abzuqualifizieren.
Wäre all dieses erreicht, würde sich auch der Umgang des Hypnosetherapeuten mit seinen Patienten leichter gestalten. Der Therapeut bräuchte im diagnostischen Vorgespräch keine zeitraubenden Erklärungen mehr abzugeben darüber, dass Hypnose wirkt, warum sie wirkt, wie sie wirkt und dass die Klienten keine Zweifel bei dieser Heilmethode haben sollten. Es bliebe in diesen dreiviertelstündigen Gesprächen mehr Raum für das wirkliche Anliegen. Therapien beim Psychotherapeuten, mithin vor allem in der Psychoanalyse, dauern länger als jede Hypnosetherapie, und hinsichtlich der Effizienz möchte ich durchaus behaupten, dass Hypnose eine weitaus höhere Erfolgsquote aufweisen kann. Aber kein Mensch käme auf die Idee, gleich in der ersten Sitzung dem Psychotherapeuten Löcher in den Bauch zu fragen, ob es denn sinnvoll und nützlich sei, was er da betreibe. Würden sich alle Patienten von Anfang an voller (freudiger) Hoffnung auf die Hypnosetherapie einlassen, wie sie es beim Zahnarzt oder Psychologen

tun, dann würde ihnen die Hypnose sogar noch schneller helfen, als es ohnehin schon der Fall ist. Denn dann könnten beide zusammen – der Therapeut als zeitweiliger Führer und der Patient als ganz entspannt daliegend Handelnder – die Tür zum inneren Kraftwerk schneller aufstoßen.
Natürlich geht es dabei auch um das Geld. Einerseits achtet man auf die tollsten Ledersitze im Auto, und zur Reinigung des Armaturenbretts wird eigens ein besonderes Cockpit-Spray gekauft, doch für die wirklich elementaren Bereiche im Leben, für den Körper, den Geist und die Seele, tun die Menschen viel zu wenig. So gibt es spezielle Möglichkeiten, Zähne und Zahnfleisch reinigen zu lassen, und jedem sollte bekannt sein, dass dieses fachliche, aus eigener Tasche zu zahlende Reinigen vor Parodontose oder Knochenschwund, also letztlich wackelnden Zähnen schützen kann, dennoch nehmen nur wenige Menschen diesen Service in Anspruch. Und wie viele Menschen kaufen ihr Fleisch und die Wurst nur bei Billig-Supermärkten, wo der Preis für das Kilo schon darauf hinweist, dass der Bauer die Schlachttiere niemals mit hochwertigem Futter und unter würdigen Umständen aufziehen konnte. Geht es um die seelische Gesundheit, verhält sich der Mensch meist noch schizophrener. Wie sehr die psychischen Leiden der Menschen zunehmen, können wir an vielen Dingen ablesen: an dem Millionenmarkt der Partnerbörsen im Internet, an den Statistiken über psychosomatische Krankheiten, an der Tatsache, dass ein Großteil unserer Gesellschaft an der Flasche oder am Joint hängt. Aber im Gegensatz zu der Bereitschaft, für sein Auto Unsummen auszugeben, handelt man hier nur, wenn es nichts kostet. Psychotherapien werden in den meisten Fällen noch von den Kassen bezahlt, bei einer Hypnosetherapie muss man dagegen in die eigene Tasche greifen und rund achtzig Euro pro Sitzung bezahlen. Aber selbst wenn man keine beschönigende Kosten-Nutzen-Analyse machen würde, wird es kaum eine Hypnosethera-

pie geben, die sich nicht rechnet. Wer dadurch mit dem Rauchen aufhört, spart über die Jahre Unsummen von Euro, zudem wird man wieder leistungsfähiger, kann weiter an der eigenen Karriere bauen, letztlich sogar mehr Geld verdienen. Und man spart viele Stunden des Herumsitzens in ärztlichen Wartezimmern, da man weniger krankheitsanfällig geworden ist.

Es passiert mir oft, dass völlig austherapierte Menschen zu mir kommen. Sie gehen auf dem Zahnfleisch und haben einen entsprechenden Leidensdruck. Häufig waren sie vor drei, vier Jahren bei mir gewesen, bis sie die Meinung vertraten, sie würden es doch lieber mit der Schulmedizin versuchen, da diese Untersuchungen ja die Krankenkasse zahlen würde. Eine Therapie, die die Patienten selbst zahlen müssen, halte ich aber nicht für völlig verkehrt, wenigstens liegt in diesen Fällen eine echte Motivation vor. Seit Jahrzehnten leben wir in einer Abräumgesellschaft, was sich darin zeigt, dass Tonnen der verschriebenen Medikamente im Müll landen. Manche Wasserwerke bekamen schon Probleme, da die in die Toiletten geworfenen Medikamente eine Vergiftung des Wassers herbeigeführt hatten.

Als Anfang 2004 von den Krankenkassen der vierteljährliche Extrabeitrag von zehn Euro für Arztbesuche eingeführt wurde – über dessen Sinn man natürlich diskutieren kann –, hatte ich in einer großen Tageszeitung einen ausführlichen Bericht darüber gelesen, wie sehr sich die Menschen über diese zehn Euro aufregen würden und dass sie nicht in der Lage wären, diese Summe zu zahlen. Auf der gegenüberliegenden Seite dieses Artikels befand sich ein noch größerer Bericht mit der Überschrift »Deutsche sind wieder Reise-Weltmeister«. Darunter war zu lesen, dass im Jahr zuvor zweiundfünfzig Milliarden Euro für Reisen ausgegeben worden waren. Ich denke, wem seine seelische oder körperliche Fitness einige Euro wert ist, wird diese auch übrig haben. Und man sollte auch daran denken: Wer fit, gesund und zufrieden ist, kann eine Reise übrigens viel intensiver genießen – und hat auch hier wieder mehr Wertschöpfung zu verzeichnen.

Wenn es nach meinen Vorstellungen gehen würde, müsste es an allen Universitäten Deutschlands Lehrstühle für Hypnose geben. Das hätte zur Folge, dass Hypnose nicht nur als Zusatzausbildung für Ärzte und Heilpraktiker angesehen würde, die in Wochenendseminaren gelernt werden kann. Auf diese Weise bleibt eine Ausbildung zum Hypnosetherapeuten immer fragmentarisch. So gibt es manchen Therapeuten, der exzellent ist, wenn es um eine Zahnbehandlung oder um eine Raucherentwöhnung geht. Dennoch fehlen die wirklichen Profis, die in der Lage sind, eine seit Jahren manifeste Depression aufzulösen oder bei einer großen Operation, bei der der Bauchraum geöffnet wird, den Anästhesisten zu ersetzen, und die zudem sehr genau beobachten können, beispielsweise die Atemfrequenz, die sich verändernde Hautfarbe des Patienten, die geringsten Reaktionen und Zuckungen oder auch auftretende Spannungszustände.

Ein medizinisches Grundverständnis ist für einen Hypnosetherapeuten von großer Wichtigkeit. Denn nur, wenn ich weiß, wie eine Krankheit »funktioniert«, kann ich meinem Unterbewusstsein die entsprechenden Suggestionen vermitteln, um mit den Beschwerden richtig umgehen zu können. Das hatte schon Milton Erickson (1901–1980), der Begründer der modernen Hypnose, erkannt. Mit siebzehn Jahren wäre er fast an einer Kinderlähmung gestorben. Durch selbsthypnotische Tranceübungen konnte er bis auf ein leichtes Hinken seine Lähmung überwinden – die Krankheit hatte ihn derart für die Notwendigkeit sensibilisiert, möglichst viel über die Entstehung seines Leidens zu wissen, um so zu wirksamen Suggestionen zu gelangen.

Ich bin davon überzeugt, dass Hypnoseausbildung und -anwendung bald eine Selbstverständlichkeit sein werden. Vor drei Jahrzehnten wurde die Akupunktur auch als reinstes Voodoo abgetan, heute ist sie eine in den Gesundheitsbetrieb integrierte Methode. Allerdings ist Akupunktur auch um einiges leichter zu erlernen als Hypnose.

Manches muss man einfach mit Humor sehen, besonders die seltsamsten Widersprüche der Menschen. Oder soll man sich darüber aufregen, dass dieselben Leute, die als rationale Geschäftsleute über den Esoterik-Tick ihrer Frauen ablästern, sich nun ihr Büro für viel Geld nach Feng-Shui-Prinzipien umgestalten lassen, und einem lange Vorträge darüber halten, dass ein offener Klodeckel ein »Energieschlucker« sei, ein *energy-sucker*?

4

Das Wolkenkuckucksheim der Positivdenker

Warum denken so viele Menschen immer nur negativ? Ein solches Denken gebiert nur weitere negative Gedanken. Wenn ich aufstehe und zu mir sage, der Tag wird furchtbar, die Segelbootprüfung werde ich nie schaffen, das Vorstellungsgespräch wird sicher ein Desaster, das Treffen mit der neuen Flamme ein absoluter Flop, dann kann ich sicher sein, dass diese autosuggestiven Programmierungen auch eintreten werden.

Doch worin liegt der Unterschied zwischen den Verkündern des positiven Denkens und den Vertretern der Hypnose? Wenn ich ohne Beachtung realer Situationen ständig positiv denke und dann beispielsweise unreflektiert davon ausgehe, dass ich die Prüfung schaffe, die Frau oder den Mann erobern werde, dann werde ich völlig irritiert sein, wenn ich doch durch die Prüfung falle oder von dem Objekt der Begierde eine Abfuhr erhalte. Wer grundsätzlich davon überzeugt ist, alles hinzukriegen, schätzt eine Situation nicht realistisch, sondern subjektiv ein. Man braucht für schwierige persönliche Lebenslagen einen Trainer und keinen Heilsverkünder. Wer den Wunsch hat, perfekt Klavier spielen zu können, kommt nicht damit weiter, indem er laut brüllt: »Du kannst es, ja, du kannst es.« Gerade in der Situation eines Anfängers benötigt man jemanden, der schlicht und einfach mit einem übt, bis man so viele Grundelemente beherrscht, dass man es selbst kann – auf eine ganz eigene, vielleicht höchst kreative Weise.

Als Hypnosetherapeut muss ich erst einmal Sorge dafür tragen, dass der Patient sich wohl fühlt, egal, welche Probleme er in sich trägt. Er muss sich entspannen können, denn nur in einer entlasteten Situation schafft er es, ohne große Ängste seine Probleme anzusehen. Allein dieses Verhalten ist für sich schon mit einem kleinen Erfolgsgefühl verbunden: Konnten Sie bislang wegen Ihrer Schwierigkeiten nur schlecht schlafen, merken Sie nun, dass Sie sich trotz aller Probleme befreiter fühlen. Mit jeder Hypnosesitzung kommen Sie in eine höchst angenehme Trance. Allein dieses Signal hilft, Dinge anschieben zu können. Wenn Sie stattdessen vor dem Spiegel stehen und sich zehnmal sagen, mir geht es besser und besser, so ist das mithin vergänglich wie ein Tages-Make-up oder eine frische Rasur. Wenn ein Positivdenker zusammen mit seinen Jüngern in einem Saal herausschreit: »Tschacka, tschacka, ich schaffe das, ich kriege das«, dann verstehe ich das als eine momentane mentale Betäubung. Es entwickeln sich bestimmte Impulse, die nur für den Augenblick wirken, einzig in diesem Saal. Es entsteht nichts, was auf Dauer wirkt, weil es nicht aus einem selbst gekommen ist.

Im Gegensatz zum Psychoanalytiker frage ich auch nicht verstärkt nach Vergangenem. Der Ansatzpunkt bei meiner Arbeit ist, alles, was bis zu dem jetzigen Zeitpunkt geschehen ist, ist nicht mehr zu ändern oder zurückzuholen. Die Blätter, die vom Baum gefallen sind, kann ich nicht wieder an die Äste kleben. Aber ich kann dafür sorgen, dass mit den nachwachsenden Blättern der Baum wieder kraftvoller als zuvor dasteht. Auch sollte ich nicht gleich an das Übermorgen denken. Es reicht, wenn ich weiß, dass ich auf den heutigen Tag, auf den heutigen Abend Einfluss nehmen kann. Entscheidend sind die kleinen Schritte im Jetzt, ohne Verschwendung von Energie in Form von schweren Gedanken an das Vorgestern und Übermorgen. Wer so an die Hypnose herangeht, kann relativ schnell zu guten Ergebnissen gelangen. Denn wenn sich das Jetzt mehr und mehr zu einer guten Situation gestaltet, ergibt sich das Übermorgen von selbst, und zwar auf beste Weise, und ebenso lösen sich die Schatten des Vorgestern auf, als seien sie nie da gewesen.

Alles, was ich tun muss, ist, mich in Bewegung zu setzen. Viele Positivdenker raten auch dazu, sich eine Vision auszumalen. Das klingt prima, so, als wäre das ein angesagter Begriff, der meeting- wie auch partytauglich ist. Aber wenn sich diese Vision nun auf den Gipfel des Mount Everest bezieht und ich immer dorthin schaue, besteht die Gefahr, schon bei den ersten Schritten zu stolpern. Wer sich jedoch den Weg zum Ziel in kleine Etappen aufteilt, mit vielen kleinen Erfolgserlebnissen, hat die Chance, dass die Wunschperspektive erreicht wird. Und am Ende hat man auch mehr als das bloße Ziel erreicht: Der gesamte Weg hat sich im eigenen Unterbewusstsein als ein mit allen Sinnen wahrgenommener Prozess verankert. Auf diese Weise ist eine hervorragende Basis gelegt worden, von der es möglich erscheint, weitere neue Wege zu beschreiten. Somit bleiben Sie auch am Ziel in Bewegung und fallen hier in kein Loch.

Natürlich kann und soll man Visionen haben. Eine Vision ist meiner Ansicht nach notwendig, um etwas in Gang zu setzen; sie gibt uns einen Sinn. Aber die Realisierung einer solchen geschieht nicht über Nacht. Dazu ist eben ein System konkreter Etappenziele notwendig. Diese wiederum sind mithilfe von Suggestionstechniken leichter zu erreichen – außer, Sie wollen unbedingt in einem Wolkenkuckucksheim leben. Glauben Sie mir: Sie brauchen den schrittweisen Erfolg über Etappenziele.

Ein schönes Beispiel dafür ist die Tour de France, bei der man den Gesamtsieg einer Mannschaft als Vision setzen kann. Während des Sportereignisses muss sie aber in den Hintergrund rücken, um sich voll auf die schweren Einzeletappen konzentrieren zu können.

Bleiben wir beim Beispiel des Fahrradfahrens: Stellen Sie sich vor, Sie wollen mit dem Fahrrad den höchsten Pass der Schweizer Alpen, den Nufenenpass, mit 2478 Metern Höhe und einer maximalen vierzehnprozentigen Steigung überqueren. Was würde passieren, wenn Sie noch zu Beginn Ihrer Unternehmung an die erste harte Steigung kommen und dauernd an das Ziel denken? Siebenundneunzig von hundert Menschen würden aufgeben, weil schon die ersten paar Meter harter Steigung so anstrengend sind, dass der Blick nach ganz oben zu den Viertausendern, in die der Pass eingebettet ist, völlig demotivierend ist. Konzentrieren Sie sich aber ausschließlich auf die Meter, die Sie direkt vor sich sehen, also bis zur nächsten Kurve, um anschließend wieder nur bis zur nächsten Kehre zu schauen, dann werden Sie bei einer solchen Vorgehensweise schnell feststellen, dass entmutigende Gedanken kaum auftauchen. Kehre um Kehre werden Sie stärker und zäher, und ich meine damit nicht nur Ihre körperliche Konstitution, sondern vor allem Ihr Unterbewusstsein. Und wenn Sie schließlich oben sind, den Gipfel erreicht haben, werden Sie nicht nur dieses grandiose Gefühl genießen, es geschafft zu haben, Ihre Welt nun von einer höheren Warte aus betrachten zu können. Sie sind auch in der Lage, sich nun an jede Serpentine des Anstiegs zu erinnern, denn jede war ein Abschnitt, ein eigenes Erlebnis. So wissen Sie dann auch wirklich, was Sie geleistet haben, während viele Therapien eher ungebremst auf das große Ziel zusteuern. Dadurch kann es passieren, dass die Patienten frühzeitig scheitern. Oder der Therapeut nimmt Sie für viel Geld im Helikopter mit auf den Gipfel. Sie erleben dadurch einen kurzen tollen Flug, verfügen aber auf dem Gipfel nicht über das kostbare Wissen, dass Sie den Boden, auf dem Sie stehen, im doppelten Sinne selbst erfahren haben. Mit Sicherheit können Sie jetzt die Frage beantworten, mit welcher Technik man bestimmt den nächsten Pass schaffen wird? Na, sehen Sie.

Ein anderes Beispiel: Denken Sie an die Suchtprobleme vieler

Menschen. Sie betreffen mehr Leute, als man gemeinhin glaubt. Eine Sucht bezieht sich nicht nur auf Rauschgift, es gibt auch die Sucht nach Zigaretten und Alkohol, die Arbeits-, Ess- oder Magersucht. Für einen Süchtigen kann das große Ziel darin bestehen, frei von der Sucht zu werden. Ein Mensch, der ein recht massives Alkoholproblem hat, wird, wenn er abrupt mit dem Trinken aufhört, spätestens am dritten Tag fürchterlich ins Flattern kommen, so fürchterlich, dass das große Ziel schnell wieder hinter der Nebelwand des Alkohols verschwindet. In der Hypnosetherapie aber erfährt ein Alkoholiker von Anfang an ein intensives Wohlgefühl, das er unabhängig vom Alkoholkonsum eigenständig herbeiführen kann. Auf diese Weise erlebt sich der Süchtige als stark, und die fatale Gleichsetzung von einem angenehmen Zustand und Alkohol wurde unterbrochen. Dabei ist wichtig: Nicht ich verschaffe dem Alkoholiker das gute Empfinden, ich lehre ihn nur, es sich selbst herbeizuholen – und das ist dann seine Motivation.
Ein britischer Bestsellerautor, dessen Bücher seit über zwei Jahrzehnten durchweg weltweite Erfolge sind, kam einmal wegen seiner Alkoholprobleme zu mir. Er hatte nicht allzu viel Zeit, aber die zwölf Sitzungen, die wir ansetzten, reichten dennoch aus, ihn nach diesem Prinzip der persönlichen Erstarkung von seinem Problem zu befreien. Bei Menschen, die in einem kreativen Beruf arbeiten, wirkt Hypnose besonders gut. Viele Schriftsteller und Schauspieler geraten leichter als andere Menschen in Suchtprobleme, weil sie aufgrund ihrer Sensibilität verstärkt zu Ängsten und Unsicherheiten neigen. Das ist wenigstens meine Erfahrung. Als Trainer komme ich bei diesen Menschen auch leichter an sie heran, da sie einen schnelleren Zugang zu ihrem Unterbewusstsein haben. Kreative Menschen, besonders wenn sie Erfolg haben, sind ja auch »Macher«, und die Tatsache, dass man Etappe um Etappe letztlich aus eigener Kraft schaffen muss, ist für sie eine hervorragende Motivation. Sie werden dadurch geradezu nach vorne katapultiert.

Mittels des mentalen Entzugs kann über die Hypnose auch der körperliche Entzug beeinflusst werden. So kann man ihn minimieren, es wäre aber verkehrt, die Entzugserscheinungen ganz aufzuheben. Spürt der Süchtige leichte Qualen, die weniger werden, ist er davon überzeugt, etwas geleistet zu haben. Ohne diese Befriedigung verschwände auch die Motivation, der Süchtige würde die nächsten Sitzungen bei mir absagen und wieder fröhlich mit dem Trinken anfangen. Wahrscheinlich würde er sogar wieder zu mir in die Praxis kommen, wenn er selbst merkt, dass das Maß erneut überschritten ist. In solchen Fällen herrscht in dem Kopf des Klienten der Satz vor: »Dann gehe ich eben wieder zu Riedel, und nach ein paar Tagen ist alles in Ordnung.« Das ist es aber nicht. Das Geheimnis der Hypnose liegt im richtigen Zusammenspiel von Annehmlichkeiten und anstrengenden Prozessen, darin, dass man sich als Patient in einer Hypnosetherapie einerseits unendlich wohl fühlt, andererseits aber doch mühevoll mitarbeitet, an sich arbeitet, sich selbst die neue Kommunikation mit dem eigenen Unterbewusstsein erkämpft und dabei durchaus auch einige Hürden nimmt.
Menschen, die wegen einer Therapie zu mir kommen und sagen, eigentlich will ich gar nicht, ich mache es nur meiner Frau zuliebe, schicke ich gleich wieder weg. Eine Hypnosetherapie macht nur Sinn, wenn die jeweilige Person ihr Problem selbst lösen will. Nur dann sagt man sich hinterher, ich habe es geschafft; der Riedel hat mir zwar geholfen, aber ich, ich habe es hingekriegt. Wenn jemand am Ende einer Therapie derart jubilierend bei mir aus der Tür geht, dann bin ich froh. Denn ein solcher Mensch hat die Möglichkeiten erfahren, die in ihm persönlich liegen, er kann sich nun selbst vertrauen und muss sich nicht immer wieder aufs Neue von irgendeinem Guru oder einer Flasche Schnaps als Selbstbewusstseinskrücke abhängig machen. Aber stets betone ich: Man muss bei der Hypnose bereit sein, die positiven, starken Kräfte

im Unterbewusstsein neu zu ordnen und einzuüben, um sie dann auch jederzeit abrufen zu können.
Sie können mit der einfachsten Form anfangen, der Selbsthypnose in Gestalt des Autogenen Trainings, das Sie heute in einem Volkshochschulkurs erlernen können. Autogenes Training ist sehr wirksam, wenn man es laufend trainiert. Man kann nicht ein Jahr gar nichts tun und dann, bei einer plötzlich aufkommenden Stresssituation, der Meinung sein, ich könnte es ja auch mal wieder mit Autogenem Training versuchen – es wird nichts nützen.
Bei der Hypnosetherapie ist es mir auch wichtig, dass meine Patienten ihre »Trainingseinheiten« unterstützen. Zusätzlich zu den Therapiesitzungen erhalten sie eine CD mit entspannenden und harmonisierenden Basisformeln, die sie täglich anhören sollten. Die CDs sind jeweils auf die Grundproblematik des Patienten abgestimmt – wer aufhören will zu rauchen, bekommt eine andere als der Patient mit Angstzuständen. Darüber hinaus habe ich eine einfache Atemtechnik entwickelt, die ebenfalls mehrmals täglich eingeübt werden sollte. Sie führt zu einer unmittelbaren Entspannung. Wenn ein Patient diese Atemtechnik gut beherrscht, setzt sie in Stress- und Problemsituationen ganz von selbst ein, nicht absichtlich gesteuert, sondern vom Unterbewusstsein her initiiert – ähnlich wie mein Atem ja auch automatisch schneller geht, wenn ich eilig Treppen hochsteige. Durch die Atemtechnik wird der Körper verstärkt mit Sauerstoff versorgt. Das Denken wird klarer, der Körper verkrampft sich nicht, entsprechend ist es einfacher, sich Fluchtsituationen zu stellen.

5 Schwermut: Eine Volkskrankheit wird kommerzialisiert

Depressionen nehmen in unserer Gesellschaft zu und sind zu einer Volkskrankheit avanciert. Fußballstars, Schauspieler, Politiker und andere Persönlichkeiten des öffentlichen Lebens leiden darunter, und zum Glück sorgen sie mit ihrer Prominenz für das Verständnis, dass eine gebrochene Seele schlimmer ist als alle nur vorstellbaren komplizierten Knochenbrüche. Vor allem Männer haben Schwierigkeiten, zu einer Depression zu stehen. Weil sie vielfach ihre wirklichen Leiden vertuschen, ist es auch für Ärzte nicht immer leicht, die richtige Diagnose zu stellen. Männer denken schnell, einer Depression haftet etwas von Geistesgestörtheit oder Seelen-Aids an. Das amerikanische Nachrichtenblatt *Newsweek* schrieb vor einiger Zeit dazu: »Okay, Männer. Gut. Lasst es uns nicht Depression nennen, sondern ein freudloses Leben. Aber lasst uns aufhören, so zu tun, als sei alles in Ordnung.«

Unzählige Wissenschaftler sind der Depression und ihrer Neutralisation auf der Spur. Ähnlich wie bei der Alzheimer-Krankheit versuchen Neurologen die Tätigkeit der Nervenzellen und ihrer Schaltkreise im Gehirn zu ergründen, beschäftigen sich mit der Ausschüttung von Stresshormonen wie Serotonin und Noradrenalin. In der Folge kreiert die Pharmaindustrie immer neue Pillen – beispielsweise selektive Serotonin-Wiederaufnahmehemmer, trizyklische Antidepressiva und neu designte MAO-Hemmer. Ich will diese Bemühungen auf chemisch-biologischer Ebene keineswegs

grundsätzlich ablehnen, ebenso wenig wie die der Psychotherapie bei der Behandlung von Depressionen. Doch halte ich zwei Aspekte für bedenklich: Erstens ist es meiner Ansicht nach skandalös, dass Hypnose, die gerade bei Depressionen auf besonders effektive Weise helfen kann, bei dieser Krankheit nahezu vollständig ausgeklammert wird. Und zweitens halte ich es für mehr als problematisch, wie leichtfertig in nicht wenigen Kliniken (aber auch nicht allen!) und von nicht wenigen Ärzten (aber auch nicht von allen!) den Patienten schwerste Medikamente verabreicht werden. Beides hängt natürlich eng miteinander zusammen, da man schließlich seine Betten belegen und Pillen verkaufen will.
Ich weiß, wovon ich rede. Viele Patienten, die zu mir kommen, sind austherapiert und haben das vollständige »Pillenroulette« mitgemacht – dieser zynisch anmutende Begriff ist übrigens auch Ärzten geläufig. Wenn diese Patienten von ihren geradezu gruseligen Erfahrungen aus psychotherapeutischen Kliniken berichten, in denen sie auch nach monatelangen stationären Therapien keine Verbesserung ihres Zustandes erfuhren und leer an Hoffnungen, aber voll gepumpt mit Arzneien entlassen wurden, dann steigt in mir eine Wut hoch.
Depressionen sind die Pest moderner Zivilisationen. Wie ein Lauffeuer greifen sie um sich und offenbaren die Störungsstellen unserer Gesellschaft. So erstellt man mit der Single-Photon-Emissions-Computer-Tomographie interessante Bilder vom Inneren des menschliches Kopfes und tüftelt seit Jahren wissenschaftlich daran herum, warum bei Depressiven manche Schaltkreise der Nervenzellen nicht so lebhaft arbeiten wie andere. Das ist gut und schön und sei den Neurologen unbenommen. Aber warum beschäftigen sich nicht mehr Fachleute damit, dass auch ohne Computertomographen erkennbar ist, dass Menschen seelisch krank werden, wenn sie in einer Gesellschaft immer weniger sich selbst erfahren können und ihr Leben lang in falschen Schuhen gehen? Wie kann

es angehen, dass immer mehr Kinder und Jugendliche ihren Platz in unserer Welt nicht mehr finden, dass bereits sie seelisch erkranken? Darf es sein, dass mehr und mehr Schulkinder ruhig stellende Hammer-Präparate verabreicht bekommen? Warum geht hier kein Aufschrei durch die Gesellschaft? Warum wird stillschweigend akzeptiert, dass hier ein Milliardengeschäft aufgebaut wird, für das man seelisch kranke Menschen als »Futter« braucht, Menschen, die natürlich nicht allzu schnell gesund werden dürfen? Ganz abgesehen von den schrecklichen Belastungen, die jeder einzelne Depressionsfall für die Familie des betroffenen Patienten darstellt. Warum wird nicht darüber geredet, welchen volkswirtschaftlichen Schaden eine solche Krankheit anrichtet, wenn man nicht alle Register zieht, um die Menschen wieder möglichst rasch so zu therapieren, dass sie wieder arbeiten und Lebensfreude empfinden können?

Im Folgenden lesen Sie die Fallgeschichte eines Akademikers, eines Lehrers, der jählings in eine schwere Depression fiel und dem über fünf Jahre keine Therapie helfen konnte – bis er zu mir kam. Der Mann war typisch für einen modernen, engagierten Menschen, der sein Ich verloren hatte. Als Lehrer hatte er permanent ein schlechtes Gewissen. Zunehmend litt er unter einem Druck, der ihm die Kräfte raubte. Mit fünfzig wurde Manfred Rohrer Frührentner. Erst in meiner Therapie lernte er, dass er sich auch selbst wohl fühlen darf, anstatt immer nur für alle anderen da zu sein. Dieses Begreifen ist meines Erachtens über Tranquilizer und Gehirnschnittbilder ebenso wenig zu erreichen, wie man wirkliche Liebe mit Hormongaben erzeugen kann. Es funktioniert nur über das Empfinden und Fühlen.

Wie schwer es ist, sich selbst sein individuelles Ich zu gestatten, merkte ich bei diesem Patienten daran, dass er bei Erzählungen über sich selbst nie das Wort »ich« gebrauchte, sondern stets mit einem »man« auf Distanz zu sich persönlich ging. In der Hypnosetherapie begann er, durch eine Hinführung meinerseits, sich selbst zu akzeptieren, inklusive seiner eigenen Krankheit. Der erste große Schritt war, dass er ungeschminkt seine Depression betrachtete und sie auch akzeptierte. Damit legte er den Grundstein für ein Ich, das sich von der Krankheit verabschieden konnte.

Nach knapp dreißig Sitzungen kam für diesen schwer kranken Patienten der große Durchbruch, ohne jeglichen Einsatz von Arzneien und Apparaturen. Die Hypnosetherapie ist bei Depressionen also eine vergleichsweise billige und enorm wirksame Therapieform. Aber gerade darin scheint ja ein Problem zu liegen.

6
Fälle aus meiner Praxis: Zurück aus dem Nebel der Depression

Manfred Rohrer kam vor drei Wochen zu mir, wir haben heute die neunte Sitzung. Entspannt liegt der Fünfzigjährige auf der Ruheliege. Der Mann sieht gut aus und hat eine sportliche Figur, niemand käme bei dem eloquenten Gymnasiallehrer, der bis vor einigen Jahren noch stellvertretender Schuldirektor war, darauf, dass er schwer depressiv ist. Von den Füßen aufwärts bis zur Taille umhüllt ihn eine wärmende Decke, viele Patienten mögen das, und vor allem bei Frauen, die einen Rock tragen, bestehe ich darauf, dass die Decke benutzt wird. So gibt es von Anfang an keine Hemmnisse bei der Entspannung. »Du gleitest immer weiter ...«, höre ich mich sagen. Meine Stimme, die in den Hypnosesitzungen viel tiefer klingt als sonst, erreicht Manfred Rohrer in seinen Tiefen. Ich habe in Sitzungen auch eine andere Art als gewöhnlich, die einzelnen Worte zu intonieren. Das hat sich in Jahren mit den gemachten Erfahrungen entwickelt, derartige stimmliche Veränderungen zeigten eine bessere Wirkung. Außerdem bin ich während der Sitzungen selbst auf einer anderen Ebene: Ich gebe ja nicht irgendwelche Formeln stupide von mir, sondern ich bin in höchster Wahrnehmung, ganz mit dem Patienten eins, auf die äußerlich sicht- und spürbaren Botschaften seines Unterbewusstseins fokussiert. Eine derartige Botschaft kann, als Reaktion auf bestimmte Worte und Bilder, das Zucken des rechten kleinen Fingers sein. Es kann aber auch eine Veränderung von der Brust- zur Bauchatmung sein oder ein mimischer Reflex eines Gesichtsmuskels. Eine große Rolle spielt auch jede Veränderung der Haut. Rötet sie sich oder fängt sie an zu schwitzen? Ich muss alles beobachten, um zu wissen, wie ich den Patienten weiter zu sich selbst hinführen kann.

Wenn – wie in diesem Fall – eine massive, bereits klinisch erfolglos behandelte Depression vorliegt, dann braucht die betreffende Person einen kundigen Hypnosetherapeuten als Führer durch den Dschungel der Vernetzungen im Unterbewusstsein. Mit Autogenem Training ist eine Depression nicht zu therapieren, auch kein Tumor oder eine Alkoholerkrankung. Von außen betrachtet, mag es für manche Menschen so scheinen, als hätte ein Hypnosetherapeut einen prima Job: Er sitzt einfach da, sagt ein paar beruhigende Formeln und bekommt dafür Geld vom Patienten. Abgesehen davon, dass vom Politiker bis zum Psychologen in sehr vielen Berufen geredet und dafür Geld genommen wird, gestaltet sich meine Arbeit natürlich auch noch anders. Ich befinde mich in den Sitzungen in höchster Konzentration und nehme nicht nur mit meinem Verstand daran teil. Intensiv ist mein eigenes Unterbewusstsein im Einsatz, sonst könnte ich beim Patienten nicht dessen spezielle innere Konstellationen erspüren und wiederum seinem Unterbewusstsein die entsprechenden Anstöße geben, um selbsttätig einen Weg zu neuen, positiven sowie gesund machenden Vernetzungen zu finden.

Ob Depressionen wie bei Herrn Rohrer, eine quälende Migräne oder jahrelang anhaltende Hautausschläge, die körperlichen Symptome sind letztlich Ausdrucksweisen einer Seele in Not. Wo die Seele sitzt, das ist und bleibt eine schwierige Frage. Sicher ist für mich, dass sie weit entfernt vom Verstand wohnt. Aus diesem Grund können wir eine Seele in Not auch nicht über verstandesmäßige Argumente erreichen. Wenn ich Ihnen sage, dass ich mehrere Male am Tag Hemd und Unterhemd wechsle und bei Sitzungen mit Patienten, die unter großen Problemen leiden, öfter ein Pfund

Körpergewicht verliere, mag das ein Anhaltspunkt für die Intensität meiner Arbeit sein. Vielleicht verstehen Sie diese, wenn ich es am Beispiel eines musikalischen Auftritts erkläre: Ein Konzert einer Sängerin, die Sie sehr lieben, die Sie immer verzaubert hat, Ihr Herz höher schlagen ließ, die es bislang immer geschafft hatte, dass Ihnen bei ihren gefühlvollen Balladen sogar einige Tränen in die Augen stiegen, enttäuscht sie. Die heutige Performance, so sagen Sie sich, war eher missvergnüglich. Sie sind darüber verwundert, denn die Dame hat perfekt gesungen, jeden Ton getroffen, auch Rhythmus und Akustik stimmten. Alles war professionell. Aber diese Sängerin berührte nicht Ihre Seele, ist nicht über Ihr Unterbewusstsein, über »den Bauch« zu Ihnen gekommen, sondern nur über das Gehör. Vielleicht hatte diese Künstlerin an diesem Tag private Probleme und konnte nicht »von Herzen« singen.
Das Erreichen des Innersten macht einen guten Hypnosetherapeuten aus. Es entsteht zwischen Patient und Therapeut eine Kommunikationsform, die auch dem Hypnosetherapeuten viel abfordert. Aber nur dadurch kann er dem Patienten einen inneren Kompass in die Hand drücken, mit dem er aus den bedrohlichen, manchmal fast apokalyptischen Irrwegen in seinem Unterbewusstsein aus eigener Kraft herausfindet. Gelingt dies, ist Hypnose vielen Arzneimitteln und vielen auf Verstandesebene geführten Gesprächstherapien haushoch überlegen.
Auch bei Manfred Rohrer brauchte ich die größte Konzentration, um auf diese Ebene zu gelangen. Ich musste auf feinste Reaktionen achten, um herauszufinden, welche »Schaltungen« in seinem Unterbewusstsein im Laufe seines Lebens durch irgendwelche Erlebnisse zu Fehlschaltungen wurden. Rohrer steckte in einer verzweifelten Lage, als er zu mir in die Praxis kam. Seit über fünf Jahren litt er unter schwersten Depressionen, zwei stationäre Klinikaufenthalte hatte er hinter sich, der eine hatte neun Wochen, der andere drei Monate gedauert. Im Vorgespräch sagte er völ-

lig niedergeschlagen: »Ich weiß nicht, ob mir noch jemand helfen kann. Ich sehe keinen Weg mehr, Sie sind jetzt mein letzter Strohhalm.«

Ich wusste sehr schnell, dass Manfred Rohrer mehr brauchte als eine klassische Kurztherapie von zwölf Sitzungen. Aber würde es auch einige Monate dauern, bis der Ex-Gymnasiallehrer wieder völlig gesund sein würde, dann konnte immer noch davon ausgegangen werden, dass ich bei dieser Art von Depression alle anderen Therapien im Ferrari-Tempo überholt hätte. Dieser seelisch geschundene Mensch sollte, das war mein Ziel, nicht mehr von starken Psychopharmaka abhängig sein, seine Familie nicht mehr Tag für Tag bangen, ob der Mann oder Vater in einem unbeobachteten Moment nicht doch Selbstmord begeht. Die Gedanken an den Freitod waren bei Manfred Rohrer ohnehin seit Jahren seine einzige aktive Tätigkeit.

Der ehemalige Lehrer beschreibt seine Erfahrungen mit mir folgendermaßen: »Nichts hatte mir geholfen. Die Hypnose war mein letzter Versuch, gleichzeitig war ich ihr sehr misstrauisch gegenüber. Ich habe dann aber bald gemerkt, dass mir die Sitzungen gut bekamen. Wie es mit den Depressionen anfing? Das kam schleichend. Es fing in einer Zeit an, als ich mich beruflich ausgelaugt fühlte. Ich ging nicht mehr frisch an die Aufgaben ran wie früher. Der Unterricht in Deutsch und Englisch fiel mir schwer, ebenso mein Job als stellvertretender Schulleiter. Ich merkte, ich litt unter einer Arbeitsüberlastung und fühlte mich völlig ausgebrannt. Es lag aber nicht an den Schülern, wie das von Lehrern oft gesagt wird. Meine Schüler waren toll. Es war etwas Dunkles in mir, das sich ausbreitete.

Anfangs versuchte ich, dieses Düstere nicht zu beachten, es zu verdrängen. Auch war mir die Depression peinlich, zumal die Umwelt damit nicht besonders gut umgehen kann. Die Menschen waren irritiert oder schauten mich misstrauisch an, als ich sagte, ich

sei nun Frührentner. Immerhin sah ich doch ganz normal aus und lag auch nicht im Bett.
In den fünf Jahren meiner Depression habe ich einiges durchgemacht. Nach einem stationären dreimonatigen Aufenthalt in einer psychosomatischen Fachklinik kam ich ein halbes Jahr später wieder in diese Klinik, dieses Mal für neun Wochen. Mit vielen und harten Medikamenten wurde ich ruhig gestellt.
Anfangs fiel es mir in den Hypnosesitzungen sehr schwer loszulassen. Ich wünschte mir, das sagte ich, wieder mehr Lebensfreude zu spüren, aber das ›mehr‹ war schlichtweg gelogen. Ich wollte überhaupt mal einen Hauch Glück empfinden können. Mir wurde versichert, dass dies kommen würde, Stufe für Stufe. Glauben konnte ich das damals nicht, aber es traf dann tatsächlich ein. Sitzung um Sitzung fühlte ich mich wohler, auch wenn die Depressionen vorerst noch blieben. Mit der Zeit nahm ich die intensive Übertragung von Energien wahr, die offenbar bei Hypnosesitzungen stattfinden. Ich sah mich in der Hypnose in einem Kanu, mit dem ich in Brasilien den Amazonas hinabglitt, es war herrlich. Erstmals bemerkte ich in der Trance wieder Farben und die Schönheit der Natur – in der Alltagswelt war mir das längst verloren gegangen. Dieses Bild wurde gedanklich gegeben, ohne dass ein Wort gesagt wurde. Es war ein persönliches Bild, mein Therapeut war ja lange selbst in Brasilien gewesen.
Über viele Jahre hatte ich in der Schule sämtliche Verantwortung auf mich genommen, geradezu an mich gerafft, bis ich es nicht mehr packte, nicht mehr fertig wurde mit meinen Aufgaben. Ich fiel in ein tiefes Loch und konnte als Mensch der Macht und des Machens nicht akzeptieren, dass ausgerechnet mir so was passierte, dass plötzlich gar nichts mehr ging.
Es war wohl so, dass mich mein Unterbewusstsein noch rechtzeitig aus dem Verkehr gezogen hatte. Die Nebel der Depression versteckten mich, bevor etwas Schlimmeres passieren konnte, so

sehe ich das heute. Mit der Therapie sollte ich auch nicht wieder für meine alte Position fit gemacht werden. Mir wurde erklärt, es würde keinen Sinn machen, eine Arbeit, aber kein Ich zu haben. In den wohltuenden Sitzungen wurde mir langsam klar, wie sehr ich meine inneren Defizite, meinen Verlust an Identität, mit einem Panzer an Aufgaben und Verantwortung kompensiert hatte. Nach ungefähr zwei Monaten, wobei ich dreimal in der Woche zur Hypnosesitzung kam, brach mein eherner Panzer allmählich auf.

Ich hatte erwartet, durch die Hypnose einen neuen Panzer um den Leib geschmiedet zu bekommen, einen wesentlich stabileren als meinen alten. Schließlich begriff ich aber, dass ein solcher letztlich wieder nicht mein Ich wäre. Ich begriff, dass es sich mit einem vielleicht verletzlichen, aber echten Ich besser lebt als mit einem künstlichen Panzer. Es geht für mich darum, mein Leben zu gehen. Nichts ist ungesünder, als ständig einem Ideal nachzujagen. Die Hypnosetherapie reduzierte mich auf eine Art Ursubstanz, auf mein wirkliches Ich, meine Basis.

Mir wurde auch klar gemacht, dass ich mich nicht über den Verlust meiner Identität zu schämen bräuchte, auch ein Helmut Kohl und andere bekannte Macher-Menschen würden damit zu kämpfen haben. Sie alle kämen irgendwann an den Punkt, an dem die angeeigneten Machtmittel nicht ausreichen würden, um die erarbeitete Position dauerhaft zu halten. Es trifft wohl hauptsächlich Männer, dass man sich überschätzt.

Bei mir brach all das, was über Jahrzehnte funktioniert hatte, wie ein Kartenhaus zusammen. Was nach dem Zusammenbruch an seelischem Schutt bleibt, ist dann der ideale Nährboden für Depressionen. Ich hatte das Gefühl, ein Virus würde zum Ausbruch kommen, der sich unbemerkt in mich hineingearbeitet hatte.

Die Psychopharmaka, die ich erhielt, stellten die Außenreize ab, da mich schon das Klirren einer abgestellten Tasse oder das Knacken beim Essen eines Apfels fast wahnsinnig gemacht hatten. Man lebt mit den Medikamenten in einer nahezu autistischen Weise. Unter dem Einfluss dieser Mittel entzieht man sich der Umwelt noch mehr, als man es sowieso schon zuvor getan hatte. Es ist schwer, aus einer solchen Situation heraus zu einer freudvollen Kommunikation mit der Umwelt zu finden. Die pathologische Abschottung vergrößerte aber nur meine Ängste. Herr Riedel erzählte mir einmal von einer Patientin, die schwerhörig geworden war. Erst in der Hypnose stellte sich heraus, dass sie bestens hörte. Sie hatte sich akustisch von ihrer bedrohlichen Umwelt abgekoppelt.

Keine der schulmedizinischen Therapien und Medikamente half mir. Die Gedanken waren schwer wie Blei, der Körper auch. Ich saß am Morgen da, schaute auf meine Füße und konnte mich eine halbe Stunde lang nicht entschließen, die Schuhe zuzubinden. Welchen Sinn machte das auch? Ich grübelte endlos, trug in mir Kämpfe aus, so, als hätte ich zwei feindliche Ichs in mir gehabt. Dann tauchte irgendwann das schreckliche Gefühl in mir auf, dass sich diese beiden Egos zu einem bedrohlichen schwarzen Loch verschmelzen würden. Von da an fand ich keinen einzigen lebenswerten Funken mehr in mir. Ich plante nichts mehr, wollte nichts mehr, sah nichts mehr und hatte auch keine Kontrolle mehr über mich. Ich war wie gelähmt. Alles, was ich noch bewegte, war der Berg an Problemen, der ins Unermessliche wuchs.

Ende November 2001 fing ich mit den Hypnosesitzungen an. Nach etwa zweieinhalb Monaten hatte ich einen schlagartigen Durchbruch. Ich weiß es noch genau, es war der zweite Februar 2002. Es passierte mitten in der Nacht, denn schlafen konnte ich ja auch fast nie, trotz der Schlaftabletten. Es regnete, und ich wunderte mich, dass ich registrierte, dass es regnete. Ich hatte ja solche Dinge nicht mehr mitbekommen – ob Sonne, ob Regen, ich nahm das schon lange nicht mehr wahr. In dieser Nacht ging ich in den Garten und sah die silbrigen Regentropfen, spürte sie auf meiner Haut. Seit Jahren hatte ich so etwas nicht mehr empfunden. Ich

war aufgeregt, wie ein Mensch, dem nach langer Zeit eine schwarze, blickdichte Brille abgenommen wird. Dieser kalte Regen bereitete mir Freude. Ich fühlte: Der Knoten war geplatzt.
Von Tag zu Tag nahm ich immer mehr wahr, nicht viel, aber doch ein bisschen. Anfangs dachte ich, bestimmt ist das nur ein Trugschluss. Aber es war nicht so, und mit der Zeit ließ ich es geschehen. Ich spürte wieder, wie mein Körper durchströmt wurde, erlebte die Sonne und freute mich an Blumen, die ich zuvor schnöde verachtet hatte, weil es ihnen gut ging und mir nicht. Nun entdeckte ich sie für mich neu und konnte ihre Schönheit genießen. Nach einer Weile vermochte ich auch wieder meinen Verstand richtig einzusetzen. Ich lernte, kleine Entscheidungen zu treffen und über Dinge zu reflektieren. Jetzt, da ich mich erstmals seit über fünf Jahren wieder wie ein Mensch fühlte, gelang es mir, mich an meine beiden Aufenthalte in der psychiatrischen Klinik zu erinnern. Der erste hatte mir ja noch ein wenig geholfen, es ging mir danach eine Weile besser; aber nach dem zweiten geriet ich in noch viel schlimmere Zustände als bei der Einweisung. Vor allem zog mich die Gruppentherapie - Einzelgespräche hatte ich fast nie - vollends in den Keller. Diese schwermütigen Menschen um mich herum, sie taten mir nicht gut. Immer hatte ich Krämpfe im Oberbauch. In der Gruppentherapie gab es einen Menschen, den ich sehr nett fand, ein Kriminalbeamter. Er hoffte, dass es ihm durch die Therapie besser gehen würde. Er brachte sich kurz nach der Entlassung aus der Klinik um. Ich hatte nicht den Eindruck, dass sich bei irgendjemandem aus der Gruppe überhaupt etwas verbesserte. Fairerweise muss ich sagen, dass es ganz sicher auch andere psychiatrische Kliniken gibt als die, in der ich war. Doch ich möchte auch nicht wissen, wie viele so sind wie diese. In der Klinik hatte ich mich ebenso passiv und völlig willenlos gefühlt wie zu Hause. Man erfüllte dort seine Pflichten, begab sich in die Hände der Therapeuten und machte, was sie sagten.

Dreimal am Tag musste ich Medikamente schlucken. Wöchentlich wurde das Blut auf den Medikamentenpegel hin untersucht, immerhin fühlte ich mich nicht süchtig nach diesen Mitteln. Dennoch blieb ich trotz der Pillen in diesem dunklen Loch. Manchmal hatte ich das Gefühl, mit zwei Ichs zu leben, einem positiven und einem negativen, wobei das negative die volle Macht über mich besaß. Niemals machte ich die Erfahrung, dass sich meine Seele aufhellte.

Nach meinem Durchbruch begann ich wieder zu lesen. Ich hatte früher sehr viel gelesen, aber in den Jahren der Krankheit überhaupt nicht mehr. Das Lesen löste in mir eine Freude aus, die ich mit Worten gar nicht beschreiben kann. Fünf Jahre hatte ich keine wirkliche Hilfe erfahren, das war eine sehr lange Zeit. Bei den Hypnosesitzungen aber kam schon bald nach den ersten Sitzungen das Gefühl auf, ansatzweise in einer Entspannung versinken zu können, in eine angenehme Art von Schwerelosigkeit zu kommen. Bei Depressionen, so heißt es, wird etwas unterdrückt. Heute achte ich auf die Signale, die ich von mir selbst bekomme. Ich gehe mit meinem neuen Leben achtsam und bewusster um.

Wirklich schön ist es, zu wissen, dass ich den jetzigen Weg selbst geschafft habe, zwar mithilfe meines Hypnosetherapeuten, doch diese Unterstützung war eine völlig andere als die der Therapeuten in den Kliniken. Dank der Hypnose gelang es mir auch, von den starken Schlaftabletten loszukommen. Nach diesen war ich tatsächlich süchtig. Ich weiß gar nicht mehr, wie diese Tabletten hießen, was bedeutet, dass meine Gedanken nicht mehr darum kreisen. Das ist ein ganz tolles Gefühl, dass ich das selbst hingekriegt habe, davon runterzukommen. Da empfand ich schon Stolz.

Immer wurde mir in den Hypnosesitzungen gesagt, dass irgendwann der Zeitpunkt kommen würde, an dem ich auf die Schlaftabletten verzichten kann, nur müsse ich wirklich mitarbeiten, sonst sei es sinnlos. Es kam tatsächlich der Tag, an dem ich diese Tabletten wegschmeißen konnte.

Anfangs hatte ich Schwierigkeiten mit den Atemübungen, aber nach zwei Wochen ging es prima. Jetzt fließt ein angenehmes, leichtes Gefühl in mich hinein. Sie geben mir ein Gefühl, auf einer traumhaft schönen Insel zu sein. Wenn mir danach ist, suche ich sie auf.

Eine solche Erfahrung wäre früher für mich unvorstellbar gewesen. Auch die so genannten Tiefenentspannungsübungen in der Klinik hatten mir nichts gebracht. Da lagen wir zu acht nebeneinander auf dem Fußboden, und ein Therapeut sagte in einer Art, die bei mir überhaupt nicht ankam: ›So, jetzt sind wir müde‹, aber ich war gar nicht müde. Hieß es: ›Nun kribbelt es in den Füßen‹, kribbelte bei mir nichts. Da diese Übungen bei mir nicht funktionierten, bin ich einfach aus dem Raum gegangen. Diese Klinikaufenthalte kosteten Unsummen, doch gebracht haben sie nichts. Zuvor war ich bei verschiedenen Fachärzten gewesen, auch bei einem Neurologen, die hatten sich aber auch keinen Rat gewusst. Deshalb haben sie mich in die psychosomatische Klinik eingewiesen.

Jetzt fühle ich mich rundum wohl, mein Leben hat wieder Konturen bekommen und die Freude über meine Besserung ist bei meiner Frau und den Kindern übergroß. Ich spiele wieder Tennis und Konzertgitarre, kümmere mich um meine Familie, habe eine neue Beziehung zu meiner Frau und fühle mich insgesamt aktiv und voller Lebensfreude. Aber künftig werde ich darauf achten, ich zu bleiben und es mit meinen Aufgaben nicht zu übertreiben, damit mich nicht wieder Aktivitäten und Pflichten bestimmen.

Nach meinem Durchbruch setzte ich die Hypnosesitzungen noch ein weiteres halbes Jahr fort, um mich zu stabilisieren, anfangs zweimal die Woche, später nur noch einmal. Wenn mir danach ist, wenn ich Unsicherheiten verspüre, lege ich ein, zwei Sitzungen nach. Ich bin jetzt auch in der Lage, gelassener über die Ursachen meiner Depression zu forschen. Zu meiner eigenen Überraschung habe ich es sehr locker, fast mit Vergnügen aufgenommen, wie sich einige Kollegen, die mich damals auch gemobbt hatten, um meinen Job als stellvertretender Schulleiter rissen.«

✳

Ein anderer Fall, der die lang anhaltende Wirkung einer Hypnosetherapie bei einer manifesten Depression hervorragend untermauert, ist der heute zweiundfünfzigjährige Herbert Schulz. In den siebziger Jahren besaß Herbert Schulz eine gut gehende Spedition mit vierzig Lkws, die dann aber durch die Konkurrenz von Großbetrieben Pleite ging. Kurz danach fiel Schulz in eine von Tag zu Tag schlimmer werdende Depression. Als er zu mir kam, hatte er sieben Jahre des Leids hinter sich. Herbert Schulz sagte: »Nur durch meine Familie habe ich es geschafft, dass ich heute noch am Leben bin. Sie fing mich auf.« Schulz konnte zu dem Zeitpunkt, als er meine Praxis aufsuchte, keine fremden Menschen mehr ertragen, keine Freunde treffen, nicht zum Friseur gehen. Er dämmerte in tiefen Depressionen vor sich hin.

Kurz zuvor lief in der Zeitschrift *praline* über Monate eine große Serie über mich und meine Arbeit. Ich war sicher kein Fan von diesem banalen Busenblatt, aber dessen Chefredakteur hatte Recht, als er mir gegenüber argumentierte: »Wollen Sie etwa vor leeren Kirchen predigen?« Tatsächlich fiel diese Serie sehr seriös aus. Zufällig las die Frau von Herbert Schulz einen dieser Berichte, notierte sich meine Telefonnummer auf der Hülle einer Schokoladentafel und bearbeitete ihren lethargischen Mann, es doch mit Hypnose zu versuchen. Herbert Schulz sagt heute: »Ich war dagegen, ich habe Hypnose für absoluten Quatsch gehalten.« Schließlich raffte er sich doch auf und kam im Mai 1984 für drei Wochen in meine damalige Praxis in Hambergen zur Therapie, im Oktober desselben Jahres nochmals für zehn Tage und im darauf folgenden Januar für weitere zehn Tage.

»Das war die beste Investition in meinem ganzen Leben«, so Herbert Schulz heute. »Ich hatte mit meinen Depressionen die Hölle durchgemacht. Tranquilizer wollte ich nicht nehmen, weil ich um die schrecklichen Nebenwirkungen wusste, auch um Suchtprobleme. So ging ich tagtäglich durch ein tiefes Tal, in dem das Leben ein einziges Nichts war, in dem es nur eins gab: Ängste ohne Ende. In den ersten Hypnosesitzungen bekam ich mit ruhiger Stimme zu hören: ›Ich zeige dir den Weg aus dem Wald, aber gehen musst du selbst.‹ Im Laufe der Sitzungen habe ich dann meine Ängste, die mir die Kehle zugeschnürt hatten, abbauen können. Ich habe sozusagen wieder laufen gelernt.

Und was da aus mir herausgeholt wurde, das war unvorstellbar. In den weiter gehenden Sitzungen ging ich mit meinem Therapeuten tief zurück in meine Kindheit. Ich sah die Viehtransporter der Spedition meines Vaters, sah als kleines Kind das brutale Töten der Tiere im Schlachthof, und so langsam wurde mir klar, warum ich in den Jahren der Depression Anfälle bekam, wenn ich Blut anschauen musste. Wir arbeiteten in den Sitzungen mit vielen Bildern. Ich kann mich noch erinnern, wie wir ganz viele Postpakete auf ein schnelles Förderband legten – dadurch wurden meine inneren Staus beseitigt. Dann erzählte ich von den furchtbaren Alpträumen, die ich nach den Hypnosesitzungen hatte, Träume von grässlichen Metzeleien, in denen Blutbäche flossen und ich Menschen erschoss. Herr Riedel sagte daraufhin: ›Gott sei Dank, nun ist es raus.‹ Tatsächlich, die furchtbaren Träume waren die Verarbeitung meiner Kindheitserlebnisse im väterlichen Schlachthof.

Während Herr Riedel mich therapierte, befreite er meine Frau von einer entsetzlichen Migräne, die sie alle drei bis vier Wochen hatte. Zehn Sitzungen genügten, und sie hatte nie wieder in ihrem Leben eine Migräne. Sie fühlte sich so neu geboren wie ich, der unter keiner Depression mehr leidet – und das seit über zwanzig Jahren.«

7 Meine Suche nach den Ursprüngen der Hypnose

Nachdem ich meinen Beruf als Rechtsanwalt an den Nagel gehängt hatte, war ich ein halbes Jahr durch Brasilien gezogen und hatte etliche Schamanen besucht. Anschließend war ich nach Deutschland zurückgekehrt, lebte erst in Hamburg, dann in Bremen. Meine neue Lebensfreude nach den Jahren im Rollstuhl ließ mich vieles ausprobieren. Unter anderem arbeitete ich nun einige Jahre lang als Moderator bei Radio Bremen und als Discjockey, und ich managte Musiker, weil ich riesigen Spaß an Musik bekam. Aber das waren alles nur Jobs auf Zeit, ich vergaß darüber nicht mein eigentliches Ziel, die Hypnose zu beherrschen und sie als Therapeut auszuüben.

Ich besuchte viele Seminare bei Kurt Tepperwein, einer deutschen Hypnosekoryphäe, und lernte weitere Techniken, vor allem die Hypnose bei Operationen, bei Dr. Wilfried Dogs, der in seiner Klinik in Rinteln praktizierte und bei dem ich Hypnose mit gutem Erfolg ausübte. Eine eigene Praxis aber wollte ich erst eröffnen, wenn ich nicht mehr dieses Gefühl hatte, ich könnte die Möglichkeiten der Hypnose noch besser, noch intensiver erfahren.

Ich spürte, dass das Wirkungspotenzial der Hypnose noch viel weiter ging, als gemeinhin bekannt war. Als ich die Geschichte der Hypnose studiert hatte, war ich beim Thema Trance, mentale Kräfte und Spiritualität immer wieder auf verschiedene alte Völker gestoßen, deren geheimnisvoll wirkende Kräfte auf eine be-

sondere Arbeit mit dem Unterbewusstsein zurückzuführen waren. Ganz sicher würde ich Hypnose viel besser beherrschen, dachte ich, wenn ich den Ursprüngen der mentalen Kräfte des Menschen näher kommen würde. Ich überlegte alle Möglichkeiten, von den Aborigines in Australien mit ihren sagenhaften telepathischen Fähigkeiten bis hin zu den brasilianischen Schamanen, die ich ja bereits besucht hatte. Das Land, das auf eine besonders lange kulturell-religiöse Tradition mit geheimnisvollen Trancepraktiken blickte und das diese Kräfte in aller Stille, nämlich in einsamen buddhistischen Klöstern, ausübte, war Tibet. Und dieses Land ließ mich nicht mehr los. Ich besorgte mir Literatur über die tibetische Kultur, las mich ein und wusste bald: Es war Zeit, für einige Monate nach Tibet zu gehen.

Mein halbes Jahr bei den brasilianischen Schamanen hatte mir schon gezeigt, dass es wichtig war, deren Arbeitsweise genau kennen zu lernen, wenn es um die Weckung und Nutzung der Kräfte unseres Unterbewusstseins ging. Natürlich war es wichtig und interessant, in seriösen Hypnosestudien nicht nur über das Wie, sondern auch über das Warum der Hypnosewirkungen zu erfahren. Aber mein Innerstes sagte mir, dass ich dahingehen müsste, wo derartige Techniken nicht erst seit ein paar Jahrzehnten doziert, sondern seit Jahrhunderten praktiziert werden.

Eigentlich war es ein scheinbar unsinniges Unterfangen. Tibet war von den Chinesen besetzt, und Mitte der siebziger Jahre, als nur wenige Personen auf der Welt von Menschenrechten sprachen und Nachrichten sich auch nicht so rasant um den Globus verbreiteten wie heute, gingen die Besatzer nicht eben zimperlich mit den Einheimischen vor. Heute genießt der aus Tibet stammende und in Nordindien residierende Dalai Lama international höchstes Ansehen. Seine Bücher sind Bestseller und in den westlichen Industriestaaten herrscht eine hohe Sensibilität für seine Heimat. Aber damals interessierte sich kaum jemand für das Schicksal dieses geschundenen Volkes auf dem Dach der Welt. Der Gedanke an einen längeren Besuch Tibets schien geradezu absurd. Man konnte zwar einige Tage Tibet über Studienreisen buchen, da war man aber in kleinen, von Chinesen permanent überwachten Grüppchen unterwegs, bekam diverse kulturelle Plätze und einige Vorzeige-Tibeter zu sehen, konnte sich aber nicht frei bewegen. Man sah kaum mehr als die Stadt Lhasa und deren Umgebung. Ein freier Trip durchs Land war unmöglich.

Dennoch kam ich immer wieder auf Tibet zurück. Allein der Gedanke, dort mein Hypnosewissen und -können zu vervollständigen, elektrisierte mich. Ich wusste, dass die Mönche in den einsamen Klöstern das geheime Wissen hatten, mit dem die Kräfte des Unterbewussten Körper und Geist zu schier unmöglichen Leistungen bringen konnten. Viele Studien zeigten mir, dass man dieses Wissen nirgendwo in einer reineren und kraftvolleren Form erfahren könne als in Tibet selbst. Ich wollte und musste mehr darüber erfahren. Ich musste die Möglichkeiten dieser Kräfte in ihrer ganzen Tiefe ausloten. Und ich war mir sicher, dass dies eine große Bereicherung für meine spätere Hypnosepraxis sein würde.

Natürlich gibt es bei der Hypnose Grundprinzipien, nach denen sie abläuft und die bis ins Detail auch akademisch gelehrt werden. Andererseits aber entsteht alles Wissen der Menschheit aus Erfahrungen. Hypnose wirkt so individuell, das haben mir die unzähligen Erlebnisse bei der Demonstrationshypnose gezeigt, dass bei dieser Technik ein großes Einfühlungsvermögen Voraussetzung ist. Um ein optimales Ergebnis zu erzielen, ist Empathie eine große Hilfe. Allein aus dieser Perspektive muss ich die gängigen Showhypnosen kritisieren: Meist geht man hier nämlich nicht auf Individuen ein – was durchaus möglich wäre, aber mehr Einsatz und Können erfordert –, vielmehr wird pauschal in einem Aufwasch hypnotisiert. Diejenigen, bei denen es nicht gleich funktioniert, werden wieder weggeschickt, selbst wenn die Hypnose schon leicht eingetreten ist. Auch in der Showhypnose sollte je nach Proband entschieden werden, in welcher Reihenfolge mit welchen Suggestionen vorgegangen wird.

In der therapeutischen Hypnose gibt es beispielsweise Patienten, die wollen eine Art Machtkampf evozieren, wollen mir zeigen, wie stark sie sind, wie schwer ich es mit ihnen haben werde. Solche Menschen halten etwa krampfhaft die Augen offen. Da ich mich aber auf solche Machtkämpfe nicht einlasse, weil wir dann wieder ein »Gegen« hätten, gehe ich einfach anders vor und konzentriere mich auf einen anderen Bereich als das Schließen der Augen. Die Augen des Patienten fangen dann ganz von selbst an zu brennen und zu tränen und schließen sich sowieso automatisch. Falls doch nicht, falls der Patient immer noch dagegen ankämpft, gehört es durchaus auch zur Therapie, dass ich die Sitzung abbreche mit der Begründung, dass ich keinen Menschen zu etwas zwingen möchte, weil dies sinnlos wäre.

Um mein Können zu vertiefen, erschien mir also Tibet das richtige Ziel, hier würde ich, so nahm ich an, erfahren, was eine wirkliche Hypnose ist, eine, die über den Zustand der Trance hinausgeht. Trance wird in vielen Ländern ausgeübt, das war mir ja bekannt. Aber die Trance ist ja nur eine Basis für Hypnose. Erst im Zustand der Hypnose beginnen die gezielten Suggestionen, die vom Probanden angenommen und umgesetzt werden müssen. Die Hypnose muss ganz genau von der noch weit davor liegenden Vorstufe, dem hypnotischen Effekt, unterschieden werden. Der hypnotische Effekt setzt beispielsweise ein, wenn wir etwa von einem Film so gefesselt, vom Monolog des Faust auf der Bühne völlig fasziniert oder vom Gebet in einer gewaltigen Kathedrale derart ergriffen sind, dass alles um diese Situation herum mithin verschwindet. In diesen Momenten sind wir schon ziemlich nah an der Trance, in die sich etwa die Balinesen begeben, bevor sie über glühende Kokosschalen laufen – aber immer noch weit entfernt von der

Hypnose. Dass gerade diese aber auf höchst interessante und differenzierte Weise seit Jahrhunderten in Tibet praktiziert wird, war mir im Laufe meiner Hypnosestudien immer klarer geworden. Ich hatte gehört, dass die buddhistischen Mönche ähnliche Techniken wie die Mesmer'schen Streichungen anwendeten. Ich hatte von interessanten nonverbalen Techniken gelesen, und nun wollte ich sie selbst kennen lernen.

Ich erkundigte mich nach der politische Lage, rief bei Botschaften an und fragte nach, welche Möglichkeiten es gebe, in Tibet herumzureisen, außerhalb der kontrollierten Gruppentouren. Im Zuge meiner Recherchen kam ich in Kontakt mit der damals in London ansässigen Organisation »Civil Rights for Tibet«, die ich dann mehrmals aufsuchte. Ich trug ganz offen vor, was ich vorhatte, und wurde sofort gewarnt, ich solle dies nicht tun, bezahlte Spitzel der Chinesen könnten überall sitzen. Ich merkte immer mehr, wie heiß mein Projekt war, und knüpfte nun sehr vorsichtig ein kleines Netzwerk an Kontakten. Nach und nach lernte ich, die Informationen richtig zu werten und zu filtern. Dass ich illegal nach Tibet einreisen musste, war mir längst klar geworden.

III. Teil:
Von der Showhypnose zur tibetischen Meditation

1 Wo sich die Geheimnisse der Trance finden: Mein Weg in den Himalaya

Wie immer kommt einem, wenn der Geist einigermaßen offen ist, der Zufall zu Hilfe – und was einem da zufällt, soll dann auch so sein. Bei einer meiner Reisen nach London lernte ich an der Hotelbar einen netten pakistanischen Geschäftsmann kennen, der mit Lederfußbällen handelte, die er in Sialkot, im Norden Pakistans, nähen ließ und in Europa verkaufte. Peter hieß er, so nannte er sich wenigstens gegenüber englischsprachigen Ausländern, und er klagte über eine Augenentzündung, die ihn seit Monaten plagte, keine Salbe, keine Pille hatte bislang geholfen. Da ich mich schon recht erfahren in Hypnose fühlte, bot ich ihm an, es auf diese Weise zu versuchen. Nach einigen Sitzungen im Hotelzimmer war die Entzündung verschwunden, Peter glücklich und ich eingeladen, nach Pakistan zu kommen: »Kommen Sie in mein Haus, seien Sie mein Gast!« Ich hatte ihm von meinen früheren beruflichen Tätigkeiten erzählt, dass ich als Jurist und Unternehmensberater in der Süßwarenindustrie tätig gewesen war, aber auch über die Herstellung von Süßigkeiten Bescheid wüsste. Kaum war ich zurück in Deutschland, meldete sich Peter bei mir und bat mich, ihn auch wirklich zu besuchen, er wolle in Pakistan in die Herstellung von Bonbons einsteigen und brauche dazu meine Hilfe.

Ich flog nach Sialkot und besprach mit Peter alle Fragen der Bonbonherstellung; er bestellte bei mir die notwendigen Maschinen, noch immer hatte ich gute Beziehungen zu den entsprechenden

Firmen. Sialkot liegt sehr nahe an Westtibet, und eines Tages erzählte ich Peter von meinem verrückten Plan, durch Tibet zu ziehen, um von dem Wissen der Mönche zu lernen. Peter wunderte sich über mein Vorhaben, denn keine zehn Pferde hätten ihn in dieses von Chinesen besetzte Land bringen können. Ich sagte ihm, dass ich kein politisches Anliegen hätte, sondern mehr über die »mentalen Experimente« in den Klöstern erfahren wolle. Nun erzählte Peter, er habe einen tibetischen Bekannten in Sialkot, der in der Organisation »Human Rights for Tibet« tätig sei. Am nächsten Tag traf ich sofort eine Verabredung mit dem Tibeter. Besonders begeistert zeigte er sich nicht, als ich ihm mitteilte, ich könnte ja nach meiner »geheimen Mission« etwas über das brutale Vorgehen der Chinesen in Tibet in den deutschen Medien berichten, was den Tibetern in ihrem eigenen Land zugefügt werde. Ich spürte, wie der Mann in mich hineinhorchte, um zu erfahren, wie es mit meiner Ernsthaftigkeit bei der Sache bestellt war. Sehr freundlich, aber indifferent verabschiedete er sich nach einem zweistündigen Gespräch von mir.

Vier Monate später traf ich ihn wieder, ich war erneut nach Sialkot geflogen. Die Maschinen für Peter waren inzwischen angekommen, nun ging es um die offizielle Übergabe und die technische Einweisung. Beides hatte ich innerhalb einiger Tage erledigt. Das Geschäft war für beide Teile bestens gelaufen, und in meinem Kopf ging es nur noch um Tibet. Peter, der mir dankbar war, hatte nun die äußerst wohlwollende Haltung, diesem offenbar doch etwas ungewöhnlichen Europäer die Chance zu geben, etwas von einer uralten Kultur Asiens zu erfahren: Er führte mich erneut zu dem Tibeter, dem er offenbar inzwischen nicht nur von meiner Seriosität als Geschäftsmann, sondern auch von seiner Augenheilung durch meine Hypnose berichtet hatte. Letzteres hatte den Tibeter offenbar besonders interessiert.

Wieder beschwor mich dieser Mann in einem freundlichen Ton.

»Sie müssen wissen, Ihr Vorhaben kostet Geld, viel Geld«, sagte er lächelnd, als wolle er mich von meinem Plan abbringen. Ich unterbreitete ihm, was ich in Tibet lernen wolle und dass ich bereit sei, alle Schwierigkeiten, auch finanzieller Art, auf mich zu nehmen. Er ließ durchblicken, dass die Organisation »Human Rights for Tibet« auch ein Anliegen hätte, nämlich Tibet in der Welt nicht in Vergessenheit geraten zu lassen.

Im Anschluss daran musste ich diesem Tibeter meine Lebensgeschichte erzählen, und so berichtete ich von meinem Flugzeugabsturz, der Rollstuhlzeit und wie sie durch Hypnose beendet werden konnte. Immer wieder wies ich darauf hin, dass ich für meine künftige Arbeit mit Hypnose von dem Wissen, der Weisheit und dem Können der Tibeter profitieren wolle, weil ich sicher sei, dass dieses noch viel tiefer ging als das in der Fachliteratur verbreitete Wissen über Hypnose. Und ich teilte ihm mit, dass ich in den vergangenen zwei Jahren schon nach London, Brüssel und Genf gereist sei, um für mein Projekt Realisierungschancen zu ergründen. Der Tibeter lächelte hintergründig, und ich verstand, dass er darüber längst informiert war.

Von Sialkot bis zur tibetischen Grenze sind es Luftlinie etwa dreihundert Kilometer. Ich war über die kommunikative Vernetzung der Tibeter erstaunt.

Dann aber bekam ich durch den tibetischen Freund von Peter die Zusage, man werde einen weiteren Kontakt zu einem dem Dalai Lama direkt unterstellten Lama in Indien herstellen, der dafür Sorge tragen könnte, dass ich nicht nur nach Tibet hineinkam, sondern dort auch entsprechend betreut werden würde. Aus verschiedenen Gründen wollte man mit Indien beginnen. Ein Hauptargument war, dass man von Anfang an meine Spuren verwischen wollte.

Als wir uns dieses Mal verabschiedeten, war mein tibetischer Gesprächspartner wieder überaus freundlich. Aber lange nicht mehr so indifferent.

Wieder zurück in Deutschland, erhielt ich vier Wochen später ein Fax mit der Mitteilung, meine große Reise könne nun beginnen, dazu sollte ich für den Anfang nach Sialkot kommen. In Deutschland bereitete ich alles für eine längere Abwesenheit vor und flog nun zum dritten Mal innerhalb kurzer Zeit nach Nordpakistan, mit einigen Reiseschecks in der Tasche. Von Sialkot aus begleiteten mich zwei Tibeter gleich am nächsten Tag nach Neu-Delhi. In der indischen Hauptstadt blieb ich zwei Tage. Von mehreren Leuten wurde ich erneut überprüft und ausgefragt, bis es zu einem Treffen mit dem angekündigten hohen Lama kam, der nach seinen eigenen Worten einen direkten Kontakt zum Dalai Lama hatte und der mir bedeutete, dass mein Anliegen nur mit Genehmigung des Dalai Lama zu verwirklichen wäre.

Der Lama befragte mich fast drei Stunden lang, und wieder spürte ich, dass ich es bei den Tibetern tatsächlich mit besonderen Menschen zu tun hatte. Ich nahm keine Aggression bei diesen Menschen wahr, aber ich fühlte mit großer Eindringlichkeit ihren wachen Geist. Nie und nimmer hätte ich einen Tibeter belügen können. Ich bin auch sicher, bei dieser Befragung einem hypnotischen Effekt ausgesetzt worden zu sein, aber ich hatte damit keinerlei Probleme: Alles, was ich vortrug, war ja tatsächlich mein ehrliches Anliegen.

Zum Schluss dieses sehr ruhigen, sehr langen Gesprächs nickte der Lama bedächtig, machte eine nachdenkliche Pause und sagte dann, ich solle zurück nach Pakistan fliegen und in demselben Hotel in Sialkot absteigen, in dem ich schon bei meinen vorherigen Aufenthalten gewohnt hatte. Dort solle ich warten, man werde mich ansprechen.

Ich verabschiedete mich von dem Lama und hoffte, ihn überzeugt zu haben. Ich hatte natürlich auch anklingen lassen, dass ich meine Beobachtungen über die Unterdrückung Tibets nach meiner Rückkehr nach Deutschland publik machen würde. Ich wusste, dass die

Chinesen möglichst jegliche Information nach draußen unterdrücken wollten, weshalb die Tibeter auch außerhalb von Tibet und China mehr als vorsichtig sein mussten. Ein bisschen erinnerte mich die Situation an das nicht ungefährliche Katz-und-Maus-Spiel zwischen Agenten des Ostblocks und der westlichen Welt. Wie ich später von der deutschen Botschaft in Pakistan erfahren habe, waren die Chinesen trotz aller Umsicht der Tibeter schon von Anfang an darüber informiert, dass ein Westler im Begriff war, Kontakte zu den Tibetern aufzubauen. Die Chinesen hatten nämlich offiziell angefragt, ob die Botschaft über die Umtriebe eines Deutschen bezüglich der tibetisch-chinesischen Angelegenheiten Bescheid wisse. Weiterhin sagten sie, man sei über eine solche Tatsache sehr ungehalten und man bitte darum, diesen Mann zu bremsen. Allerdings nannten die Chinesen nie meinen konkreten Namen, sie kannten ihn auch nicht, und das war mit Sicherheit gut für mich und mein Vorhaben.

Ich flog also zurück nach Pakistan und harrte in Sialkot der Dinge, die da kommen sollten. Vier Tage nach meinem Treffen mit dem Lama überbrachte mir ein Tibeter namens Tenzin in meinem Hotel leise die kurze Botschaft, ja, man werde mich nach Tibet einschleusen. Dass sich die Tibeter nun tatsächlich auf dieses Abenteuer einließen, hatte nicht den Grund, dass ich als wichtiger Mensch angesehen wurde. Eher war es wohl so, dass sich der Andrang für ein solches, immerhin doch sehr gefährliches Unternehmen in Grenzen hielt. Von tibetischer Seite wurde mir gesagt, ich sei der Einzige, der mit einem solchen Ansinnen auf sie zugekommen sei.

Erst war geplant, mich über Ladakh ins Land zu schmuggeln, ein paar Tage später wurde diese Route jedoch abgeblasen. »Wir müssen eine weitere Woche warten«, hieß die nächste Meldung. Offenbar hatten die Chinesen von dem Ladakh-Plan Wind bekommen. Einige Tage später übermittelte mir der Hotelportier die Nachricht, ich solle doch am nächsten Vormittag den Basar besuchen. Vor ei-

nem Gewürzhändler sprach mich ein junger Tibeter an und fragte, ob ich »der Interessierte« wäre. Das war das vereinbarte Wort. Wir tranken Tee zusammen und mir wurde gesagt, ich solle ein paar Sachen zusammenpacken, man werde mich am nächsten Abend nach Einbrechen der Dunkelheit abholen. Auch solle ich nicht erschrecken, man werde mir die Augen verbinden müssen.

Nun war ich doch ziemlich aufgeregt. Den Tibetern vertraute ich, aber ich wusste natürlich, dass die Chinesen von dem, was ich vorhatte, nicht begeistert waren. Hätten sie mich beim Übertreten der Grenze gefasst, ich wäre sofort als Spion zum Tode verurteilt worden. Ein Menschenleben galt für sie nichts, besonders nicht im Zusammenhang mit dem Tibet-Konflikt. Bei meinen Reisevorbereitungen war mir das klar geworden. Als ich mich über die chinesische Invasion in Tibet informierte, blitzten in meinem Kopf immer wieder Bilder aus meiner Zeit bei der Fremdenlegion auf. Aber genau diese früheren Erfahrungen halfen mir nun, mit einem leicht ängstlichen Gefühl, doch ohne Furcht das selbst gewählte Abenteuer anzugehen.

Es lief alles wie angekündigt. Ich bezahlte mein Hotel, draußen in der Dunkelheit wartete an der Ecke ein schwarzes Auto auf mich. Mein Informant vom Vorabend, der Nachtportier, wies mir einen Platz auf dem Rücksitz an. Wir waren zu viert, die beiden anderen Männer kannte ich nicht. Am Stadtrand von Sialkot verband man mir mit freundlichen Worten die Augen, und wir fuhren nun die halbe Nacht Richtung Tibet über schlechte Straßen. Mitten in der Nacht wurde ich in eine Hütte gebracht, in der Tibeter wohnten. Erst dort wurde mir die Binde abgenommen.

Am nächsten Tag ging es sehr früh in einem anderen Auto weiter, auch meine neuen Begleiter waren mir gänzlich fremd. Drei Tage war ich mit ihnen unterwegs, die Straßen und Wege wurden offensichtlich immer holpriger und steiler. Während ich mit meinen verbundenen Augen auf dem Rücksitz saß, schossen mir eine

Unzahl von Gedanken durch den Kopf. Wurde mir das zu anstrengend, stellte ich mich mit Selbsthypnose ruhig. Und je näher ich mich der tibetischen Grenze fühlte – wo ich wirklich war, wurde mir natürlich nie gesagt –, umso intensiver wurden meine Vorstellungen. Ich wollte nicht von den Chinesen erwischt werden.

Übrigens war von Geld, trotz der Bemerkungen des tibetischen Freundes von Peter, nie die Rede. Ich hatte bei Tibetern in Sialkot fünf unterzeichnete Reiseschecks hinterlassen, ich trug nur fünfhundert Dollar in bar bei mir. Nie wurde ich während der Zeit, die ich schließlich in Tibet verbrachte – immerhin waren es siebeneinhalb Monate –, auch nur um einen Pfennig betrogen. Als ich später verschiedene Dinge besorgen musste, unterzeichnete ich auf einem Täfelchen irgendwelche tibetische Zeichen. Nach der Reise wurde mir dann in Deutschland der Gegenwert meiner in Pakistan hinterlassenen Reiseschecks in Dollar ausbezahlt, abzüglich der penibel aufgeführten Ausgaben, die ich verursacht hatte. Zu der Zeit wunderte ich mich schon über gar nichts mehr, denn ich hatte ja in den vergangenen Monaten erlebt, wie perfekt die Tibeter im Geheimen organisieren konnten.

Am dritten Tag meiner Abreise von Sialkot nach Tibet schlief ich auf der endlos langen Fahrt ein. Als ich am späten Nachmittag aufwachte, befand ich mich in einem dunklen Zelt, in dem man mir mit den zuvorkommenden Worten »Sie sind in Tibet« einen Tee reichte. Die Augenbinde, die ich seit drei Tagen fast durchgehend getragen hatte, wurde mir abgenommen. Ich ging vor das Zelt und sah zu meinem Erstaunen, dass ich mich mitten in einer kargen, vollkommen einsamen Berggegend befand. Vor dem Zelt entdeckte ich einige Yaks, auf denen wir offensichtlich hergekommen waren – von einem Auto war weit und breit keine Spur zu sehen. Meine Begleiter mussten mir am Morgen ein Schlafmittel in den Tee getan haben, nur so konnte ich mir mein fehlendes Erinnerungsvermögen erklären.

Ich war nun in Tibet. Aber wo genau? Auf meine Frage bekam ich keine Antwort. Auch in der gesamten kommenden Woche nicht. Nachts zog ich mit den vier äußerst schweigsamen Tibetern zu Fuß durch die kahle Berglandschaft, fünf Yaks trugen das Gepäck. Am Ende der Nacht wurde an strategisch günstigen Stellen das Zelt aufgeschlagen und gegessen. Tagsüber schliefen wir. Ich war froh, dass ich mich in Deutschland mit einem Konditionstraining auf meine abenteuerliche Reise vorbereitet hatte. Es waren verdammt anstrengende Tage. Jedoch kamen nicht ein einziges Mal Zweifel an dem, was ich da tat, in mir hoch. Ich hatte mich anderthalb Jahre auf diesen Trip vorbereitet. Ich wusste, was ich mit meinen fünfunddreißig Jahren wollte. In meinem Leben hatte ich schon genug Wahnwitz erlebt, jetzt wollte ich nach meiner Rückkehr in Deutschland eine Hypnosepraxis aufmachen, die auch auf dem Wissen der tibetischen Mönche aufbaute. Ich hoffte, hier im Himalaya den Geheimnissen mentaler Kräfte noch viel näher zu kommen und von den tibetischen Mönchen Praktiken von unschätzbarem Wert lernen zu können. Was ich zu diesem Zeitpunkt nicht wissen konnte, war, dass ich auch hier dem Tod begegnen würde.

2 Segensreiche Selbsthypnose

Om, Om, Om ... es ist recht schick, wenn man beim Gespräch über das Meditieren hinzufügen kann, man besitze natürlich auch ein ganz persönliches Mantra, das die angenehmen Trancezustände begünstigen würde. Jedes Hotel mit Wellness-Bereich bietet heute Autogenes Training an, ebenso jede Volkshochschule, und in jedem Jugendlager werden Meditationsstunden festgelegt: Autosuggestionen sind zu einem Bestandteil unserer Gesellschaft geworden – zumindest, was das Reden darüber betrifft. Mich bringt diese Tatsache zum Schmunzeln. Denn das Kuriose dabei ist, dass jede Selbsthypnose auch Hypnose ist. Und umgekehrt.

Immer wieder betone ich, dass meine Arbeit nicht die eines Heilers ist. Ich verstoße nicht gegen die Gesetze der Heilberufe, eben deshalb, weil ich nicht heile. Ich bin nur eine Art Trainer, der dem Patienten hilft, sich selbst zu heilen. Dabei wirkt bei ihm die Hypnose ebenso wie die Selbsthypnose: Die wirksamen Bilder entstehen im Klienten selbst, denn nur so können sie sich dessen Unterbewusstsein anbieten. Meine Tätigkeit als Trainer ist dabei, um es mal ganz einfach zu sagen, bei der Auswahl der für die Problematik des Patienten sinnvollen Bilder so gut wie möglich behilflich zu sein. Und gerade weil Hypnose letztlich eine Selbsthypnose ist, ist es ja dem Patienten auch so leicht möglich, das bei mir Eingeübte zu Hause eigenständig fortzuführen. Dass man bei komplexen Problemen anfangs dennoch einen Profi-Trainer braucht, um das

Unterbewusstsein mit den optimalen Suggestionen zu versorgen, das wurde bereits ausführlich erklärt.

Auch die Selbsthypnose erfordert Übung. Wer sie noch nie betrieben hat und sich nun hinlegt und sagt: »Ich bin ganz ruhig«, wird erst einmal gar nichts spüren.

Es liegt mir sehr am Herzen, dass meine Patienten Selbsthypnose betreiben, denn sie steigert die Wirkung der gemeinsamen Hypnosesitzungen um ein Vielfaches. Man kann die Autosuggestion als eine Art Turbolader der Hypnosetherapie betrachten.

Natürlich kann und sollte sich jeder, auch wenn er aktuell keine gravierenden Probleme hat, mit Autosuggestion beschäftigen. Empfehlen würde ich hier vor allem das Autogene Training. Sicher, es gibt andere Formen der Autosuggestion, doch das Autogene Training ist leicht zu erlernen und reduziert sich im Grunde auf sieben griffige Formeln, die bestimmten Zielen dienen: Ruhe, Schwere, Wärme, ruhiger Atem, ruhiger Herzschlag, entspannter Solarplexus und kühle Stirn. Mit diesen Formeln sollen Körper und Seele in einen genussvoll entspannten und harmonischen Gesamtzustand geführt werden. Selbst wenn Sie glauben, Sie haben nicht das geringste Problem, empfehle ich Ihnen diese Methode der Selbsthypnose als das billigste und überall und jederzeit anwendbare Wellness-Programm. Machen Sie Autogenes Training nach einem Saunagang im Ruheraum: Sie werden eine extreme Körperentspannung und damit eine Schwere erleben, dass Sie meinen, die Ruheliege müsste gleich unter Ihnen durchbrechen. Autogenes Training dauert in seiner einfachsten Form etwa zehn bis zwanzig Minuten und hat die Wirkung eines Kurzurlaubs. Jeder Praktizierende staunt immer wieder darüber, dass er nach den wenigen Minuten das Gefühl hat, als hätte er einen stundenlangen und erholsamen Schlaf erlebt.

Nach einiger Einübungszeit können Sie die Selbsthypnose tatsächlich überall unauffällig betreiben, denn der Geübte muss dafür nicht einmal die Augen schließen. Sie können beispielsweise in einem endlos langen Meeting einen Punkt fixieren, etwa einen Fenstergriff, und kommen mit im Innern formulierten Kurzformeln (etwa »Ruhe ... Schnee ... Wärme ... es atmet ... in Ruhe zurück mit Konzentration und Energie ...«) sofort in einen Trancezustand, ohne dass Ihnen auch nur ein Wort im Meeting entgeht. Eine solche autogene Schnellhypnose dauert nur eine Minute, danach sind Sie im Gegensatz zu den anderen Teilnehmern der Konferenz wieder völlig fit, um weitere Monologe selbstverliebter Redner zu ertragen. Sie können aber auch die Fahrten in der Straßenbahn oder das Warten beim Arzt für kurze Selbsthypnosen nutzen, und je öfter Sie das tun, desto wirksamer werden sie.

Kein Stress, Ruhe und innere Harmonie sind die Grundziele bei der Selbsthypnose. Mithilfe der Grundformeln erreichen Sie den entspannten, wohligen Trancezustand. Die Gehirnwellen sind dabei auf Alpha heruntergeschaltet, und Sie können sich in diesem Zustand auch zusätzliche Suggestionen geben, etwa: »Rauchen ist ganz überflüssig.« Wenn Sie diese Formeln täglich einüben, können Sie damit schon eine Menge Probleme auflösen, sich vieler schlechter Gewohnheiten entledigen, die Beziehung zum Partner oder zu den Kindern verbessern, Prüfungsängste abbauen und insgesamt eine wesentlich kraftvollere und positivere Lebenseinstellung gewinnen. Selbsthypnose führt letztlich zu mehr Selbstkompetenz.

Leider geben nicht wenige Menschen das Autogene Training oder andere Selbsthypnoseübungen wieder viel zu schnell auf. Meist liegt es an den überfüllten Kursen, die sie besuchen, in denen ein Eingehen auf die Fragen und Bedürfnisse des Einzelnen selten möglich ist. Dadurch bleiben für den Übenden die Formen des Autogenen Trainings seltsam steif und fremd. Es ist daher kein Wunder, sollte er keinen Zugang zu dieser Technik finden. Wenn ich Ihnen einen Rat geben darf: Auch wenn es Ihnen nur um das

Erlernen von Selbsthypnose geht, suchen Sie sich dennoch einen guten Hypnosetherapeuten. Geben Sie ein paar Euro mehr für einige Einzelstunden aus, in denen Sie die Autosuggestion auf wirklich angenehme und vor allem wirksame Weise lernen.
Selbsthypnose ist aber kein weiteres – falls Missverständnisse aufkommen sollten – Tuningprogramm für Egomanen. Die Geschichte der Hypnose und der hypnotischen Techniken zeigt, vom brasilianischen Macumba über afrikanischen Voodoo, balinesische Trancetänze bis hin zu Steinzeit-Höhlenmalereien als imaginativen Visionsbildern, dass Hypnose und Trance auch immer etwas mit gesellschaftlicher Kommunikation zu tun hatten und haben. Die Selbsthypnose beinhaltet ein Loslassen-Können, ein Fließen, das über das Unterbewusstsein von selbst in Gang kommt. Wer nur seine Konkurrenz sieht und Mittel sucht, sich gegen sie durchzusetzen, anstatt etwas für sich selbst zu erreichen, wird mit Selbsthypnose nicht weit kommen. Aus dem einfachen Grund, weil der gesamte Denkansatz nicht stimmig ist.
Ist es am Anfang sinnvoll, Autogenes Training bei einem professionellen Therapeuten zu erlernen, um wirklich rasch in das Erlebnis von Schwere, Wärme und Ruhe zu gelangen, so sollte später, bei den höheren Schwierigkeitsgraden, unbedingt auf die Qualität des Kurses geachtet werden (man unterscheidet beim Autogenen Training übrigens zwischen der »Unterstufe« mit den Standardformeln und der »Oberstufe«, bei der die Bilder frei assoziiert werden). Gleichwohl ist die höhere Stufe, das sage ich aus eigener Erfahrung, nicht leicht einzuüben, und es dauert oft lange, bis man persönlich wirklich meditativ Grenzen überschreitet. Besser geht es meiner Ansicht nach mit einigen Hypnosesitzungen, welche die Fertigkeit der Selbsthypnose zum Ziel haben. Der professionelle Therapeut kann Ihnen über eine spezielle Suggestion sozusagen einen Schlüssel für die Tür zur Selbsthypnose überreichen. Diesen Schlüssel können Sie dann zu Beginn jeder Selbsthypnose anwen-

den. Er hilft Ihnen, Ihre Gehirnströme schnell auf die entspannte Alpha-Ebene zu bringen. Im Fachjargon heißt dies, dass unter Fremdhypnose die Einleitungsbedingung für die Selbsthypnose eintrainiert wird, die zu Beginn jeder Selbsthypnose abgerufen werden kann.

Selbsthypnose funktioniert wie die Hypnose über Gedanken. Aber nur dann, wenn nicht einfach nur so vor sich hin gedacht wird. Die Verwirklichungstendenz von Gedanken tritt nur ein, wenn die Verstandesebene verlassen wird, wenn man sich über die plastische Vorstellung eines Gedankens, mithin über Bilder und Suggestionen, auf die Gefühlsebene begibt – also mit dem Unterbewusstsein kommuniziert. Weiterhin zeigt sich die Verwirklichungstendenz des vorgestellten Gedankens, wenn man den wirklichen Wunsch hat, das zu erreichen, was man sich vorstellt. Außerdem muss der imaginierte Gedanke realisierbar sein. Damit meine ich nicht, dass man sich zu sehr in seinen Zielen einschränken sollte. Im Gegenteil: Hypnose und Selbsthypnose können das fast Unglaubliche, das wortwörtlich Wunder-bare ermöglichen. Sie sollen sich also durchaus bildlich vorstellen, wie Sie im nächsten Monat eine schwere Prüfung bestehen, die nach Ihrer eigenen Einschätzung kaum zu schaffen ist. Tatsächlich irreal aber wäre es etwa, zu denken, man könne fliegen oder man könne als Erwachsener noch zwanzig Zentimeter wachsen.

Wie bei der Hypnose sollte man auch bei der Selbsthypnose am Anfang keine Bedenken vor dieser Technik haben. Während es bei der Hypnose oft allgemeine Vorurteile sind, die den Einstieg unnötig erschweren, so stört bei der Selbsthypnose meist das Denken. »Ich kann das sicher nicht«, ist immer wieder zu hören. Doch das ist falsch: Jeder ist in der Lage, Selbsthypnose einzuüben.

Es gibt für die Autosuggestion zu Hause mittlerweile auch von verschiedenen Anbietern Kassetten und CDs. Sie können, wenn sie gut gemacht sind, auch sehr hilfreich sein. Aber ebenso wie bei

der Hypnose strikt darauf geachtet werden muss, dass der Patient nicht vom Therapeuten abhängig wird, sollten Sie nicht von solchen CDs abhängig werden. Statt mit diesen von Fremden besprochenen CDs zu üben, sollten Sie bei der Selbsthypnose möglichst gleich von Anfang an mit den eigenen inneren Gedanken trainieren. Vielleicht besprechen Sie auch selbst Kassetten oder CDs. Hierbei können Sie auf Ihre ganz speziellen Probleme, Wünsche und Visionen eingehen. Dabei sollten Sie negative Formulierungen ausschließen. Sagen Sie nicht: »Ich werde nicht mehr rauchen«, sondern: »Rauchen ist eigentlich ganz überflüssig.« Noch besser sind starke Bilder. Sprechen Sie am besten nicht vom Rauchen, sondern stellen Sie sich einen wohltuenden Waldspaziergang vor, bei dem man die frische Luft genießt, den Duft von Harz und feuchtem Laub förmlich in der Nase riecht. Diese schönen, positiven Bilder schieben das künftig Unerwünschte – in diesem Fall das Rauchen – von selbst weg. Einfach deshalb, weil es nicht zu den neu im Unterbewusstsein verankerten Bildern passt. Rauch stört eben, wenn man den frischen Duft des Waldes genießen möchte.
Die selbst besprochenen Kassetten haben für viele Menschen etwas Beruhigendes. Sie müssen nicht Angst haben, ob sie in der Tranceabsenkung sinnvolle Imaginationen heraufbeschwören können, ob ihnen die Bilder wegschwimmen. Gerade bei Menschen, die unter psychischem Druck stehen, erzeugt allein diese Vorstellung erneuten Druck. Hat man jedoch – vielleicht in Zusammenarbeit mit einem Hypnosetherapeuten – einen guten Selbsthypnose-Text einmal erarbeitet und auf Band aufgenommen, kann man sich beruhigt und entspannt hinlegen und die Autosuggestion genießen.
Natürlich muss man die Texte den eigenen Fortschritten anpassen und die Kassetten oder CDs dann neu besprechen. Letztlich bleiben sie aber nur ein Hilfsmittel – man sollte sie einsetzen, um sie überflüssig zu machen.

Jede Selbsthypnose hat mit einfachen Suggestionen wie Ruhe, Entspannung und Wärme zu beginnen, erst dann sollen die Imaginationen für die speziellen Ziele (etwa weniger Essen, Rauchen aufgeben, Prüfungsangst abbauen) zur Anwendung kommen. Zum Abschluss der Autosuggestion oder des Autogenen Trainings ist noch die posthypnotische Suggestion wichtig, was nichts anderes bedeutet, als dass man sich innerlich vorstellt, nun völlig erfrischt und hellwach zu sein. Hat man dagegen den Nachtschlaf vor sich, so sagt man sich, dass man sofort tief und ohne Unterbrechung schlafen und am Morgen ganz frisch aufwachen wird.

Der Vorteil der Selbsthypnose ist, dass man sie bei Bedarf sofort anwenden kann, während man ja einen Hypnosetherapeuten nicht immer zur Hand hat. Kündigt sich unterwegs etwa eine Panik mit Herzklopfen und Angstschweiß an, dann können Sie notfalls auf eine öffentliche Toilette gehen und eine Suggestion auslösen.

Selbsthypnosen haben aber ihre Grenzen, besonders dort, wo es um die Behandlung von tief sitzenden individuellen Problemen geht, vor allem, wenn sie bereits pathologischen Charakter angenommen haben. Anleitungsbücher für Autoreparaturen sind ebenfalls nur bedingt nützlich: Man muss mit seinem Auto nicht in eine Fachwerkstatt, wenn es darum geht, den Reifen, die Zündkerzen oder die Scheibenwischer zu wechseln. Aber wenn das Getriebe im zweiten Gang kracht und knarrt, ist man beim Fachmann doch besser aufgehoben.

3 Showhypnose – das schwarze Schaf

Die wilde Schwester der ehrwürdigen Hypnose ist die Show- oder Bühnenhypnose. Die seriösen Lehrer der Autosuggestion, aber vor allem viele Trainer der klinischen Hypnose wenden sich meist von diesem schwarzen Schaf in der Hypnosefamilie mit Grausen ab. Vielfach haben sie Recht damit.

Nach einer großen Anzahl eigener Hypnoseauftritte während einer Kreuzfahrtreise oder in einer Diskothek habe ich erkannt, dass es unmöglich war, auf diese Weise mein eigentliches Ziel zu erreichen. Mir war damals – wie heute – daran gelegen, Hypnose als unglaublich wirksame Methode, die Kräfte des Unterbewusstseins gezielt einzusetzen, bekannter zu machen. Und Auftritte auf der Bühne erschienen mir dabei sinnvoll. So brachte ich es zwar unter meinem Künstlernamen »Lobo« zu einigem Ruhm, der therapeutische Wert der Hypnose aber wurde genauso wenig beachtet wie zuvor. Ich bekam viele Zuschriften von Menschen mit Problemen und hatte damit Aufträge für therapeutische Tätigkeiten, aber der Durchbruch für die Hypnose als therapeutische Methode war über Bühnenvorführungen nicht zu bewirken. Mir dämmerte, dass die Menschen diese Bühnenshows wie Varieté-Auftritte betrachteten: Sie gingen von vielen betrügerischen Tricks aus. Niemals aber kamen sie auf den Gedanken, dass ihnen eine kunstvolle Methode vorgeführt wurde, die jeder für sich nutzen konnte, sobald man sie hart trainierte.

Es liegt wohl im Wesen der Bühnenvorführung: Sie soll mit der Realität nichts zu tun haben. Wahrscheinlich will man nicht einmal bei einem Hochseilartisten die Wahrheit sehen, dass dessen Leistung nur durch Abertausende von Trainingsstunden möglich geworden ist. Viel lieber will man glauben, dass hinter dieser Kunst ein Trick stehen müsse, denn es kann ja gar nicht sein, was er da tut, so was gibt es nicht in der Wirklichkeit.
Ich erkannte das damals nicht. Tibet lag noch nicht lange hinter mir, und ich war noch erfüllt vom Sendungsbewusstsein in Sachen Unterbewusstsein. Später hörte ich mit der Showhypnose von einem Tag auf den anderen auf und begann kompromisslos, Hypnose nur in Therapien zu praktizieren.
Ein weiterer Grund, warum ich die Showhypnose jetzt eher ablehne, liegt darin, dass wir nicht mehr in der harmlosen Welt der früheren Jahrmärkte leben, wo man schmunzelnd die »Frau ohne Unterleib« bewunderte. Showhypnose-Vorführungen haben heute das Niveau von TV-Sendungen erreicht, in denen brüllend gelacht wird, wenn ein anderer zu Schaden kommt.
Es geht mir gegen den Strich, Menschen vorzuführen, besonders wenn sie auf einer Bühne sabbern oder mit einem Stuhl kopulieren sollen. Wenn ich damals einer jungen Frau suggerierte, sie befände sich auf einer schönen bunten Wiese und könne dort einen Strauß Blumen pflücken, dann war das nicht gegen ihre Würde gerichtet. Übrigens erlebte ich dabei einmal einen interessanten Zwischenfall. Als eine solche Frau ihre Blumen imaginativ gepflückt hatte, sagte ich zu ihr, sie könne doch die Blumen an die Leute im Saal verkaufen. Die Frau ging nun mit den fiktiven Blumen ins Publikum und überreichte einzelnen Zuschauern die nur für sie sichtbaren Blumen, anschließend kam sie wieder zurück auf die Bühne. Kurz bevor sie diese erreicht hatte, drehte sie sich plötzlich um, ging zurück zu den Leuten, denen sie ihre Blumen überreicht hatte, und sagte: »Ich habe vergessen, dafür Geld zu

nehmen.« Und sie kassierte tatsächlich bei den »Blumenkäufern« im Publikum. Dieser Vorfall zeigt, dass die persönliche Logik und Handlungsfähigkeit auch unter Hypnose noch voll »funktionsfähig« ist. Ich habe der jungen Frau zwar bei der Einleitung der Hypnose geholfen, dennoch war sie keineswegs willenlos. Sie hatte sich aus eigenem Willen dazu entschlossen, Geld für ihre Blumen einzusammeln. Bei der therapeutischen Hypnose werden, um diesen Unterschied noch einmal deutlich zu machen, keine Blumen verkauft. Vielmehr wird der Patient in Hypnose dazu aufgefordert, selbst etwas in sich in Gang zu setzen, was ihm nützlich ist. Ich gebe also dem Patienten Suggestionen, etwas für sich zu tun. Und so, wie sich das Blumenmädchen daran erinnerte, sich die Blumen bezahlen zu lassen, so wird sich der Patient daran erinnern, etwas für sich zu tun, anstatt immer nur nach der Pfeife seiner Umwelt zu tanzen. Sind diese Suggestionen gut gesetzt, bleibt diese automatische Erinnerung für immer bestehen, man fällt also nicht in alte Muster zurück.

Ich kam zur Showhypnose wie die Jungfrau zum Kinde. Ich las in einer Zeitung, dass in der Bremer Talkshow »3 nach 9« ein bekannter Showhypnotiseur auftreten sollte. Von ihm wusste ich, dass er wegen einiger Delikte längere Zeit hinter Gittern saß. Das teilte ich dem Sender mit, um ihn vor einem Problem zu bewahren. Sofort sagte man dem Mann ab, stattdessen fragte man mich, ob ich eine Hypnose demonstrieren würde. Das Angebot lehnte ich nicht ab. Es klappte so gut, dass ich in der ZDF-Sendung *Teleillustrierte* mehrere Moderatoren vor laufender Kamera hypnotisierte. Dabei war unter anderem die spätere Chefredakteurin des Frauen-TV-Senders TM 3, Anna Doubek. Nach der Sendung betonte sie, sie sei niemals in Hypnose gewesen. Von ihrem Sendeleiter erhielt sie aber den Hinweis, sich doch einmal die Videoaufzeichnung ihrer Hypnose anzusehen – die Aufnahme besitze ich heute noch, man kann sich also Frau Doubek ansehen.

Nach den Auftritten im Fernsehen begann ich mit meinen Bühnenshows. Dabei erfuhr ich, dass dieser Job manchmal die eigenartigsten Facetten zu erkennen geben kann. So kamen einmal nach einem Showauftritt in Kiel zwei junge Frauen auf mich zu. Sie erzählten mir offen von ihrer Tätigkeit im käuflichen Gewerbe und fragten, ob ich helfen könne, von ihren Drogenproblemen wegzukommen. Die Arbeit mit den Frauen bedeutete einige Wochen Schweiß und Tränen – für beide Seiten. Aber ich schaffte es, und die Frauen waren in kurzer Zeit clean. Ich freute mich sehr über diesen Erfolg, bis bei mir zu Hause plötzlich fünf Herren in der Türe standen, auf deren Bekanntschaft ich sehr gerne verzichtet hätte. Es waren die Zuhälter der Frauen, wohl mit ihren »Bodyguards«. Die Typen fanden es gar nicht toll, dass »ihre Mädchen« nun nicht nur drogenfrei waren, sondern sich auch noch – wie das bei Hypnose üblich ist – grundsätzlich verändert hatten. Die beiden Frauen hatten ihren Luden zu verstehen gegeben, dass sie fortan eigene Wege gehen würden. Klar, dass jetzt die Zuhälter sauer auf mich waren, hatten sie doch eine entscheidende Einnahmequelle verloren. Höflich sagte ich: »Meine Herren, ich nehme an, Sie haben die Absicht, mich zusammenzuschlagen. Aber ich mache Sie darauf aufmerksam, dass ich es vorher noch mit ein paar von Ihnen aufnehmen werde.« Einer der Typen schnaubte daraufhin: »Das will ich sehen«, und wollte sich auf mich stürzen. Bevor er es überhaupt begriff, hatte er aber schon meinen rechten Ellenbogen im Gebiss, und es knackte unüberhörbar. Auch wenn dieser Umgang nicht mein Niveau war, kam mir in Situationen wie dieser meine Nahkampfausbildung bei der Fremdenlegion doch gelegen. Frech sagte ich: »Und wer ist der Nächste?« Wie es sich für Gentlemen gehört, einigten wir uns, und die Fünferbande zog mit ihrem blutenden Kollegen ab.

Aber auch in einem positiven Sinn brachte mir die Bühnenhypnose viele handfeste Erkenntnisse. Eine Zeit lang praktizierte ich parallel Bühnenhypnose und Therapiesitzungen mit Patienten, und ich dachte immer wieder darüber nach, warum eine Bühnenhypnose nach völlig anderen Gesetzen funktioniert als eine Hypnose mit therapeutischem Ziel. Auf der Bühne geht es um den Showeffekt, weshalb die Hypnose an diesem Ort nur eine kurzzeitige Wirkung zum Ziel hat. Hier werden nicht, wie in der therapeutischen Hypnose, tief im Unterbewusstsein neue Vernetzungen geschaffen, um alte Blockaden, Probleme und Muster obsolet werden zu lassen. Vielmehr wird auf der Bühne mit schnell wirksamen hypnotischen Befehlen gearbeitet. Die dafür notwendigen Techniken und ihre erstaunlichen Wirkungsweisen sind ebenfalls seit Urzeiten bekannt. So wurde beispielsweise einer Frau unter Bühnenhypnose suggeriert, der Franz Müller, den sie sonst jeden Tag traf, sei für zwei Monate auf Montage im Sudan. Als diese Frau wieder wach war, ließ man ebendiesen Franz Müller durch den Raum gehen – er wurde von der vorher Hypnotisierten schlichtweg nicht gesehen. Das klingt nun nach Magie, ist es aber nicht wirklich. Ich muss dazu aber sagen, dass so etwas zwar möglich ist, aber nur kurzzeitig (exakt dasselbe Beispiel findet sich in wissenschaftlichen Berichten zur Hypnose, nur ging es hier nicht um einen Bühnen-Gag, sondern um Testreihen zu den Möglichkeiten der Hypnose). Und ein solcher Effekt hat überhaupt nichts mit dem zu tun, was in einer therapeutischen Hypnose gemacht wird.

Bei der Bühnenhypnose wird ein Befehl angenommen, der jedoch nur innerhalb eines kurzen Zeitraums wirksam werden kann. Bei der therapeutischen Hypnose ist es letztlich der Patient, der die Dinge selbst in Gang setzt, wobei die Veränderungen über Jahrzehnte andauern können. In der therapeutischen Hypnose behält der Mensch nicht nur die Macht über sich selbst, sondern sie wächst sogar noch. Bei der Bühnenhypnose besitzt der Hypnotiseur jedoch – man kann es nicht anders nennen – eine gewisse Machtfunktion über die Mitwirkenden. Bei Showhypnosen fällt oft auf, dass der Hypnotiseur viele Personen zu sich auf die Bühne holt und dann, vor Beginn seiner eigentlichen Show, einige davon wieder wegschickt. Das hat einen psychologischen Hintergrund: Wenn ein Teil derer, die mitwirken wollen, wieder zurück auf ihre Zuschauerplätze müssen, fühlen sich die, die bleiben dürfen, gleichsam auserkoren. Diese Elitegruppe hat nun den Wunsch, den Hypnotiseur nicht zu enttäuschen und ordnet sich in der Folge nun willig unter – die Macht des Bühnenhypnotiseurs wächst für die Dauer seiner Show, und das erleichtert es ihm sehr, bei den Mitwirkenden die hypnotischen Effekte zu setzen. Immerhin sind sie bestens konditioniert. Nun legt der Bühnenhypnotiseur eine Person nach der anderen schwungvoll in die Horizontale, und macht dies in einer Art Halbbogenbewegung, bei der man eine Hand im Nacken des Mitwirkenden hat. Hierdurch spürt der Hypnotiseur an der Spannung der Nackenmuskulatur, wer für die kleinen Hypnosegaukeleien geeignet ist, wer genussvoll am Rasierschaum schlecken wird, weil ihm suggeriert wurde, es sei ein leckeres italienisches Eis. In der Showhypnose passiert im Grunde nichts anderes als in den unzähligen TV-Talkshows, in denen sich Menschen bereitwillig – vor allem in den unsäglichen Nachmittagsshows – bei den peinlichsten Themen nur zu gerne zum Affen machen lassen.

Die Show mit der Hypnose ist schon lange zu Ende. Hypnose ist eine der interessantesten Realitäten, denen Sie in Ihrem Leben begegnen können.

4 Wie das Bild des bösen Bären Ängste beseitigt

Unser Unterbewusstsein handelt nicht logisch, es wägt kein Wenn und Aber ab, denkt nicht um zehn Ecken und vergleicht keine Argumente. Unser Unterbewusstsein agiert sehr zielgerichtet und dies nach einer einzigen Maxime: Das, wofür es Sorge trägt, soll dem Menschen gut tun. Ihr Unterbewusstsein ist also Ihr bester und verlässlichster Freund.

Aber Freunde darf man nicht belügen. Wenn Sie sich vornehmen, dem Unterbewusstsein absichtlich falsche Informationen zu geben, kann es zu missverständlichen Reaktionen kommen, die Ihnen schaden können. Ihr Unterbewusstsein ist nämlich ein so grundehrlicher Freund, dass es schon bis an die Grenze der Naivität geht. Wenn Sie also Ihr Unterbewusstsein zum Beispiel mit der Information füttern, dass Ihnen dieses oder jenes Erlebnis Angst macht, dass Ihnen schlecht wird, wenn Sie nur daran denken, wird Ihr innerer Superfreund verlässlich dafür sorgen, dass Sie erst gar nicht in eine solche Situation kommen. Ihr Unterbewusstsein will Sie partout beschützen. Um dies zu erreichen, wird es die Angst nun bis ins Grenzenlose erhöhen. Es will Sie von dem Plan abbringen, in die bevorstehende Situation – sei es eine Prüfung oder das erste intimere Date mit einem neuen Partner – hineinzugehen. Wenn Sie aber die Warnungen in den Wind schlagen, hat das Unterbewusstsein noch eine weitere Strategie parat: Es kann Ihnen körperliche Unpässlichkeiten zuschanzen, vom Durchfall bis zum

Unfall, nur um Ihr Hineingehen in die vermeintlich unangenehme Situation ganz sicher zu verhindern.

Schnell sitzt man in einem Teufelskreis: Jeder hat im Leben schlechte Erfahrungen gemacht. Das ist wichtig, denn sie sind dazu da, um weiterzukommen. Nur setzt das voraus, dass man diese negativen Erfahrungen richtig verarbeitet, aus dem Flop eine positive Botschaft zieht, um sie auf entsprechende Weise für die Zukunft zu speichern. Derartige Fehlererkenntnisse dürfen nun in die Schatztruhe des Unterbewusstseins absinken. Vermeidet man jedoch die Aufarbeitung – was vordergründig natürlich erst einmal der bequemere Weg ist –, lagern sich die schlechten Erlebnisse als negatives Bild in Unterbewusstsein ab. Dort schlummern diese Informationen nun in Form einer negativen Programmierung, die aktiv wird, wenn Situationen auftauchen, die jener ähneln, in der Sie die unangenehmen Erfahrung gemacht haben. Die Folge: Sie sind total blockiert, kommen mit der Sache nicht zurecht, speichern noch mehr Angst und Unwohlsein im Unterbewusstsein ab. Und dieses Unterbewusstsein wird sich bei der nächsten Gelegenheit noch mehr bemühen, Sie von der »Gefahr« fern zu halten. Es kommt nicht auf die Idee, Ihnen zu signalisieren, dass ein aktives Handeln Ihrerseits günstiger für Ihren Seelenhaushalt wäre. Denn das Unterbewusstsein denkt ja, wie gesagt, nicht logisch; es greift vielmehr zu den ihm zur Verfügung stehenden Bildern von Situationen und beginnt daraufhin mit seiner gewaltigen Vernetzungsarbeit.

An diesem Punkt setzen in der Hypnose, nachdem der Patient in angenehmer Trance entspannt ist, die Suggestionen an, die Welt der Bilder und der Vorstellungen, mit denen man mit dem Unterbewusstsein kommunizieren und neue Vernetzungen aktivieren kann.

*

Suggestionen sind nicht direkt zielgerichtet und niemals verneinend. Will man etwa mit dem Rauchen aufhören, macht es keinen Sinn, sich den Befehl »Hallo, Unterbewusstsein, ich will gefälligst nicht mehr rauchen« suggerieren zu wollen. Diese Suggestion beinhaltet eine verneinende Formulierung und keine bildhafte Vorstellung. Und überdies formuliert sie nicht das positive Ziel, sich ganz wohl, stark und gesund zu fühlen. Mit ungeeigneten Suggestionsformeln fühlt sich das Unterbewusstsein nicht angesprochen, und darum wird auch nichts passieren. Gebe ich dem Unterbewusstsein jedoch Bilder von einem wunderschönen Spaziergang in frischer Luft, sage, wie wahnsinnig gut diese Luft riecht, und wie schön es ist, wenn sich die Lungen mit dieser reinen Luft füllen, wie dadurch neue Energien frei gemacht werden – dann hat man sein Innerstes positiv auf die gute Luft eingestellt. Das Unterbewusstsein wird anschließend verstärkt an die Wirkungen einer guten Luft erinnert, bis es mit schlechter Luft, mit Zigarettenrauch in den Lungen, nichts mehr anfangen kann.

Die schlechte Luft löst sich irgendwann im wahrsten Sinne des Wortes in Luft auf. Sie weckt weder positive noch negative Gefühle, das heißt, der Zigarettenrauch existiert für einen selbst nicht mehr. Würde das Unterbewusstsein gegen etwas ankämpfen, würde dieses Etwas ständig thematisiert werden. Unser Unterbewusstsein funktioniert aber nicht nach diesem Prinzip, es kämpft nie gegen etwas, sondern versucht stets für das zu sorgen, was uns gut tut.

Eine solche fehlgeleitete Suggestion wäre beispielsweise der Versuch, Aversionen zu erzeugen, etwa mit der Formel: »Bei jeder Zigarette wird dir schlecht.« Früher wurde in der Hypnose häufig mit solchen Formeln gearbeitet, da durchaus mit Aversionen belegte Suggestionen kurzzeitig wirken können. Auf Jahre gesehen erreicht man mit solchen Zwängen jedoch nichts. Man benutzt diese Technik des überdeckenden posthypnotischen Befehls nur noch, um eine extreme Sucht kurzfristig zu blockieren, bis die positiven Suggestionen anfangen zu greifen. Es dauert ein wenig, bis solche Imaginationen wie die eines Spaziergangs in der frischen Luft wirken, aber wenn sie wirken, dann tun sie dies auch langfristig: Bei dem Bild des Spaziergangs wird das Rauchen nicht im Geringsten angesprochen, aber wenn das nächste Mal der Zigarettenqualm wieder in die Lunge gelangt, spürt man, dies hier ist keine frische Luft – und von der eigenen innersten Überzeugung her will man die Zigarette nicht mehr haben. Man hält sich also nicht an ein Verbot, sondern tut etwas, was man selbst will.

Ich gehe bei solchen Suggestionen individuell auf den Menschen ein. Dazu muss ich herausfinden, welche Bilder am besten wirken und in welche Richtung man mit den Zusatzbildern gehen muss. Doch bei sämtlichen früheren Kettenrauchern tauchen euphorische Gefühle auf, wenn sie spüren, dass es in ihrem Körper wieder sauber und frisch fließt.

Meist biete ich bei den Suggestionen, die ich gebe, dem Unterbewusstsein ein Menü an Bildern und Imaginationen an. Vielfach spüre ich dann, bei welchen Bildern es beim Patienten »klick« macht, bei welchen Imaginationen sich ihr Unterbewusstsein am liebsten ankoppelt. Wenn man hier nicht sehr feinfühlig vorgeht, kann vieles schief gehen. Das Entspannungsbild vom weißen Palmenstrand mit sanft rauschendem Meer kann zum Beispiel für jemanden ein Horror sein, der an einem solchen einsamen Strand vielleicht vor Jahren überfallen wurde. Also darf ich bei diesem Menschen in der Hypnosesitzung die »heitere Gelassenheit« nicht mit dem Bild eines Traumstrands verbinden, hier werde ich vielleicht eher das Bild der kleinen, flauschigen Daunenfeder nehmen.

Die Suggestionen sollen sich auf das Ziel zubewegen, das erreicht werden soll. Allerdings müssen diese visionären Bilder überhaupt nicht realitätskonform sein, Vorstellungen haben keine Begrenzungen. Dennoch sollte man die Bilder so gestalten, dass sie wirken. Ein Beispiel: Es geht um eine Suggestion, bei der man sich ein halbes Jahr später in wesentlich besseren Umständen als jetzt sieht. Projiziere ich die dabei vorgestellten Bilder auf einen Computerbildschirm, hat dieses Vorgehen etwas Banales an sich. Stelle ich die Zukunftsbilder aber in eine Kristallkugel, wie Wahrsager sie benutzen, dann produziere ich ein ganz anderes Ambiente, eines, das ein wenig mit der Magie spielt. Dadurch entstehen wiederum neue Empfindungen. Suggestionen wirken nur, wenn das Unterbewusstsein über das Bild hinaus mit einer dazugehörenden Empfindung, einem Gefühl angesprochen wird. Das zu wissen ist ganz wichtig.

Die Bilder und die dabei entstehenden Empfindungen müssen der Welt des Patienten entsprechen. Sind Suggestionen nicht optimal auf den Klienten eingestellt, wäre das meiner Ansicht nach schon eine Form der Manipulation, falls sie nicht schon ohnehin völlig unwirksam sind. Wer in seinem Leben noch nie einen Tropfen Alkohol getrunken hat, dem kann ich nicht suggerieren, das Glas Wasser, das ich ihm reiche, sei Schnaps und er werde gleich alle Anzeichen eines Betrunkenen aufweisen. Auch bei einer Bühnenhypnose würde das nicht funktionieren. Meine Patienten erhalten Suggestionen gemäß ihrer eigenen Vorstellungswelt.

Dabei hat ein Therapeut unbedingt im Hintergrund zu bleiben. Ich hatte stets meine Probleme mit den Hackethals, Köhnlechners und Freitags dieser Welt, weil sie für meine Begriffe viel zu viel Wind um ihre Person machten, viel zu eitel, selbstverliebt und dadurch dominant und dozierend waren. Nach meinen ersten Erfolgen war ich auch in Gefahr, ich will das gar nicht abstreiten, eher nach Bewunderung für mich als nach dem Gewinn für den Patienten zu trachten. Es ist eine durchaus nachvollziehbare Reaktion, man freut sich über das Gelungene und findet sich selbst schließlich richtig toll. Ich habe dann daran gearbeitet, mich zurückzuneh-

men, habe rechtzeitig die Bremse gezogen. So brüste ich mich nicht mit der Behauptung, den Patienten den Weg zu zeigen. Nur so verhindere ich eine Abhängigkeit des Patienten von mir.
Als Hypnosetherapeut bin ich nur ein geschickter Trainer, der Macher seines Lebens ist und bleibt der Patient selbst. Mein Job besteht nicht darin, einen Menschen zu ändern, in sein Leben eingreifen zu wollen, mein Job ist es, für die Kräfte des Patienten den richtigen Zündfunken zu finden.
Als ich monatelang in tibetischen Klöstern in mentalen Übungen geschult wurde, machte man mir dort auch klar, dass die Kraft in mir selbst entstehen müsse. Die Mönche zeigten mir nur, wie es geht; was geht, zeigt man sich selbst. Und was dabei geht, das ist enorm. In Tibet schaffte ich es, mit Wärme-Suggestionen zwanzig Minuten in Eisbächen zu sitzen, und als man mir in Hypnose eine kalte Münze auf die Haut legte, bekam ich bei der Suggestion, sie sei glühend heiß, eine Brandblase. So erstaunlich das klingen mag, im Prinzip ist es nichts anderes, als wenn man im Autogenen Training mit den Kräften der Imagination seine Arme schwer und warm werden lässt und sogar sein Herz, immerhin ein unwillkürlicher Muskel, den man nicht bewusst an- oder entspannen kann wie etwa den Bizeps, merklich langsamer schlagen lassen kann.
Oder denken Sie an ganz einfache Dinge: Sie gehen eine Straße entlang, kommen an einem Restaurant vorbei, aus dem es köstlich nach einem Braten duftet – unwillkürlich läuft ihnen das Wasser im Munde zusammen. Unwillkürlich heißt nichts anderes, als dass der Duft die Vorstellung einer herrlichen Speise ans Unterbewusstsein weitergibt, das dazu entsprechend angenehme Programmierungen und Vernetzungen gespeichert hat. Dieses Programm wird mit dem Reflex – Speichel im Mund – ausgelöst. Wären Sie vor Jahren in einem Lokal, in dem es nach einem herrlichen Braten gerochen hatte, brutal zusammengeschlagen worden, Ihre körperliche Reaktion wäre eine ganz andere, weil das Unterbewusstsein

zu diesem Duft andere Vernetzungen gespeichert hätte. Allgemein gesagt: Vieles von dem, was wir tagtäglich erleben, wird auf direktem Weg an das Unterbewusstsein weitergeleitet und löst in uns entsprechende Reaktionen aus, bei denen der Intellekt keine Chance hat, irgendeine Rolle zu spielen, sich irgendwie einzumischen.

Auf Schützenfesten haben wir Kinder uns oft den Spaß gemacht, uns mit großen, saftigen Zitronen vor dem Bläserchor aufzubauen und herzhaft in diese Zitronen hineinzubeißen. Die Trompeter und Posaunisten konnten nicht mehr weiterspielen, so lief ihnen das Wasser im Munde zusammen. Merken Sie übrigens, wie Ihnen bei dieser Erzählung über saure und saftige Zitronen, in die man hineinbeißt, der Mund wässrig wird?

Wenn Vorstellungen also eine dermaßen große Kraft haben, sollte man vorsichtig sein, wenn man sagt, bei Suggestionen stelle man sich ja alles »nur« vor, nichts sei real. Noch ignoranter klingt in meinen Ohren der Satz, das sei doch alles nur ein Placebo-Effekt. Ist unser Leben nicht überhaupt eine einzige Vorstellung? Was ist wirklich real? Können wir das so eindeutig beantworten? Ein Beispiel: Zwei deutsche Urlaubspaare gehen auf Mallorca täglich von ihrem Hotel aus an den Strand. Beide Paare sonnen sich in den gleichen blauen Hotel-Liegestühlen, sie haben den gleichen Ausblick von ihrem Hotelzimmer, essen von demselben Buffet. Zurück in Deutschland, erzählt das eine Paar, wie wunderbar der Urlaub gewesen sei, wie herrlich der feinsandige Strand, die ganze Zeit schien die Sonne, ruhig sei es gewesen, um einen herum lauter angenehme Leute, die Bücher lasen und nicht aufdringlich waren. Das andere Paar jedoch berichtet, der feine Sand hätte im Fotoapparat wie auch in den Zähnen geknirscht, viel zu oft wären am Himmel Wolken aufgezogen und die Höflichkeit der Hotelangestellten sei schrecklich aufgesetzt gewesen. Jedes Paar hat die reale Welt mit seinen eigenen Imaginationen verbunden. Darum ist die Welt nicht nur so, wie sie tatsächlich ist, sondern auch immer dergestalt, wie wir sie spüren, empfinden, wahrnehmen und begreifen.

Wenn die entscheidende Realität in unserem Leben aber die Vorstellungen sind, dann ist es nur schlüssig, wenn wir problematische Lebenssituationen mit guten Imaginationen belegen. Bei kleinen Problemen reicht es aus, im eigenen Innern auch nur einen begrenzten positiven Sprengsatz zu zünden. Das ist mit einfachen Suggestionen in wenigen Sitzungen geleistet. Ist das Problem jedoch komplexer und manifester, muss ich, was die Suggestionen angeht, sozusagen als Hypnose-Sprengmeister eine etwas kompliziertere Zündschnur legen, bis es zur Initialzündung kommt. Das dauert dann nicht nur zwei Wochen, sondern vielleicht Monate. Die individuelle Suggestion ist also ein wichtiger Schlüssel für den Erfolg einer Hypnosetherapie.

Zur richtigen Suggestion gehört aber noch etwas: Ich muss als Therapeut zum Patienten eine Art energetische Verbindung aufbauen. Keine Angst, mit Esoterik hat das nichts zu tun. Wir brauchen jedoch für eine gute menschliche Kommunikation unsichtbare Bande. Wer sie herzustellen vermag, besitzt Ausstrahlung und Charisma, wer diese Fähigkeit nicht beherrscht, muss erfahren, dass die Raumtemperatur fällt, sobald er durch die Tür tritt – wenn er Glück hat, merken es nur die anderen. In der Hypnosetherapie muss diese Bindung besonders stark ausgeprägt sein. Patienten, bei denen ich das Gefühl habe, dass ich mit ihnen dieses Band nicht knüpfen kann, sage ich ehrlich, dass ich mit ihnen die Therapie nicht fortsetzen könne. Und dieses Band ist auch der Grund dafür, warum ich an manchen Tagen dreimal Hemd und Unterhemd wechseln muss – die energetische Konzentration auf den Patienten ist mithin äußerst anstrengend.

Aber nur so gelingt es dem Patienten, seine heilsamen Veränderungen als Eigenleistung zu begreifen. Nur so schafft es das Unterbewusstsein, die neuen Vernetzungen dauerhaft zu installieren. Dem Verstand bleibt die Aufgabe, sie nachzuvollziehen.

*

Beschreibungen von Suggestionstechniken gibt es viele, sie alle haben ihre Namen und sind in Schubladen geordnet. Manche Therapeuten arbeiten mit vorgefertigten Suggestionsmethoden, dann aber kann die Hypnose kaum eine größere Wirkung entfalten, man bleibt in einem Basisbereich. Lebensnahe Bilder, die auch als Urbilder zu verstehen sind, haben die stärkste Kraft. Argumentationen, die über den Verstand ablaufen, die geringste. Was bewirkt es, wenn ich einem Drogensüchtigen sage: »Junge, sieh es doch ein, die Drogen machen dich kaputt«? Was bewirkt es, wenn ein verärgerter Vater seiner achtzehnjährigen Tochter, die sich in einen vierzig Jahre älteren Mann verliebt hat, zu verstehen gibt: »Mädel, versteh doch, das kann doch nichts werden mit euch«? Nichts bewirkt es.

Suggestionen jedoch evozieren unglaublich viel. Schon immer haben Menschen die Kraft der Bilder eingesetzt. Indianer ritzten mystische Bilder in Felsblöcke, und unsere europäischen Vorfahren schufen faszinierende Höhlenmalereien. Der Mensch begann schon früh, die oft banalen Vorgänge, die er im Alltag sah, mit Vorstellungen zu verknüpfen, um Ziele zu erreichen und vielleicht sogar Visionen zu verwirklichen. In diesem Sinne waren unsere Vorfahren manchem mit psychischen Problemen voll gestopften modernen Menschen weit voraus.

In vielen Büchern wurde schon der Versuch unternommen, die Hypnose zu erklären. Wie tatsächlich ihre Wirkweise ausgerichtet ist, kann letztlich noch niemand genau sagen. Inzwischen ist offenkundig geworden, dass auf den Ebenen unterhalb des totalen Wachzustandes ein ganzes Geflecht an Kommunikationswegen zusammenwirkt. Wichtig für mich ist nur, dass sie wirkt. Man hat mit den Suggestionen ein hervorragendes Instrument an der Hand, den Menschen endlich wieder zu sich selbst zu führen. Und damit ist man schon auf der Hauptstraße, um zahlreiche Probleme zu lösen.

Sich wieder wohl zu fühlen, das ist der wichtigste Schritt für den Klienten. Also gehen wir in den Sitzungen an einen für ihn idealen Wohlfühlort: Omas Sofa oder die sonnenbeschienene Bank. Ich mache Vorschläge, bis der Patient dort ist, wo er sich wohl fühlt – und Sicherheit empfindet.

Nun gehe ich an die Ängste. Fast jedes psychische Problem hängt intensiv mit Ängsten zusammen. Ebenso wie Vermeidungshaltungen bei Rücken- oder Gelenkschmerzen zu einer Vergrößerung der Schwierigkeiten führen, bedingt die Verdrängungshaltung bei Ängsten eine Ausweitung des Problems – der Betroffene verliert irgendwann jegliche Strategie zur Lebensbewältigung und traut sich schließlich überhaupt nicht mehr aus dem Haus.

Also müssen wir uns die Ängste offen ansehen. Das ist jetzt ja auch möglich, denn der Klient befindet sich an einem geborgenen Wohlfühlplatz. Da lasse ich nun das, was ihm Angst macht, an ihm vorüberziehen, etwa in Gestalt eines Bären oder eines Wildschweins. Bei Kindern schleicht der Räuber Hotzenplotz vorbei. Dabei sage ich dem Klienten ruhig und bestimmt: »Schau es dir an!« Es kann sein, dass sich der Klient unversehens doch bedroht fühlt, darum beobachte ich genau seine Atmung und ob es Bewegungen bei seinen Händen und Füßen gibt. Bei zu schrecklichen Gefühlen für den Patienten kann ich sofort reagieren, indem ich ihn frage: »Was siehst du?« Der Klient kann nun sagen, dass er Angst hat. »Wovor hast du Angst?«, frage ich ihn dann. Vielfach gibt der Klient daraufhin zu verstehen, er habe Angst, der Bär könne ihn beißen. »Schau ihn dir an, beißt er dich?« – »Nein«, erwidert der Patient und begreift über diesen bildhaften Weg sehr

schnell, dass seine Angst überflüssig ist. Hin und wieder kommt es vor, dass ich doch die Antwort erhalte: »Ja, er will mich beißen.« Ich rate dann meinem Klienten: »Dann beiß zurück.«
Das Vorgehen klingt sehr einfach, kopfgesteuerten Menschen zu einfach. Wir sind heute im Gesundheitsbetrieb riesige medizinische Apparaturen gewohnt. Die meisten Menschen sind erst dann beeindruckt, wenn sie wegen eines Zipperleins in riesige Röhren geschoben werden, wo Lichter aufblitzen und ein Bildschirm wilde Kurven aufzeichnet. Bei politischen Reden reagieren wir auch nicht anders: viel Lärm um nichts. Aber es hat Eindruck gemacht.
Das Unterbewusstsein fällt jedoch auf Blendwerk nicht herein. Zwar ist es über einfache, bildhafte, dem Verstand fast naiv erscheinende Sätze ansprechbar, das sollte aber nicht dazu verleiten, zu glauben, dass die Abläufe in ihm insgesamt primitiv sind. Das, was in solchen Hypnosesitzungen über die Imaginationen passiert, ist eine Kommunikation, die wie über ein großes Delta die Seele des Menschen an vielen Punkten erreicht. Es ist aber gar nicht wichtig, dies genauer zu verstehen, denn glücklicherweise läuft alles von selbst ab, wenn man es erst einmal geschafft hat, das Unterbewusstsein auf die richtige Weise anzusprechen. Viel wichtiger ist, dorthin zu gelangen, wo die Angst oder die drückende Last sitzt. Erst dann kann man mit der so einfach wirkenden Formel »Beiß zurück« arbeiten oder bei einer schweren Last sagen: »Gib's weg.« Erst dann docken Suggestionen an.
Nebenbei bemerkt: Alles Komplizierte beruht auf einfachsten Prinzipien. Auch ein Meisterkoch ist nicht deshalb besser, weil er fünfmal so viele Zutaten für seinen Braten verwendet als andere Köche.
Die Patienten sind nach solchen Sitzungen vielfach erschöpft, glücklich erschöpft, völlig entspannt und »wieder ein gutes Stück weitergekommen«, wie sie oft zufrieden sagen. Ich bin in den meisten Fällen erschöpfter als die Patienten.

Ich vollbringe keine Wunder, das betone ich immer wieder. Nicht ich ändere das Leben meiner Klienten, sondern sie tun es selbst, mit meiner Hilfe. Ich hatte ganz hervorragende Lehrer – als früherer Flieger sage ich gerne auch Einweiser – und lernte durch sie, meine natürlichen Instinkte wiederzubeleben. Ich habe mir in meiner Zeit, als ich durch Brasilien und Tibet reiste und unzählige Lehrer, Schamanen, Heiler und Priester besuchte, manches von dem zurückgeholt, was uns in den modernen Gesellschaften abhanden gekommen ist.

Hypnose – dem Klienten ein paar beruhigende Formeln zubrummeln und dann das Geld abkassieren? Wenn es so einfach wäre!

5 Unfälle und Krankheiten können Signale sein

Ärzte diagnostizieren heute ganz anders als früher – sie wenden für die Diagnose nur noch wenig Zeit auf und zudem haben sie sich auf die Symptomatik von Organen konzentriert. Vor fünfzig Jahren fuhr der Arzt noch zum Hausbesuch, wenn Elfriede Schmidt wegen starker Magenschmerzen gerufen hatte. Der Arzt kannte ihr Umfeld und ihre Vorgeschichte, wusste, dass ihr Mann trank und sie öfter schlug, und erfasste schnell, dass Frau Schmidt mal wieder die Verzweiflung über das Verhalten ihres Mannes auf den Magen geschlagen war. Der Arzt sagte als anerkannte Autorität zu Herrn Schmidt: »Nun ist Schluss mit Saufen und Schlagen« – und dieses Machtwort war für Frau Schmidts Gesundheit sicher besser als irgendein Medikament.

Heute kennen die meisten Ärzte das Lebensumfeld ihrer Patienten kaum noch, verschreiben dafür aber umso eher Arzneien. Die Hypnosetherapie unterscheidet sich hier grundlegend: In ihr gibt es keine Medikamente. Hypnose kann man nicht einfach wie eine Tablette einnehmen. Sie muss, will sie Erfolg haben, dem Problem auf den Grund gehen.

Die Psychotherapie, ebenso wie die Psychoanalyse, will dies auch. Wir Hypnosetherapeuten setzen uns aber von den Psychotherapeuten und vor allem von den Psychoanalytikern schon dadurch ab, dass wir meinen, einem Patienten ist nur dann wirklich geholfen, wenn ihm möglichst rasch beigestanden wird. Bei praktisch allen Indikationen, das wage ich durchaus zu sagen, ist die Hypnose schlichtweg schneller erfolgreich. Das heißt, in der Hypnose wird nicht lange über die Bedeutung der Vergangenheit sinniert. Nicht das *Warum* ist in der Hypnose wichtig, sondern das *Wieso*. Meiner Meinung nach hilft es nicht viel weiter, endlos tief in die Vergangenheit des Patienten abzudriften und diese völlig zu zerlegen. Manchmal bringt man mit diesem Tun Jahre zu, besonders in der Psychoanalyse, nicht selten ohne das Problem des Patienten zu lösen. Insofern muss Ursachenforschung in meiner Arbeit auch Grenzen haben.

Wenn ein Auto stottert und schließlich liegen bleibt, reicht es, zu klären, ob die Zündkabel defekt sind, ob die Benzinpumpe nicht richtig arbeitet oder ob die Zündkerzen hinüber sind. Wenn ich dann herausfinde, dass die Zündkerzen fehlerhaft sind, weiß ich, *wieso* das Auto nicht mehr richtig lief. Ich wechsle die Zündkerzen aus und alles ist wieder in Ordnung. Ich muss doch nicht weiter klären, *warum* die Zündkerzen diesmal nur dreitausend und nicht vierzigtausend Kilometer gehalten haben. Und wenn ich auch noch herausbekomme, dass bei meinem neuen Automodell Zündkerzen grundsätzlich nicht lange halten, muss ich auch nicht weiter nachforschen, warum die Ingenieure dieser Autofirma das Zündkerzenproblem nicht besser gelöst haben – all diese Fragen nach der Ursache der Ursache bringen einen nicht wirklich weiter. Anstatt nun lang und breit mit dem Werkstattmeister und dem Zündkerzenhersteller über die letzten Fragen in Sachen Zündkerzen zu diskutieren, lasse ich lieber die als defekt erkannten Zündkerzen flott auswechseln – und kann umgehend weiterfahren.

Das heißt: Ursachenforschung ist wichtig, aber Ursachengrübeleien sind sinnlos. Wenn einem Menschen im Leben ganz bestimmte, scheinbar negative Dinge zustoßen, vielleicht sogar mehrere in einem kurzen Zeitraum, hat es wenig Sinn, ins Jammern zu verfallen. Übertragen auf die Hypnosetherapie bedeutet dies: Bei ihrem

Beginn muss der ungeschminkte Ist-Zustand erkannt werden, damit die Therapie wirklich Sinn macht, und es muss erforscht werden, ob einige Dinge, die dem Patienten zugestoßen sind, nicht letztlich von ihm selbst ausgelöst wurden. In solchen Fällen kann manches, was passiert ist, als Signal verstanden werden, etwa so: Warum habe ich mir den linken Arm gebrochen? Weil ich beim Apfelpflücken von der Leiter gefallen bin. Wieso bin ich von der Leiter gefallen? Weil ich wohl mein Leben ändern muss.
Nicht jedes Missgeschick, nicht jeder kleinere oder größere Unfall ist ein Signal. Es kann eines sein, aber genau das gilt es zu Anfang einer Therapie zu klären. Unfälle und Krankheiten sind oft nichts anderes als von unserem Unterbewusstsein initiierte Schutzfunktionen. Sie sind ein Zeichen dafür, dass der von uns eingeschlagene Weg falsch war. Und da wir selbst es versäumt haben, dies zu erkennen und mit entsprechenden Aktivitäten unser Leben zu ändern, übernahm das Unterbewusstsein für uns diese Aufgabe: Es zieht uns per Unfall oder Krankheit aus dem Verkehr, nimmt uns heraus aus der nicht wohltuenden Ist-Situation. Wer mit einem gebrochenen Bein drei Wochen im Krankenhaus liegt, kann nicht mehr im Büro gemobbt werden, und auch der bedrückenden Ehekrise zu Hause ist man erst einmal entflohen.
Die Ursache einer Krankheit oder eines Unfall kann auch der große Schrei nach Liebe, Zuwendung und Aufmerksamkeit sein. Für eine derartige Aufklärung ist Ursachenforschung durchaus sehr wichtig.
Sind wir nun in der Hypnosetherapie auf die unguten Strukturen der Ist-Situation gestoßen, können wir mit entsprechenden Suggestionen dem Unterbewusstsein dienlich sein, mit seinen Kräften unser Leben auf eine Weise ändern, die auf Unfälle oder Krankheiten verzichtet. Patienten, die mit ständigen Krankheiten so viel Erfolg haben, also dadurch enorm viel Aufmerksamkeit bekommen, dass sie sich nur ungern davon lösen, sind für mich als

Hypnosetherapeut eine harte Nuss. Hier müssen Suggestionen gesetzt werden, welche die alten Vernetzungen auflösen und den Weg für neue frei machen. Wenn jemand etwa mit seiner Depression »hausieren« geht, sie hegt und pflegt und strategisch einsetzt, muss ich – ohne endlos im Vergangenen zu grübeln und zu graben – die Vernetzungen erkennen, die zu der Depression geführt haben.
Man muss immer wieder sehen: Das Unterbewusstsein kann nur mit den Informationen arbeiten, die ihm zur Verfügung stehen. Darum ist ja unsere Kommunikation mit ihm so wichtig.

6 Fälle aus meiner Praxis: Frauen unter Druck

Man sagt gerne, Frauen würden intuitiv und emotional handeln, Männer dagegen den Verstand in den Vordergrund stellen. Das mag teilweise stimmen, sollte jedoch nicht zu der irrtümlichen Annahme verleiten, dass Männer es »schlechter« machen im Leben als Frauen, weil sie zu weit weg vom »Bauchdenken« sind, und dass Frauen dagegen von Natur aus ganz unbefangen mit den Kräften des Unterbewusstseins arbeiten. Selbst wenn es so wäre, bleibt immer noch die Frage, *wie* mit diesen Kräften gearbeitet wird: Was fehlerhafte Vernetzungen im Unterbewusstsein anrichten können, habe ich ja mehrmals deutlich aufgezeigt.
Im Folgenden schildere ich Ihnen drei Fallgeschichten von Frauen aus meiner Praxis. An ihnen können Sie erkennen, wie verschieden Probleme entstehen und sich ausgestalten. Aber sämtliche Fälle haben eines gemeinsam: Sie zeigen, unter welchen extremen Druck Frauen geraten können, wenn ihr Unterbewusstsein nicht nur von eigenen, sondern auch von fremden Einflüssen bestimmt wird.

Fall 1: Eine Lady soll nicht mehr »funktionieren«

Mistress Francis Donagan, eine Dame englischer Herkunft, geht auf die sechzig zu. Sie ist eine äußerst gepflegte und kultivierte Erscheinung. Aus gutem Hause stammend, bestens erzogen, wusste

sie immer um den hohen gesellschaftlichen Wert von Contenance und aufopfernder Pflichterfüllung. Stets hat sie in ihrem Leben mit einer geradezu selbstverständlichen Bereitschaft die eigenen Wünsche in den Hintergrund gestellt, stets war sie für andere da. Mrs. Donagan gehört zu den Menschen, für die korrekte Haltung ein Werkzeug der idealen Lebensbewältigung ist, ein Gerüst, ohne das alles zusammenfällt. Sie hätte beim Untergang der Titanic eine Frau sein können, die, während das Schiff bereits in Schräglage ist, im Salon mit Blick nach draußen auf den Eisberg zum Ober haucht: »James, ich hatte zwar Eis zu meinem Saft bestellt, aber so viel nun auch wieder nicht.« Selbst in diesem lebensbedrohlichen Moment wäre die Welt für sie in Ordnung geblieben, wenn sie ihren ureigenen Wunsch nach Überleben zurückgestellt hätte. Die anderen Passagiere hätten in ihren Augen ein größeres Vorrecht gehabt, sich in die Rettungsboote zu drängeln. Nebenbei bemerkt: Nach einem ähnlichen Lebensgerüst, das ein Dasein in eigenen Schuhen verhindert, leben heute viele Teenies. Sie unterjochen sich dem Zwang, immer supercool sein zu müssen.
Bei Francis Donogan hat sich das ihrem Selbst eigentlich fremde Korsett schon über Jahrzehnte im Unterbewusstsein ausgebreitet. Ihr eigenes Ich hatte dadurch keine Chance, sich zu verwirklichen. In der Folge führte das zu Verwerfungen in den Strukturen des Unterbewusstseins, die ich, als Mrs. Donagan dann zu mir in die Praxis kam, mühsam Sitzung für Sitzung mit ihr zusammen »reparieren« musste. Nach knapp drei Monaten und einunddreißig Hypnosesitzungen hatte sie beim Hereinkommen in mein Behandlungszimmer noch immer einen Blick, der nirgendwo richtig Halt zu finden schien. Vielleicht traute sie sich auch gar nicht, da draußen, außerhalb ihres Körpers, spazieren zu gehen, wie es sich für Augen-Blicke doch eigentlich gehört. Ein zweites, sofort erkennbares Symptom ihres Leidens war ihre Stimme. Sie klang geradezu herzzerreißend zerbrechlich und schwach – eigentlich war in ihr

überhaupt kein Klang mehr auszumachen, eher wurden die Worte mühsam, mit nur wenig Luft nach außen gestoßen. Meine Frau nahm die Dame behutsam und herzlich an den Händen und fragte sie, wie es ihr denn gehe. Francis Donagan sagte zitternd, sie sei froh, dass sie wieder eine Sitzung habe.
Nun, mit der schützenden Decke in meinem kleinen Therapieraum liegend, antwortete sie auf meine Frage, wie es ihr zu Hause gehe, mit den Worten: »Ich merke noch nichts.« Ich spürte, sie würde am liebsten nur noch weinen, würde sich das aber nie gestatten. Francis Donogan ist der typische und inzwischen nicht mehr seltene Fall eines Menschen, der wie aus dem Nichts von einem vollen Leben in eine psychische Ausnahmesituation geraten war. Ohne Erfolg war sie psychiatrisch durchgemangelt worden, nun war sie bei mir als vollkommen erschöpfte Seele gelandet.
Vor fünf Jahren hatte es bei ihr angefangen. Plötzlich litt sie unter heftigsten Panikattacken und Depressionen, die sie lähmten, als hätte sie Schlangengift im Körper. Später kamen permanente Bauchschmerzen dazu. Ein Nervenarzt verschrieb ihre schwere Medikamente, die auch für einige Monate die Symptome kurierten, dann brachen die inneren Höllenqualen jedoch wieder aus. Ein Psychotherapeut wurde hinzugezogen, er fand jedoch keine Ursachen für die massive Depression. Es folgten sechs Wochen stationärer Klinikaufenthalt mit vielen Therapien und Valium. »Anschließend«, berichtete mir Frau Donagan mit kaum hörbarer Stimme, »ging es mir zwei Monate lang besser, dann aber kam der Winter und alles wurde viel schlimmer. Ich lag nur noch auf dem Sofa.«
Im darauf folgenden April erlitt sie einen kleinen Schlaganfall und kam in die Klinik. »Und plötzlich waren alle Depressionen weg. Ich las, ich lachte wieder«, erzählte Francis Donogan. Dass sie kurz nach dem Schlaganfall einige Tage Besserung verspürte und auch keine Bauchschmerzen mehr hatte, war eine Folge der Tatsache, dass sie in dem Krankenhaus erstmals relaxen konnte.

Mit der ärztlichen Diagnose »Schlaganfall« konnte sie für die Zeit ihres Klinikaufenthalts die Verantwortung ablegen. Doch schon kurz danach kam wieder der zwanghafte Gedanke in ihr hoch, sie müsse hundertprozentig funktionieren. Aber durch den Schlaganfall war das nicht mehr möglich. Ihr in Jahrzehnten aufgebautes und überaus perfektioniertes Gleichgewicht war jetzt zerstört.
So kam es, dass, als sie wieder zu Hause war, die Angstattacken und Depressionen mit voller Wucht losschlugen. Ihr Zustand wurde immer ernster. Frau Donogans Seelenleben war wie die Eisplatte eines kleinen Sees bei Tauwetter. Nichts mehr war in Ordnung, überall knackte es, nur noch absolutes Stillhalten konnte den großen Bruch ein wenig aufhalten. Schließlich riet ihr ein Therapeut zu einer Hypnosebehandlung.
Ich musste in den ersten Hypnosesitzungen mit Francis Donogan äußerst feinfühlig vorgehen. Die Seele dieser Klientin war extrem sensibel und schien gleichzeitig unentwirrbar verknotet. Ihr Körper war apathisch und doch gleichzeitig in Aufruhr, sie litt beständig unter heftigen Magenschmerzen, die bislang kein Arzt beseitigen konnte. Die rührten, so sah ich es, von einem total verkrampften Solarplexus her. Aber warum war dieser so versteinert? Schließlich fand ich nach etwa sechs Sitzungen heraus, dass Frau Donagan vor fünf Jahren durch ein kleines, scheinbar völlig unbedeutendes Erlebnis aus ihrer bis dahin ungemein geordneten Lebensbahn geworfen worden war. Meist ist es nur ein Tropfen, der das Fass zum Überlaufen bringt, und diesen zu finden, das ist manchmal knifflig.
Francis Donogan war damals nach Schanghai geflogen, wo ihr Ehemann seit einiger Zeit beruflich weilte und den sie nun besuchen wollte. Im Flugzeug befanden sich sehr viele Chinesen, die für ihr Empfinden äußerst unappetitlich aßen und auch sonst »sehr befremdlich« waren. So seltsam es erscheint, diese Beobachtung war nun der berühmte Tropfen. Ein »normaler« Mensch würde jetzt

vielleicht sagen: »Was, und das soll alles gewesen sein, das war der Auslöser für eine dermaßen schwere und lebensbedrohende Depression, für all diese Panikattacken?« Die Auslöser sind tatsächlich oft marginal. Worauf es ankommt, ist, was sich bis dahin in einem Menschen aufgestaut hat. Ich erkannte, dass Mrs. Donagan ihr Leben lang vollkommen korrekt funktionieren wollte und ihr dies auch bis zu diesem Zeitpunkt gelungen war. Und zwar in einer äußerst untadelig geordneten Umgebung, in der sie sich spiegeln und sich allen anderen Lebenseinflüssen entziehen konnte.
Dieses Gleichgewicht wurde mit dem für andere Menschen ziemlich unwichtigen Erlebnis schmatzender und rülpsender Chinesen in einem engen Flieger gestört. Es gab für Francis Donogan kein Entkommen aus der Situation, und zwar für viele Stunden. Sie fiel in das tiefe, dunkle Tal der Depression.
In den Sitzungen brachte ich ihr den Gedanken näher, sie müsse nicht funktionieren. In der entspannten Trance setzte ich zusammen mit ihr eine Liste weniger einfacher Aufgaben auf, die sie an einem Tag erfüllen sollte. Die kleinen häuslichen Aufgaben waren so formuliert, dass sie nicht auf ein Funktionieren abzielten, sie sollten sie nur in Bewegung bringen. Schon dieser erste Schritt strengte die sehr angeschlagene Francis Donogan unendlich an, vor allem seelisch. Jedes Mal kam sie anschließend mit einer Art seelischem Muskelkater als Folge ihres »Trainings« zu mir. In den weiteren Hypnosesitzungen verinnerlichte ihr Unterbewusstsein mit meiner Hilfe immer mehr, dass sie diese Aufgaben einfach nur macht, um sie zu erledigen, nicht, um sie als fehlerfrei in ihrem Kopf abhaken zu können.
Auf dem Flug nach Schanghai beging sie den »Fehler«, nicht vollständig zu funktionieren. Das war ihre Falle. Sie bekam plötzlich große Angst vor dem Befremdlichen um sie herum; sie hatte eine Situation nicht mehr im Griff. Dieses traumatische Erlebnis warf nun die gesamte Problematik der vergangenen Jahrzehnte ihres

Lebens auf. Im ersten Moment verdrängte sie es – wie gewöhnlich mit Disziplin –, aber innerlich nagte jetzt die permanente Angst an ihr, wieder versagen zu können.
Francis Donagan wuchs, wie man sich vorstellen kann, in einem Elternhaus auf, in dem korrekte Umgangsformen, mustergültige Abläufe, eine tadellose innere und äußere Haltung mehr zählten als Liebe und menschliche Wärme. Als ich sie fragte, ob die mampfenden Chinesen im Jet damals für sie etwas Bedrohliches an sich hatten, sagte sie nur: »Mich irritierten die schlechten Manieren.« Ihre eigene Befindlichkeit hatte sie zugunsten einer geschliffenen Ausdrucksweise, die die persönlichen Schwächen verdeckt, zurückgestellt.
Viele Menschen erlauben es sich am Anfang einer Hypnose nicht einmal, die angenehme Entspannung zu genießen. In solchen Fällen dauert die Therapie länger.
Mrs. Donogan ist heute schon ein ganzes Stück weiter gekommen; die Panikattacken sind weitgehend zurückgegangen und die Depressionen haben abgenommen. Aber ich werde noch einige Zeit mit ihr arbeiten müssen, bis auch sie es sich erlaubt, sie selbst zu sein. Richtig wohl wird sie sich erst dann fühlen, wenn in ihrem Unterbewusstsein der Satz verankert ist: »Erst ich, dann du, dann wir.«

Fall 2: Die Schöne und das innere Biest

Sylvia Raab ist eine äußerst gepflegte, blonde Frau um die dreißig. Modern, aber dezent gekleidet, perfekt geschminkt, schmale Hände mit festem Händedruck, kein Fussel auf dem schwarzen, taillenbetonten Jackett. Alles scheint zu stimmen. Eine Frau von bilderbuchmäßig aufrechter Haltung und kontrollierter Schönheit, kein Signal zu viel an die Außenwelt, man weiß, diese Frau kennt ihren Wert und ist stolz auf ihre Vernunft, die in einem edlen Körper wohnt. Solche Menschen sind vom Schöpfer bestens bedacht worden, oft aber haben sie ein Problem: In ihrem Stolz können sie sich keine Schwächen gestatten.

So dauerte es auch ziemlich lange, bis sich Sylvia Raab die Schwäche gestattete, mit ihrem Problem zu einem Hypnosetherapeuten zu gehen. Nun sitzt sie in meiner Praxis, diese Frau, bei der äußerlich alles stimmt, selbst das schnelle Cabrio vor der Tür ist frisch gewaschen. Doch innerlich ist die Schöne zerrissen. Sie steht zwischen zwei Männern: ihrem Ehemann – einem finanziell bestens bestallten Macho – und ihrem sanfteren und wesentlich älteren Liebhaber. Der Mann von Sylvia Raab hat übrigens selbst eine Fremdbeziehung und ist derzeit ausgezogen.

Sie hat noch den Mantel an und wie ein schön polierter Dampfkochtopf im Colani-Design hält sie ihren inneren Druck bestens unter Kontrolle. Fast trotzig kündigt sie an: »Ich bin ein Kopfmensch, ich lasse keine Gefühle zu.« Ich sage dazu gar nichts und biete ihr vor ihrer ersten Sitzung – sie hatte bislang nur ein längeres Vorgespräch – einen Tee an. Ich sehe sofort, ihre Seele hat sich über Jahre und Jahrzehnte ein unwohnliches Haus gebaut. In solchen Fällen gibt es nur zwei Möglichkeiten: Man reißt das Haus schnell ein, aber dann hat die Seele überhaupt keine Heimat mehr. Oder man schaut nach den Schwachstellen und baut das Haus um, relativ zügig, aber doch mit Bedacht.

Natürlich, die erste Sitzung enttäuscht Frau Raab. »Löööösen ... Löööööösen ...« Ich versuche wenigstens ansatzweise, sie in eine tiefere Entspannung zu bringen. Dabei registriere ich, an welchen Punkten heftige Blockaden einsetzen. Sylvia Raab sagt nach der Sitzung kritisierend und auch ein wenig triumphierend: »Ich war aber nie ganz weg.« Verständig lächle ich sie an: »Gut so, ich muss ja auch mit Ihnen kommunizieren.«

Ich erkläre ihr die Befindlichkeiten in der Hypnose, sage, dass es vierundzwanzig verschiedene Tiefenstufen gibt, vergleichbar mit den vierundzwanzig Stufen einer Tiefgarage: »Heute befanden wir uns auf dem Weg zum ersten, unteren Stockwerk.« Wenn ein Arm gebrochen ist, erkläre ich der ungeduldigen Frau weiter, werden die Knochen auch erst einmal richtig zueinander ausgerichtet, bevor der Heilungsprozess einsetzt.

Die attraktive, beherrschte Blonde gehört zu den Menschen, die sich immer Vorstellungen machen, wie die Dinge abzulaufen haben. Und wenn es dann anders läuft, haben sie ein Problem. Nach außen strotzt Sylvia Raab vor scheinbarem Selbstbewusstsein, aber es muss sie ungeheuer viel Energie kosten, die wehrhafte Fassade aufrechtzuerhalten.

Am übernächsten Tag erscheint sie, sichtlich nervös, zur zweiten Sitzung. Kaum dass sie auf dem Ruhesessel liegt, überfallen sie heftige Hustenanfälle. Bei der ersten Sitzung hatte sie davor und danach einen nervösen, verkrampften Husten, während der Sitzung jedoch überhaupt nicht – ein Zeichen dafür, dass sie sich entspannt hatte. Weil sie das aber vom Kopf her nicht zulassen wollte, kämpft das innere Biest der Schönen jetzt mit einem Wehrreflex: Sie muss mir etwas beweisen. Und ich soll ihr zeigen, wie ich mit ihrem störenden Hustenangriff fertig werde.

Auf dieses Machtspiel gehe ich in keiner Weise ein, stattdessen breche ich die Sitzung mit freundlichen Worten nach zehn Minuten ab. In solchen Situationen ist es besser, sich wie ein Judokämpfer zu verhalten – man weicht dem Angriff aus und lässt ihn ins Leere laufen. *Reculer pour mieux sauter*, zurückweichen, um dann besser nach vorne springen zu können, sagt eine alte französische Weisheit. In der Hypnose beruht ohnehin vieles auf Überraschungen. Sylvia Raab trank im Anschluss daran im Wohnzimmer bei meiner Frau noch einen Kaffee und sagte verwundert: »Seltsam, jetzt ist der Husten weg.« Ich erklärte ihr dazu nichts weiter, sie soll ihr Problem ja begreifen lernen.

Ich hätte den Hustenreiz ohne Probleme mit einem überdeckenden Verfahren, über einen hypnotischen Befehl, beseitigen können. Damit hätte ich ihr gezeigt, dass ich mit solchen »Provokationen« durchaus fertig werde. Aber in der Hypnose geht es nicht um einen Zweikampf, sondern darum, dem Patienten zu helfen. Die Therapie darf deshalb nicht überdeckend sein, sondern sie muss aufdeckend sein. Wir müssen an die Wurzeln der Probleme herankommen und wollen neue Strukturen im Innersten möglich machen, damit es dem Patienten besser geht.

Die Menschen, die mit psychischen Problemen zu mir kommen, sind meist erstaunt darüber, dass doch alles bislang ganz ordentlich lief, umso unbegreiflicher erscheint ihnen dann das jählings eintretende psychische Einknicken. So ist es auch bei Sylvia Raab. Sie hat extreme Ängste vor einem Kontrollverlust. Auch ihr Hustenanfall sollte nur ein Hineingleiten in den entspannten Alpha-Zustand verhindern. Ihrer Meinung nach kam sie mit ihrem System, das vom Willen und von Zwängen bestimmt war, doch gut zurecht, immerhin hatte sie damit viel erreicht. Doch dann verliebte sie sich in einen Mann, der fast doppelt so alt war wie sie selbst, der über weniger Geld verfügte als ihr Ehemann, aber ihr mit Liebe begegnete. Erstmals hatten sich Gefühle weitab von ihrem Verstand Bahn gebrochen. Das passte nicht in ihre verstandesmäßig kontrollierte Welt. Wie ein inneres Erdbeben erlebte Frau Raab ihren Kontrollverlust, er warf sie aus ihrem wohl geordneten System. Die Beziehung mit dem älteren Mann gefährdete zudem die äußerlich schön geordnete Ehe, denn ihr dadurch verletzter Ehemann nahm sich eine Geliebte. Es schien ihm die einzig mögliche Reaktion auf das Verhalten seiner Frau.

Plötzlich war da ein Chaos, bei dem nichts mehr so war wie noch kurz zuvor. Schutzlos musste sie sich der Wirklichkeit stellen, sie begegnete dem richtigen Leben. Einen intellektuell gepanzerten Menschen wie Sylvia Raab bringt man damit schnell ins Wanken.

Dass sie der Grund für das Fremdgehen ihres Mannes war, konnte sie nicht begreifen. Dass er es überhaupt tat, war für sie nicht nachvollziehbar.
In ihrer Not suchte sie bei mir eine neue Ordnung. Am liebsten hätte sie es, wenn ich wieder ihre alten, künstlichen Vernunfts- und Schutzwallmuster aufrichten würde. Dazu werde ich ihr aber nicht verhelfen; sich aufs Neue in einem selbst gebastelten Bild von vernunftmäßiger Ordnung einzurichten, das wäre fatal für die Frau. Ich werde ihr begreifbar machen, dass sie nicht glücklich wird, wenn sie in einer Rolle lebt, auch wenn diese noch so verlockend geordnet erscheint, sondern dass sie sich ausschließlich in ihrer eigenen Haut wohl fühlen kann. In falschen Schuhen zu gehen führt früher oder später zu schmerzenden Zehen.
Anfangs bäumte sich bei Frau Raab alles auf, sie wollte ja eigentlich nur eine Reparatur ihrer Ordnung. Unbewusst erkannte sie schon in der ersten Sitzung, dass da etwas ganz Neues, Elementares auf sie zukommen würde. Sie fing an innerlich zu reflektieren, warum ihr Versuch, sich mit Hustenanfällen und Ähnlichem zu wehren, ihr selbst nicht gut tat. Und es gelang ihr: In den folgenden Sitzungen konnte sie es zulassen, in eine Tiefenentspannung hinabzugleiten. Ohne zu husten!
Eine Hypnosetherapie ist auch immer Erkenntnis.

Fall 3: Eine alte Dame unter Panikattacken

Es war eine späte Liebe, als Anne Till mit Mitte fünfzig noch einmal einen Lebenspartner fand, mit dem sie den Rest ihres Lebens verbringen wollte. Vor sechs Jahren, als sie siebzig war, erlitt ihr Mann einen schweren Hirnschlag und lebte noch weitere anderthalb Jahre – er war in dieser Zeit, die ihm verblieb, aber nicht mehr der Mann, der er früher war. Frau Till verkraftete die Situation nicht, ein Gemisch aus Trauer, Verlust und Schuldgefühlen setzte sie unter Druck: Sechs Wochen nach dem Hirnschlag ihres Mannes fingen bei ihr Panikattacken an. Sie wurden schnell schlimmer, überfielen sie alle drei Stunden, machten sie fast lebensunfähig. Ständig bangend und zitternd quälte sich die alte Dame durch die Tage, fühlte sich als Gejagte ihres infernalischen Herzrasens und erlebte das Leben nur noch als eine einzige Anstrengung; ihr Mann lebte, nicht mehr ansprechbar, in einem Pflegeheim. Ein Nervenarzt gab ihr Spritzen, die einige Monate halfen, dann aber waren die Attacken wieder da und damit die Angst – die Angst vor weiteren Attacken, wie auch die Angst vor den Nebenwirkungen der Arzneimittel.

Die folgenden Jahre waren durch tägliche Panikattacken gekennzeichnet, manchmal hatte sie vier Anfälle an einem einzigen Tag, unterbrochen durch kurze Zeiten, in denen sie unter Spritzen und Arzneimitteln stand, die sie hasste. Eine extreme Verstopfung war nur eine der sehr unangenehmen Nebenwirkungen der Medikamente, die sie für ihren Bluthochdruck einnahm. Zweimal befand sie sich für jeweils zwei Wochen in einer auf Störungen des vegetativen Nervensystems spezialisierten Klinik. Nichts half ihr wirklich, sie fühlte sich am Ende, hatte jeden Tag Angst vor der Nacht und am Morgen Angst vor dem kommenden Tag.

Seit zwei Monaten kommt Anne Till zweimal in der Woche zu mir in die Hypnosetherapie. Noch heute spricht sie leise und ist immer nah am Wasser. Als sie das erste Mal bei mir erschien, sagte sie unter Tränen: »Ich komme aus Verzweiflung.« Obwohl Frau Till nicht daran glauben wollte, weil sie an überhaupt nichts mehr glauben konnte, und obwohl es besonders schwierig ist, einen Menschen mit Panikattacken überhaupt erst einmal in eine entspannte Trancesituation zu bringen, schlug die Hypnose bei ihr erstaunlich gut an. Schon nach ein paar Wochen bekam sie nur noch zweimal am Tag Ansätze von Panikattacken, auch sank ihr Blutdruck und

sie konnte ihre entsprechenden Arzneipräparate reduzieren. Heute sagt sie, sie sei unternehmungslustiger geworden und mache endlich wieder Kurzreisen, auch könne sie wieder lachen.
Mit älteren Patienten gehe ich grundsätzlich anders um als mit jungen. Sie haben viel mehr Lebenserfahrung, aber auch sehr fest gefügte Lebensprojektionen. Ich muss sehr genau schauen, wo sie eine Bereitschaft zeigen, die Hypnose auch anzunehmen. Bei Frau Till dauerte das ein wenig, sie ist sehr spröde. Als ich sagte, sie sei sicher im Leben oft verletzt worden, meinte sie: »Na ja, sagen wir mal, ich bin durch'n Scheuersack gegangen.« Will sagen: Frau Till bekam ihr Leben lang zu wenig Zuwendung und war als Kind darauf gedrillt worden, unter allen Umständen zu funktionieren. Noch spricht sie sehr verhalten, steht nach der Sitzung sofort auf, legt die Decke zusammen, streicht ihren Rock glatt und verlässt sofort meine Praxis – andere Patienten nehmen dagegen gern das Angebot meiner Frau an, noch eine Tasse Kaffee zu trinken. Frau Till kann nur in kleinsten Schritten nach außen zulassen, dass es ihr längst besser geht. Ich muss hier behutsam vorgehen, die Lebenskraft muss in ihr erst wachsen.
Frau Till gehört zu den Menschen, bei denen ich als Ziel den »Schildkröten-Effekt« anstrebe. Ich möchte, dass ihr Kopf, der wie bei einer Schildkröte im Panzer steckt, der tief zwischen den Schultern eingezogen ist, wieder angstfrei aus dem Panzer hervorkommt. Und zwar so weit, dass man endlich wieder den ganzen Hals sieht.

7
Über sieben Monate in Tibet: Die Lamas führen mich in ungeahnte Welten

Nun war ich in Tibet. Die Männer, die mich zu diesem verlassenen Ort gebracht hatten, redeten mit ihren Landsleuten, die mit ihren drei Yaks anscheinend schon eine Weile auf mich gewartet hatten. Unser Gepäck wurde auf die Tiere geladen, unter anderem mein Rucksack aus modernstem wasserdichtem Gewebe – er schien mich anzublicken wie ein letzter Gruß aus der Zivilisation. Dieser hatte ich mit meiner illegalen Grenzüberschreitung ins chinesisch besetzte Tibet abrupt den Rücken gekehrt. Von Supermärkten und nächtlichen Lichtermeeren keine Spur mehr.

Ein sanfter Wind strich über die Hochfläche, auf der wir standen und von der aus man weit blicken konnte, geradezu ins Nichts. Endlos und menschenleer schien hier alles zu sein; nur die gewaltigen Berge, die am Horizont tiefblau und weiß leuchteten, wirkten wie eine Aufforderung, nicht stehen zu bleiben. Jetzt spürte ich doch eine gewisse Aufregung und Vorfreude auf eine Welt, die ich nicht kannte, und gleichzeitig war mir mulmig zumute, da alles so fremd wirkte. Aber die Tibeter schauten mich freundlich an, sie wichen meinem Blick nicht aus. Nach kurzer Zeit hatte sich meine innere Unruhe gelegt.

Wir verabschiedeten uns von den Männern, die mich zu diesem Ort gebracht hatten, anschließend setzten wir uns in Bewegung. Nach fünf Stunden kamen wir zu einem kleinen Kloster, das auf einem Plateau mitten in der kargen Landschaft stand. Es war das erste

Kloster, das ich auf meiner Reise zu Gesicht bekam. In diesem lebten ungefähr fünfunddreißig Mönche in totaler Abgeschiedenheit. Ich würde in Tibet nur Klöster und einsame Landschaften sehen, sonst nichts, hatten die Exil-Tibeter mir in Sialkot gesagt und mich dabei fragend angeschaut. Aber gerade das wollte ich ja, Klöster kennen lernen und die mentalen Techniken, die die Mönche praktizierten. Meine Reise sollte ja kein Urlaub werden. Schließlich gab man mir zu verstehen, als man von der Ernsthaftigkeit meines Projekts überzeugt war, dass ich als Gast willkommen sei und als Novize anfangen könne.

Ich fühlte mich, als sei ich auf einem anderen Planeten gelandet. Dabei hatte ich gedacht, dass mir nichts mehr fremd sei. Meine jugendlichen Abenteuer in Spanien, das Legionärsdasein in Algerien, die Schamanen im Amazonasbecken – ich hatte schon so viel erlebt, aber das hier war anders. In ihrer Intensität waren die folgenden siebeneinhalb Monate unvergleichlich, ich habe gegenüber dem Land höchste Achtung entwickelt.

In dieser tibetischen Einsiedelei war ich also Lichtjahre entfernt von gemütlichen Schaumbädern, herrlichen Cocktails, erlesenen Restaurants und kurzweiligen Kinohits. Ich lebte ein Leben, das sehr einfach und erdverbunden war, dennoch gewann ich einen unbezahlbaren inneren Reichtum. In diesen Monaten hielt ich mich in neun Klöstern auf und hatte meist sogar den Vorzug, in einer kleinen, spartanischen Kammer schlafen zu dürfen. Normalerweise übernachteten die Novizen – oft waren es einfache junge Männer aus Bauernfamilien, die kein Wort Englisch sprachen – zu dreißig bis vierzig Leuten in einem Saal. Unsere Matratzen waren mit Laub, Gräsern und vielen kleinen Ästen gefüllte Bezüge, die auf dem Boden lagen. Als Kopfkissen diente ein Holzkeil, dazu eine raue Decke, das war's. Toiletten gab es nicht, dafür zwei Eimer für die jeweils unterschiedlichen Bedürfnisse. Sie mussten von den Novizen auf einem Komposthaufen im Garten geleert werden, so wurden unsere Exkremente als Dünger recycelt. Einmal bekam auch ich diese Arbeit für eine Woche zugeteilt. Zu meinen Aufgaben gehörte es auch, die Yaks zu führen und zu versorgen; ein Mönch durfte das nicht machen.

Alles in und an den Klöstern erschien mir archaisch. Jedes von diesen Gompangs, die ich kennen lernen durfte, wies einen zentralen Versammlungsraum auf. In diesem standen stets die unterschiedlichsten Buddha-Statuen. Weiter gab es Schlafräume, eine Küche, die eher einer offenen Feuerstelle glich, mit Schüsseln und rußigen Töpfen, sowie Meditationszimmer. Das Wasser wurde aus Flüssen und Seen geholt und in große Tonkrüge gefüllt, neben denen Schöpfkellen lagen. Wer duschen wollte, füllte die Kelle mit Wasser und entleerte sie über dem Kopf. Meine Wäsche wusch ich in einem Eimer, in den Wintermonaten legte ich die nasse Kleidung unter die Matratze – so konnte sie durch die Körperwärme allmählich wieder trocken werden. Hätte man sie aufgehängt, wären die Wäschestücke zu Brettern gefroren. Das schmutzige Wasser wurde nicht einfach weggekippt, sondern für die Gärten verwendet. Müll schien für die Tibeter nahezu ein Fremdwort zu sein. Aber in diesem kargen Land musste auch alles optimal verwendet werden. Zudem handelten die Menschen mit großer Ehrfurcht vor der Natur.

Wirklich verschwenderisch und prachtvoll wirkten nur die Buddha-Statuen. An einem besonders schönen und großen Buddha war allein der Bauchnabel aus dreißig verschiedenen Hölzern gestaltet. Vor allem aber faszinierten mich immer wieder die Gebetsmühlen, deren Trommeln manchmal zwei Meter hohe Kunstwerke waren. Die einfachsten bestanden aus Lehm, dann gab es viele aus Holz, einige aus Metall mit wunderschönen Ornamenten und reliefartigen Bildern, ab und zu entdeckte ich besonders reich verzierte und aufwändig gearbeitete Stücke, bei denen sowohl Holz als auch Stein verwendet wurden. Bei bestimmten Sonnenständen warfen die Reliefs dieser Gebetsmühlen, wenn man sie drehte, Schatten an die Wand, die Schatten bestimmter Symbole und die von diversen Buddhas. Ich nannte das Spiel immer »Buddha-Kino«. Die Gebetsmühlen wiederum wurden nur nach einem festgelegten Ritual zu bestimmten Zeiten gedreht, wobei wir Novizen besonders bedeutungsvolle nicht berühren durften.

Im ersten Kloster blieb ich drei Wochen. Ich nahm am täglichen Klosterleben teil und machte mich nützlich, wie es mir möglich war. Außer meiner Einzelzelle bekam ich kaum eine Sonderbehandlung. Ich war einfach einer von ihnen. Nur beim Essen durfte ich als Gast des Klosters neben dem Lama sitzen und erhielt die Gunst, von ihm gefüttert zu werden. Der Lama knetete dazu Reis mit Fleischstückchen und Fettschwarten zu einer Kugel und schob sie mir in den Mund. Das war nicht unbedingt angenehm, was weniger an der Fütterung lag, als am Essen selbst. Es war sehr fett und kaum gewürzt. Gewöhnungsbedürftiger war nur noch der Buttertee, bei dem Tee von gepressten Teeblöcken abgeschabt und zu einem Sud aufgegossen wurde, dazu kam ranzige Butter und etwas Salz. Ich konnte mich nie mit diesem Getränk anfreunden.

Das bescheidene Mahl wurde übrigens unter Mühen besorgt: Die dafür zuständigen Bettelmönche des Klosters waren in der kaum besiedelten Umgebung den ganzen Tag viele Kilometer unterwegs, um abends mit ein paar Hand voll Reis, etwas Fleisch und ab und zu auch mal Gemüse zurückzukehren.

In aller Frühe standen wir auf, um mehrere Stunden lang zu meditieren. Ungeübte hätten schnell ihre Begeisterung für den Buddhismus verloren, denn hier wurde im Lotussitz meditiert, nicht vergleichbar mit den schicken Varianten westlicher Buddhismus-Seminare.

Im Laufe der Monate begriff ich, dass die hiesige Konzentration auf den Punkt etwas anderes war als der mir bis dahin bekannte Trancezustand. So einfach diese Konzentrationsarbeit klingen mag, so schwierig ist ihre Umsetzung. Man bedeutete mir zum Beispiel, mich auf das stilisierte Bild einer Lotosblüte zu konzentrieren. Anschließend unternahmen die Mönche so manche Störversuche, um mich zu testen. Mal hörte ich einen Gong, mal schnipsten Finger hinter mir. Die Mönche merkten es sofort, wenn ich meine gedankliche Fokussierung verlor und etwas abgelenkt oder schläfrig wurde – auch wenn sie hinter mir standen und ich mich keinen Millimeter bewegte. Dann gab es als Ermahnung sofort einen heftigen Schlag auf die Schulter.

In den ersten Wochen, als ich noch zu den Novizen zählte, ging mir der harte Tagesablauf mit den Meditationen, die nur unterbrochen wurden, um Reis zu kochen, Toiletteneimer zu leeren oder im Garten zu arbeiten, manchmal etwas auf die Nerven. Auch die strenge Hierarchie in den Klöstern machte mir anfangs zu schaffen. Meine guten Vorsätze und mein Lernwillen hatten auch ihre Grenzen. Ich konnte nie für mich sein, wie ich es gewohnt war. Dass es ein ganz anderes Für-sich-Sein gab, das verstand ich erst in den folgenden Monaten.

So musste ich auch lernen, mich zu fügen. Aber nicht im Sinne preußischer Tugenden, sondern demütig und einsichtig. Nie fiel ein lautes, nie ein hartes Wort. Ich musste akzeptieren, den Meister nicht nur zu achten, sondern ihn auch mit seiner ganzen Weisheit anzunehmen. Ein Lama diskutiert nicht mit Novizen über irgendwelche basisdemokratischen Abläufe, wie es zu der damaligen Zeit in westlichen Universitätsstädten en vogue war. Der Meister gibt Übungen auf, und man hat die Selbstverantwortlichkeit, sie zu praktizieren.

Nach diesen ersten drei Wochen wurde mir gesagt, es sei hier nun zu gefährlich für mich, die Chinesen seien in der Nähe des Klosters. Noch in derselben Nacht zog ich mit meinen fünf Begleitern und einigen Yaks weiter zum nächsten Kloster. Drei Tage wanderten wir durch das Land, immer auf der Hut, ob nicht irgendwo in der Ferne ein Trupp chinesischer Soldaten auftauchte. Das zweite Kloster war sehr versteckt in eine Bergfalte hineingebaut, es war wesentlich kleiner als das erste. Wie ich erst später erfuhr, war es das Kloster, in dem die Kuriere für den Dalai Lama ausgebildet wurden. Ich könnte übrigens die Namen fast aller Klöster nennen, aber man kann vielleicht nachvollziehen, dass ich es zum Schutz der Tibeter auch heute noch für besser halte, dies nicht zu tun. Was seit Jahrzehnten in Tibet passiert, kann einem das Herz zerreißen. Denn zu den Grausamkeiten, die den Menschen dort immer noch angetan werden, kommt die Gefahr hinzu, dass die Menschheit hier im Begriff ist, im Import-Export-Monopoly ein menschheitsgeschichtlich einmaliges spirituelles Erbe zu verspielen.

Dieses zweite Kloster lag – wie auch alle folgenden – in absoluter Einsamkeit. Was mich immer wunderte, war die Tatsache, dass dennoch nichts Hinterwäldlerisches zu spüren war. Im Gegenteil, die Mönche waren sehr an der Außenwelt interessiert, einige kannten sogar Fußballspieler wie Gerd Müller oder Franz Beckenbauer. Für mich wiederum war das Leben in dieser Einsiedelei eine tief greifende Erfahrung. Ich fing an mich selbst zu spüren und entwickelte mehr Aufmerksamkeit für meine Mitmenschen. Dadurch empfand ich eine große innere Freude. Exil-Tibeter hatten mir vor meinem Unternehmen immer wieder erklärt, ich solle die Welt der Klöster nicht nur betrachten, sondern versuchen, sie mir zu Eigen zu machen, nur dann würde ich begreifen lernen. Mir gelang das erstaunlich gut. Ich fühlte mich ziemlich rasch nicht mehr als die exotische Langnase, die ich ja eigentlich war – mit meinem kahl geschorenen Kopf und der einfachen Kutte sah ich doch wie einer von ihnen aus. In meinen Gedanken existierten keine Frauen mehr, kein kühles Bier, nicht die Rolling Stones. Ebenso fremd wurden mir Heimweh und Wehmut. Gedanken an die Vergangenheit lösten sich auf wie der Bodennebel im Sonnenlicht eines Vormittags. Pläne für die Zukunft? Nicht einen Moment überlegte ich, was ich später mit meinem Wissen eigentlich machen wollte. Ich musste auch nicht daran denken, denn es war klar, dass ich nie mehr in meinem Leben etwas tun würde, ohne dieses Wissen zu benutzen.

Ich war nach Tibet gekommen, weil mein Innerstes mir gesagt hatte, dass ich hier einen wichtigen Schlüssel zu der Welt des Unterbewusstseins finden würde. Hier könnte ich noch mehr verinnerlichen, was Menschen mit sich und dieser Welt bewirken könnten, wenn sie es denn nur erkennen würden. Das, was ich dann in diesem Land erlebte, war mehr, als ich erwartet hatte. Ich verstand allmählich, dass das Unterbewusstsein der tibetischen Mönche sehr weit griff und mit Instinkt und Intuition nicht hinlänglich beschrieben werden konnte. Was hier in dem Unterbewusstsein dieser Mönche vor sich ging, war vielleicht noch vergleichbar mit den Traumweltmeditationen der australischen Aborigines. Es wird davon gesprochen, »was zu dir kommt«; in dem Unbewussten existiert kein Wollen mehr, kein Sehen, nur noch ein höchst wachsames Empfinden. Ein Lama erklärte mir das so: »Es ist wie beim ersten Verliebtsein ohne Wenn und Aber; dieser Zustand beruhte doch nicht darauf, dass du die Frau gesehen hast, vielmehr hast du sie empfunden, und aus diesem Grund war ihr Wesen ganz mit dir.«

Ich dachte lange über dieses Beispiel nach, denn dieser berühmte Funke, der bei wirklicher Liebe zwischen zwei Menschen überspringt, ist vielleicht einer der wenigen Momente, in denen es uns vergönnt ist, ohne jedes Wollen dem tiefen Empfinden Raum zu geben. Ich dachte auch deshalb über dieses Beispiel nach, weil mir dabei dämmerte, dass es dieser Weg des Nicht-Wollens ist, auf dem das Mitgefühl der Tibeter entsteht – durch das Gewaltlosigkeit erst möglich wird. Der Dalai Lama wird auch heute nicht müde, in seinen Vorträgen davon zu sprechen, dass wir Menschen unsere Intelligenz nicht mit Macht und Gier verbinden dürfen, sondern Mitgefühl entwickeln müssen. Der tibetische Buddhismus definiert

Mitgefühl als den Wunsch, dass dem anderen kein Leid geschieht, und Liebe als die Vorstellung, dass dem anderen Glück widerfährt. Ich habe in Tibet auch niemals Hass erlebt, nicht einmal auf die Chinesen, eher eine Trauer.

In der Hypnose wird intensiv mit Bildern gearbeitet, sie sollen logische Gedanken ersetzen, die im Unterbewusstsein keine Chance haben. In der tiefen Meditation der Tibeter sind sogar Bilder irrelevant. Man sieht dabei nicht mehr, auch nicht im Innern, man empfindet Gelb, fühlt Blau, schmeckt Grün, atmet Rot. Immer wieder sagten die Lamas zu mir: »You have to get it inside and let it out«, du musst es innerlich empfangen, dann kannst du es wieder herauslassen. Dieser Satz soll daran erinnern, dass es in der Meditation niemals um einen Ego-Trip gehen kann, sondern dass man mehr als sonst in Verbindung mit allem steht. In meiner Hypnosearbeit ist diese Einstellung für mich sehr wichtig geworden: Der Patient liegt nicht entspannt auf seiner privaten rosaroten Trancewolke, vielmehr hat er zu mir eine Verbindung, die er sehr wohl registriert. Schon deshalb ist er nie völlig »weg«. Dieses Hinein- und Herausströmen läuft über den Solarplexus, auf den sich die Mönche in aufrechtem Lotossitz konzentrierten. Unter anderem waren diese Übungen für mich ein Anstoß, für die Hypnosetherapie eine spezielle Atemtechnik zu entwickeln. Bis zu einem gewissen Grad kann man mittels Hypnosetherapie und auch Autosuggestion das erreichen, was diese Mönche tun: Der Meister kennt keinen Willen und kein Wollen, nur das Entstehen. Es kommt, es entsteht, du kannst es nicht herbeirufen. Falls Sie Autogenes Training machen, nehmen Sie bei der Atemübung eine andere Formel. Anstatt »Atem ganz ruhig« ist es besser »Es atmet« zu sagen. Sie werden sofort empfinden, wie »es« ganz von selbst entsteht.

Im zweiten Kloster blieb ich anderthalb Monate, das deutete mir mein inneres Zeitgefühl. Ein anderes hatte ich nicht mehr, da ich meine Uhr nicht mitnehmen durfte. Meine Tage waren ausschließ-

lich durch den Rhythmus des Klosters bestimmt, den ich aber nicht passiv erlebte, sondern aktiv mitgestalten musste. Zeit spielte auf dieser Reise keine Rolle mehr, und irgendwann dachte ich darüber nach, dass Zeit ja nur eine Krücke des Menschen ist, um mit dem Sein umzugehen. Spätestens wenn man über Sterne in einer Millionen Lichtjahre entfernten Galaxie redet, verliert die Armbanduhr an Bedeutung. Aber hier in diesen Klöstern war die Spiritualität geerdet, weil sie immer eins war mit pragmatischer Arbeit.

Wie es innen war, so war es außen: So klar, so rein wie der Geist dieser Menschen war, so klar und rein war auch alles in den einfachen Räumen der Klöster. Einen Eindruck davon kann man sich heute noch verschaffen, wenn man in Nepal tibetische Flüchtlingsdörfer besucht, etwa bei Pokhara. Jeder wird dort herzlich willkommen sein und mit Staunen die einfachen Häuschen sehen, in denen trotz der Armut dieser Menschen die primitiven Erdböden blitzsauber sind. Und alles ist optimal organisiert.

Die Stunden der Meditation in absoluter Stille und äußerer Bewegungslosigkeit waren in meinem Klosterleben die wesentlich aktiveren Erlebnisse als die, in denen ich anstrengende Arbeiten in der Küche, im Klostergarten oder im Hof verrichtete. Sicher ist es aber gerade diese Kombination, die dazu führt, dass Meditation in tibetischen Klöstern niemals zu einer Erleuchtungsreise eines selbstverliebten Egos in Richtung Nirwana wird. Erstaunlich ist für mich, wie gut es dem Dalai Lama dabei gelingt, sich dem gewaltigen Sog der esoterischen Vermarktung zu entziehen, obwohl er für Millionen zum spirituellen Superman *wurde. Er selbst hat immer wieder betont, er habe keine mystischen Botschaften zu erzählen, er sei kein Guru, kein Führer, sondern ein ganz normaler Mensch wie jeder andere auch.*

Tatsächlich waren fast alle Tibeter, die ich bei meinem nicht ganz offiziellen Aufenthalt auf dem Dach der Welt traf, in ihrem Charakter ähnlich: ehrlich, offen, uneitel, pragmatisch, erdverbunden, intelligent, herzlich, fröhlich, entscheidungsfreudig und voll von Mitgefühl für den anderen. Mir ist es wichtig, dies zu betonen, weil Meditation oft als Weltflucht dahingestellt wurde und immer noch wird, als Ausstieg aus dem Leben und damit aus der Verantwortung. Dahinter offenbart sich das Vorurteil, dass Meditation nichts anderes sei als das Zudröhnen eines tief verunsicherten Ichs.

Mein Aufenthalt in Tibet hatte mit Weltabgewandtheit überhaupt nichts zu tun. Ich lernte in dieser absoluten Stille des tibetischen Hochlandes – die mir übrigens mehr erzählte als jede Nachrichtensendung im Fernsehen –, in diesen kargen, ungeheizten Klöstern, was der Dalai Lama mit Mitgefühl meint. Dieses Mitgefühl ist weit entfernt von einem sentimentalen Mitleid, zudem reicht es in die tiefsten Schichten des Unterbewussten. Vielleicht ist dieses wache Unterbewusstsein, das bei jeder Form von Kommunikation beteiligt ist, der Grund für die unglaubliche Kraft, welche die tibetischen Mönche ausstrahlen.

Mit den Monaten gelang es mir immer besser, mich mit verschiedenen Übungen auf den Punkt zu konzentrieren. Erst nach und nach schaffte ich es, mich tatsächlich auf einen einzigen Gedanken einzustellen und bei diesem zu bleiben, nicht mehr von Gedanke zu Gedanke zu springen. Zur Konzentration schaute ich dabei immer auf einen Punkt eines Mandalas, mit wachsender Verinnerlichung des Gedankens schlossen sich dann die Augen von selbst. Dabei war ich nach einer anfänglichen Ermüdung wach wie wohl noch nie in meinem Leben. Diese Form des Meditierens strengte mich unglaublich an, ich bekam davon mehr Hunger als von einer körperlichen Arbeit.

Interessant sind auch die Berichte aus dem Lebensweg Buddhas, bei denen es um diese Konzentration auf den Punkt geht. Buddha wurde um 560 vor Christus als Siddharta Gautama in Nordindien geboren, nicht sehr weit entfernt von der nepalesischen Grenze. Er wuchs wohlbehütet in einer reichen Familie auf, verließ jedoch sein

Elternhaus wie auch seine Frau, nachdem er mit dem Leid der Welt konfrontiert worden war. Er tauschte seine sichere Existenz gegen Armut und Heimatlosigkeit ein und gab sich strenger Enthaltsamkeit und einem extremen Fasten hin. Seinem Ziel, mehr Erkenntnis über Krankheit, Alter und Tod zu gewinnen, kam er dadurch aber auch nicht näher. In der Folge verabschiedete er sich deshalb von den traditionellen religiösen Wegen. Siddharta aß wieder normal und meditierte nun fast unentwegt unter einem Feigenbaum, bis er von allen inneren Wünschen und Widerständen frei wurde. Dabei, so die Überlieferungen, konzentrierte sich Siddharta auf nur einen Punkt, wodurch sein Geist völlig ruhig wurde. In diesem Zustand blieb er für einige Tage und erreichte eine anhaltende Gelassenheit, schließlich sogar die Erleuchtung.

Mein späteres Motto »Erst ich – dann du – dann wir« hat auch etwas mit meinen Studien über Buddha zu tun. Buddha hielt nichts davon, ausschließlich metaphysisch über Gott und die Welt zu philosophieren. Ihn interessierte nicht so sehr die Frage nach der Unendlichkeit des Kosmos. Dazu meinte er: »Mag die Welt nun endlich oder unendlich sein, begrenzt oder unbegrenzt – das Problem, wie du befreit wirst, bleibt dasselbe.«

Buddha machte mir bewusst, dass Erkenntnis, gutes Leben und nötige Veränderungen nur möglich sind, wenn man meditativ in sich geht – genau das, was auch in der Hypnose und Selbsthypnose getan wird. Deshalb auch meine Formulierung »erst ich«. Dazu passt auch Buddhas berühmtes Gleichnis vom Giftpfeil. Es handelt von einem Mann, der von einem giftigen Pfeil getroffen wurde und der sich weigerte, diesen vom Arzt herausziehen zu lassen. Vorher, so der Mann, wolle er erst genau wissen, wer den Pfeil abgeschossen habe, welcher Kaste er angehöre, aus welcher Familie er komme und wie er aussehe. Die Klärung all dieser Äußerlichkeiten des Vorfalls hätten dem Mann aber nicht geholfen. Wollte er am Leben bleiben, konnte nur die Konzentration auf einen Punkt helfen, auf den Giftpfeil in seinem Inneren. Diesen sollte er so schnell wie nur möglich loswerden.

Niemals machten die Mönche den Versuch, mich zum Buddhismus zu bekehren. Sie wussten, dass ich von ihnen mit höchster Aufmerksamkeit lernen wollte, das war genug. Für Tibeter ist es elementar, lernen zu wollen. Von Kloster zu Kloster wurden die spirituellen Aufgaben, die mir gestellt wurden, immer schwerer. Die Mönche erzählten mir, dass meine Kloster-Tour ganz normal sei, auch ein tibetischer Novize müsse an verschiedenen Orten lernen.

Nach dem ersten Monat kamen zu den Meditationen körperliche Übungen. Versuchen Sie einmal, auf einem Bein zu stehen! Wie lange schaffen Sie das? Man fällt spätestens nach einigen Minuten um. Wochenlang übte ich es, meditierend auf einem Bein zu stehen. Nach drei Wochen hatte ich es geschafft, ohne jede Zuckung eine halbe Stunde auf einem Bein zu verharren. Dachte ich manchmal daran, dass vor noch nicht allzu langer Zeit diese Beine wie tot in einem Rollstuhl lagen? Nein, ich dachte nichts. Derartige Gedanken waren nicht mehr existent in mir.

Ich musste auch das Reagieren lernen: So hielt ein Mönch einen Stock mit eingeschnitzten Kerben und ließ ihn senkrecht von seiner Schulterhöhe fallen. Ich musste ihn dann mit einer Hand fangen. Je schneller ich ihn fing, umso mehr Kerben befanden sich über meiner geschlossenen Faust. Eine andere Übung mag ähnlich naiv erscheinen, ist aber ebenso mit einem tieferen Sinn verbunden: An einer Leine waren kleine hölzerne Ringe aufgehängt, die sich im Wind bewegten. Ich sollte nun aus ein paar Meter Entfernung kleine Stöckchen durch die unsteten Ringe werfen. Anfangs traf ich nicht ein einziges Mal. Die Mönche lächelten und sagten: »Du triffst nicht, weil du treffen willst. Du musst von dem Gedanken loslassen, treffen zu wollen.« Ich verstand allmählich, dass sämtliche Übungen, die ich lernen musste, mir zeigen sollten: Wer einen spirituellen Weg sucht, sollte nicht seine körperlichen Fähigkeiten vernachlässigen. Körperliche und geistige Steigerung der Wahrnehmungsfähigkeit gehen vielmehr Hand in Hand und helfen sich gegenseitig, vom Wollen loszulassen.

Ich erkannte, wie zu viel gedankliches Wollen den Einklang von Körper und Geist blockiert.

Das unentwegte gedankliche Wollen löste sich bei mir über Körperübungen und über die Meditation auf einen fokussierten Gedanken auf – indem sich auch dieser einzige Gedanke verflüchtigte. Immer mehr bildete sich eine Brücke von der nahezu kosmischen Weite des Unterbewusstseins zu meinen banalen Alltagshandlungen. Nach einigen Wochen warf ich die kleinen Hölzer sicher durch die Ringe. Daraufhin wurde die Übung nochmals gesteigert: Die Mönche verbanden mir die Augen. Die Holzstöckchen trafen ihr Ziel, so sicher wie zuvor. Meine Reaktionen hatten nichts mehr mit dem Sehen meiner Augen, nichts mehr mit dem Treffen-Wollen zu tun. Andere Wege führten mich mit fast schlafwandlerischer Sicherheit zum Ziel, sie waren in einem Austausch mit meinem Unterbewusstsein. Diese Wege versuche ich auch heute meinen Patienten zu vermitteln, sie bedingen eine veränderte Wahrnehmung. Als ich übrigens anfing Golf zu spielen, hatte das einen enormen Vorteil: Schon nach zwei Jahren wies ich ein einstelliges Handicap auf.

IV. Teil:
Prominente, Kinder, Operationen: Hypnose hilft

1 Bittere Lehren: Fünf Mönche mussten sterben

Von Monat zu Monat wurden meine mentalen und körperlichen Übungen in den Klöstern ausgebaut. Aber unabhängig von dem Neuen, das ich lernen sollte, war das alte Programm nicht vergessen, immer wieder wurde es aufgefrischt. An einem bestimmten Punkt kamen die Imaginationsübungen hinzu. Bei diesen geriet ich ins Staunen. Der Lama brachte mir beispielsweise bei, extreme Hitze zu imaginieren. Dazu saß er im Lotossitz vor mir, mit geschlossenen Augen, und verharrte in absoluter Stille und Bewegungslosigkeit. Nichts um ihn herum konnte ihn irritieren, es war, als sei er nicht mehr von dieser Welt. Allein ihn in diesem Zustand zu sehen faszinierte mich. In seiner In-sich-Gekehrtheit besaß er eine Ausstrahlung, die ich geradezu leiblich spüren konnte. Es dauerte keine drei oder vier Minuten, da brach ihm, der immer noch völlig unbewegt in seiner Position verharrte, aus allen Poren der Schweiß aus. Ich konnte es kaum glauben: Es war extrem kalt an diesem Tag, und vor mir saß im Hof des Klosters dieser ehrwürdige Lama in einem dünnen Hemd mit konzentriert entspanntem Gesicht, und die Schweißperlen rannen ihm die Stirn entlang, über die Wangen und den asketisch-muskulösen Hals hinunter.

Wochenlang musste ich nun üben, mir Hitze vorzustellen. Manchmal hatte ich den Eindruck, es würde mir auch ganz gut gelingen. An einem Wintermorgen sollte ich dann zusammen mit den Mönchen barfuß zum Fluss hinuntergehen. Wir hatten kein Thermome-

ter, aber dreißig Grad minus war zu dieser Jahreszeit eine normale Morgentemperatur. Am Fluss angekommen, stiegen wir alle in das Eiswasser, um darin bewegungslos zu verbleiben. Ein Ungeübter hätte es keine halbe Minute in dem kalten Fluss ausgehalten, und eine schwere Erkältung wäre ihm sicher gewesen. Ich schaffte es mit meinen Imaginationen immerhin, nicht auszukühlen, nicht zu bibbern. Als ich die Augen öffnete, sah ich, dass der Lama zwei Meter entfernt von mir im Fluss saß. Das beißend kalte Wasser stand ihm bis zum Hals, der Schweiß perlte in Bächen von seiner Stirn und um seinen Kopf herum dampfte es leicht. Eine solche Reaktion schaffte ich nicht, dennoch vermochte ich minutenlang in dem Eiswasser zu verweilen, spürte eine warme Durchblutung bis in die Fuß- und Fingerspitzen und hatte sogar heiße Ohren. Ich fing nun an, deutsche Volkslieder zu singen. Der schwitzende Lama sah mich an, lachte aus voller Kehle, sodass sein heißer Atem dichte Wasserdampfwolken in die Luft stieß. Fröhlich sagte er: »Ich sehe, du hast es gelernt.« Mit Sicherheit hätte sich der Lama gewundert, wenn er gewusst hätte, welche Imagination ich für mich benutzte: Ich stellte mir vor, wie heißer Grog durch meine Adern floss.

Bei einer anderen Hitze-Übung musste ich mich zuerst nackt in den Fluss legen, anschließend hatte ich mich im Lotossitz auf den Boden zu setzen und bekam ein dünnes Laken umgelegt, das sich an der nassen Haut voll sog. Nun saß ich unbewegt da, um mich herum war es zwanzig Grad minus, vielleicht auch minus dreißig Grad, und sollte meditativ eine starke Körperwärme erzeugen, um das Laken so schnell wie möglich zu trocknen. Das war bei dieser Kälte nicht einfach. Hatte ich es geschafft – es dauerte bei mir an die zwei Stunden –, wurde mir von einem neu ins Kloster eingetretenen Novizen, der nach der Hierarchie nun mir als »Alt-Novizen« zu helfen hatte, das Laken abgenommen. Schon legte er mir das nächste nasse Laken um, das er zuvor im Fluss geschwenkt hatte.

Diese Prozedur zog sich ohne Unterbrechung über den ganzen Tag. Ich schaffte bis zum Abend fünf Tücher, und das war respektabel. Den Rekord hielt der Mönch Tschingla, der stets radebrechend zu mir sagte: »Ich spreche kein Englisch, aber ich bringe dir alles bei.« Er hatte vierzehn Tücher getrocknet, jedes innerhalb einer halben Stunde. Diese getrockneten Laken besaßen nach Ansicht der Mönche positive Energien, sie wurden anschließend zur Herstellung von Gebetsfahnen oder Hemden verwendet. Übrigens, noch ein Wort zu den Novizen: Immer wieder wurde von Kritikern des Buddhismus kolportiert, die Novizen in den Klöstern müssten auch sexuelle Handlungen mitmachen. Ich kann dazu nur sagen, dass ich in meiner Zeit in Tibet nicht ein einziges Mal irgendetwas gesehen habe, was diese Behauptungen auch nur im Ansatz bestätigen könnte.

Ich absolvierte in den siebeneinhalb Monaten ein voll gepacktes Programm. Die Mönche spürten, ahnten auf erstaunliche Weise, was ich lernen wollte. Natürlich bedeutet tibetischer Buddhismus noch weit mehr als das, was ich erfahren durfte. Der Dalai Lama studiert und doziert ihn immerhin schon ein Leben lang. Am Rande erfuhr ich beispielsweise noch, dass es in der tibetischen Mystik eine »Tumo«-Energie gibt, bei der sich der männliche Samen in körperwärmende Energie verwandelt, die es Mönchen erlaubt, stundenlang nackt auf Schneebergen zu sitzen. Um hier die dahinter stehenden spirituellen Zusammenhänge zu verstehen und nicht voreilig nach westlicher Manier zu kritisieren, was denn mit den Frauen sei, die ja keinen Samen hätten, muss man diese Materie über Jahre hinweg studieren und die weit zurückreichende Geschichte des Landes intensiver kennen. Mir ging es bei meinem Aufenthalt um das Begreifen und Praktizieren von Übungen im mental-energetischen Bereich, ohne dafür mein ganzes Leben im Kloster zu verbringen. Sicher gibt es nur wenige Menschen, die eine so lange Zeit in tibetischen Klöstern lebten, aber ich würde mich deshalb nie dazu versteigen, mich selbst als Buddhismus- oder Tibet-Kenner zu bezeichnen. Was ich aber geschafft habe, ist, vieles Gelernte sinnvoll in mein eigenes Modell, mein westeuropäisches, wie ich es nenne, umzuwandeln, zum Nutzen meiner Hypnosepatienten.

Bei einer nächsten Übung sollte ich lernen, frei von Schmerz zu sein. Man nahm dazu Bambusstöcke und klopfte sie an der Spitze weich, bis sie zerfaserten. Diese Spitzen wurden im Feuer zum Glühen gebracht und den Übenden, die mit freiem Oberkörper, geschlossenen Augen und in meditativer Haltung dasaßen, immer wieder an den Körper gedrückt. Meine Augen mussten dabei geschlossen bleiben. Die Imagination, die sie mir vorher gaben, bestand darin, ein Yak zu sein. Ich sollte mir vorstellen, dass mein ganzer Körper von einem zottigen Yakfell geschützt sei. Anfangs war mir das nicht möglich. Ich hatte Schmerzen und bekam Brandblasen. Aber auch hier hatte ich nach etwa vier Wochen Fortschritte gemacht: Ich spürte die glühenden Bambusspitzen nicht mehr, nur noch die Berührung als solche, und an der Haut waren auch keine Verletzungen mehr zu sehen. Warum und wie Hypnose funktionierte, das konnte ich von Woche zu Woche besser verstehen.

Gern hätte ich einen Kontakt zur Bevölkerung gehabt, aber das war unmöglich. Wir alle befanden uns ohnehin in einer gefährlichen Situation. Die Anwesenheit eines Menschen aus dem Westen in einem Gebiet, in dem sich sonst nur Tibeter und Chinesen aufhielten, war letztlich nicht zu verheimlichen gewesen. Die Chinesen wussten von mir und immer wieder suchten sie mich. Meine Wechsel von einem zum nächsten Kloster wurden unter strengster Geheimhaltung organisiert, selbst ich erfuhr erst im letzten Moment, dass es wieder auf Reisen ging. Stets brachen wir in der Nacht auf und oft kamen wir aufgrund von unsteten Witterungsverhältnissen in schwierige Situationen. Erinnern Sie sich an den Schneesturm, in den meine Begleiter und ich geraten waren? Wir wussten, dass die Chinesen in der Gegend waren, und konnten darum keinesfalls Feuer machen.

Um nicht zu erfrieren, töteten meine Begleiter zwei Yaks, in deren Felle wir uns einwickelten. Wir überlebten in dieser Nacht und kamen auch ohne weitere Komplikationen zum nächsten Kloster.
Meine tibetischen Freunde brachten sich oft genug in Gefahr, nur um mich zu schützen. Meist konnten die Chinesen den Mönchen nichts nachweisen, als sie in die Klöster kamen, um nach mir zu fahnden. Durch die rechtzeitigen Warnungen war ich schon längst im nächsten Kloster untergebracht. Einmal jedoch gerieten sie in Schwierigkeiten, als die Chinesen ein Kloster, in dem ich noch zehn Tage zuvor war, filzten und einen Kugelschreiber von mir fanden. Ein deutscher Kugelschreiber in einem tibetischen Kloster! Es gab verschärfte Verhöre mit Schlägen, aber niemand sagte etwas aus. Schließlich gaben die Chinesen auf und zogen wieder ab, seltsamerweise ohne den Kugelschreiber zu konfiszieren. Das wiederum führte zu einer erstaunlichen Begebenheit, die mit der absoluten Ehrlichkeit und Korrektheit der Tibeter zu tun hat: Wochen später, als ich schon im übernächsten Kloster war, rund hundert Kilometer weiter durch das Hochgebirge, wurde mir mein Kugelschreiber wieder übergeben – ohne ein einziges Wort des Vorwurfs, obwohl es ja meine Nachlässigkeit gewesen war, welche die Mönche in Gefahr gebracht hatte.
Nach fast einem halben Jahr in Tibet passierte aber etwas, worüber ich über zwanzig Jahre nicht reden konnte. Ich war in meinem fünften Kloster, als der Lama eilig zu mir kam und mich in den Versammlungsraum hinter dem großen Buddha zog. Dort öffnete er eine kleine, versteckte Tür, die in einen winzigen Raum führte. Der Lama sagte, ich solle mich still verhalten. Anschließend verschwand er rasch. Kurz darauf hörte ich Geräusche von Autos. Durch ein kleines Fenster konnte ich beobachten, wie ein chinesischer Jeep nach dem anderen auf den Klosterhof fuhr. Aus insgesamt acht Jeeps sprangen über zwei Dutzend Soldaten, verursachten ein großes Geschrei und ließen alle achtzehn Novizen des

Klosters antreten. Der Rangoberste unter den chinesischen Soldaten schrie sie mit schneidender Stimme an. Was ich mir in diesem Moment dachte, wurde mir später bestätigt. Der Chinese wollte wissen, wo die Langnase steckte. Nun ließ er fünf der Novizen vortreten, die sich auf seltsame Art und Weise niederknien mussten: Das linke Knie hatte am Boden zu bleiben, der rechte Unterschenkel war hochgestellt, die rechte Hand lag auf dem Knie des rechten Beins. Zum Schluss wurde der Kopf auf die rechte Hand gedrückt. Der Führer der Soldatentruppe ging nun hinter die fünf Novizen, zog seine Pistole aus dem Halfter und legte bei einem Novizen den Lauf genau an die Stelle, an welcher der Hinterkopf in den Nacken überging. Dann drückte er ab. Achtlos ging er um den blutenden, tot am Boden liegenden jungen Tibeter herum und forderte erneut mit scheppernder Stimme Informationen über den Aufenthalt der Langnase. Wieder sagte niemand auch nur ein Wort.

Ich hatte das Gefühl, sämtliche Adern in mir würden in diesem Augenblick platzen. Mein Herz raste und gleichzeitig befand es sich in einem betonartigen Klammergriff. Ich wollte brüllen, laut brüllen und schwieg dennoch, weil irgendein Überlebensmechanismus in mir arbeitete. Der Offizier ging erneut hinter die vier Knienden und erschoss den nächsten Novizen. Wieder hielt er wie ein Roboter seine Rede, manchmal schnappte seine Stimme über. Da er keine Antwort erhielt, schoss er den nächsten Novizen nieder, dann den vorletzten, schließlich den letzten der Fünfergruppe. Der Chinese ließ sich Zeit, zelebrierte sein Töten, das sicher eine Viertelstunde dauerte und von den anderen Soldaten mit unbewegtem Gesicht verfolgt wurde. Es war die längste Viertelstunde meines Lebens. Fünf tote Novizen lagen gekrümmt am Boden. Der Offizier steckte die Pistole ein, strich die Ärmel und die Hosenbeine seiner Uniform glatt, sagte noch irgendetwas und stieg steif in seinen Jeep. Das Todeskommando fuhr vom Hof. Ich fühlte mich wie von tausend Steinen zerschmettert.

Ich weinte. Die Mönche trösteten mich und nahmen mich mit in den Hof, als vom obersten Stock gemeldet wurde, dass die Chinesen am Horizont verschwunden seien. Auf anrührende Weise sagten sie mir, dass diese Novizen für mich gestorben seien und ich mich von ihnen verabschieden solle: »Lege deine Hand auf ihren Körper, lege sie in ihr Blut hinein.« So wie man mir es gesagt hatte, so tat ich es auch. Ich legte jedem der Getöteten meine rechte Hand auf die Schulter oder auf die Brust. Das Berühren eines jeden verband die Toten miteinander und mich mit ihnen. Danach musste ich mich mit meinen blutigen Händen mit nach oben offenen Handflächen hinstellen. Still kamen die Mönche und Novizen zu mir und legten nacheinander für einen Moment ihre Handflächen auf meine. Der Lama sah mich eindringlich an. Ich werde seinen Satz nie vergessen: »You are not guilty. You have got no fault.« – Du bist nicht schuldig, du hast nichts falsch gemacht.

Wir trugen die Toten in den Garten. Man verbrennt die Toten nicht in Tibet, Holz ist hier zu rar. Doch der Lama sagte: »Sie sollen gemeinsam aufsteigen.« Anschließend ließ er hohe Holzstapel errichten, an die die fünf ermordeten Novizen angelehnt wurden. Das Holz wurde dick mit Yak-Fett eingeschmiert und angezündet. Niemand weinte, auch ich nicht mehr. Undurchdringlich sahen wir dem Feuer zu, keiner schaute weg. Die Chinesen hatten eiskalt ihr mörderisches Exempel statuiert, doch als ich in die Gesichter meiner tibetischen Freunde blickte, entdeckte ich keinen Hass.

Es wurde nie mehr über den Vorfall gesprochen. Die Haltung der Tibeter zu mir veränderte sich nicht. Keiner der Mönche kam auf den Gedanken, mir für den Vorfall Schuld zu geben. Noch heute tröste ich mich damit, dass ich durch meine in Tibet gemachten Erfahrungen später vielen Menschen helfen konnte, oftmals sogar aus lebensbedrohlichen Situationen.

Ruhig und konzentriert ging das Leben in den Klöstern weiter. Vier weitere Klöster nahmen mich noch in den letzten zwei Monaten

meines Aufenthalts als Gast auf. Öfter sah ich jetzt von Chinesen zerschlagene oder verbrannte Buddha-Statuen.
In einem Kloster erzählte der Lama, er sei im Auftrag des Dalai Lama einmal in Paris gewesen und habe sich über Bordelle gewundert. Das sei ärmlich für Menschen, meinte er und fragte, ob man das Problem der Erleichterung nicht mental lösen könne? Ich gab zur Antwort, vielleicht sei es damit so wie mit dem Hunger. Würde der Magen knurren, dann bräuchte man doch auch etwas Essbares. Daraufhin entgegnete der Lama: »Es ist an der Zeit, dass du auch das Hungern lernst.« Schon ab dem nächsten Tag bekam ich drei Tage lang keine Speisen vorgesetzt. Novizen trugen vor meiner Nase die Suppe vorbei, und mir war, als würde sie erstmals richtig appetitanregend duften. Ich imaginierte, um zu dem Punkt zu gelangen, dass das Essen für mich überflüssig sei. Mir fiel nichts Besseres ein, als mir die Gerichte als eklige Kuhfladen vorzustellen, natürlich frisch abgesondert. Immerhin, es funktionierte tadellos.
Im vorletzten Kloster lernte ich noch einmal, das Selbst in gute Dinge fließen zu lassen, um nicht das eigene Ego zu zelebrieren. Ein Mönch mit großer künstlerischer Begabung malte mit Engelsgeduld ein Mandala auf ein Stückchen getrockneter Yak-Haut, das nicht größer als eine Briefmarke war. Er malte daran achtzehn Tage, mit einem Pinsel, der dünn wie eine Nadel war. Ich fragte ihn: »Warum tust du dir das an?« Und er sagte: »Was würde sonst von mir bleiben? Durch diese Technik weiß jeder, dass es von mir ist.« Ich erwiderte darauf, dass zwei- oder dreihundert Kilometer vom Kloster entfernt niemand das wissen könne, weil ihn dort keiner kennen würde. Aus diesem Grund würde in meiner Heimat, in Deutschland, jeder Maler das eigene Bild mit seinem Namen signieren. Der Mönch antwortete: »Das brauche ich nicht zu tun. Wenn jemand das Mandala sieht, dann wird er wissen, dass es mich gibt.«
Von Kloster zu Kloster waren wir jeweils zwei oder drei Tage un-

terwegs. Wir bewegten uns immer auf zweieinhalb- bis dreitausend Meter Höhe, umgeben von den Gipfeln des Himalaya. Immer wieder mussten wir reißende Flüsse durchqueren, sodass sich die Yaks schräg gegen den Strom stellen mussten. So komisch es auch aussah, es war für die Tiere nicht ungefährlich. Auf diesen anstrengenden Märschen wurde nicht viel gesprochen, sie hatten etwas Meditatives an sich. Schon allein, um die körperlichen Strapazen auszuhalten, musste jeder über Selbsthypnose seine mentalen Kräfte aktivieren. Was mich aber immer für jede noch so große physische Anstrengung entschädigte, war diese unglaublich majestätische Landschaft. So reduziert sie einerseits in ihrer extremen Kargheit war, hatte sie andererseits Auftritte von einer faszinierenden Weite und Mächtigkeit. Je länger ich in dieser Welt lebte, spürte ich in aller Demut, was im Leben wirkliche Bedeutung hat. Das scheinbar Karge wirkte keinesfalls armselig, vielmehr wurde jede Kleinigkeit, jeder Bissen Brot, jede kleinste Blüte, zu etwas Besonderem. Jeder Stein hatte seine eigene Individualität, dennoch gehörte er zum großen Ganzen.

Auf diesen Reisen ernährten wir uns hauptsächlich von einer Art Fladenbrot, ab und zu gab es ein Stück zähes Fleisch, manchmal erwischte einer der Tibeter auch einen Fisch im Fluss. Wenn wir uns sicher fühlten, konnten wir abends am Lager ein Feuer machen, möglichst klein, damit es nicht zu sehr auffiel. Wir schliefen vorwiegend in Zelten, Jurten genannt, in denen sechs Menschen Platz hatten. Die Temperaturen waren meist eisig. Die Yaks schliefen um den Lagerplatz herum, sie dienten als Windschutz. Unser Trupp bestand aus jeweils acht bis zehn Männern und zwölf bis fünfzehn Yaks. Zum Glück stießen wir nie direkt auf Chinesen. Öfter tauchte mitten aus der Dunkelheit ein Tibeter auf und warnte uns, dann bogen wir ab und nahmen einen Umweg. Dieses perfekte Kommunikationssystem der Tibeter verblüffte mich – nie hatte ich ein Funkgerät gesehen. Aber ich spürte die Kraft dieses Volkes. Die

mentalen Fähigkeiten bestimmten nicht nur das Bewusstsein des Einzelnen, sondern sie waren auch in einem kollektiven Bewusstsein vorhanden.
Während der gesamten Zeit in Tibet wusch ich mich nur mit kaltem Wasser. Ich habe aber nie etwas aus unserer Zivilisation vermisst. Erst als ich Tibet verlassen hatte und das erste Mal wieder unter einer heißen Dusche stand, genoss ich die wohlige Wärme. Am Ende meiner Lehrmonate in den neun Klöstern bereiteten mir meine tibetischen Freunde noch eine große Freude: Sie brachten mich in das alte Zentrum von Lhasa. Diese Stadt, den früheren Sitz des Dalai Lama, wollte ich einfach gesehen haben. Ich wurde in einen burnusähnlichen Umhang gesteckt, anschließend gingen wir durch die Altstadt, die von den Chinesen stark zerstört worden war. Da es nur erlaubt war, zu viert oder fünft unterwegs zu sein, unsere Gruppe aber sieben Personen bildete, kamen nach kurzer Zeit ein paar chinesische Soldaten auf uns zu und trieben uns mit einigen Knüppelschlägen auseinander. Besonders hatten sie es auf drei ältere Mönche abgesehen. Sosehr ihnen auch die Schläge zugesetzt haben mussten, sie gaben keinen Laut von sich. Den Chinesen fiel jedoch nicht auf, dass ich aus dem Westen war. Kein Wunder, denn mit meinem geschorenen Schädel und meiner vom Klima gegerbten Haut unterschied ich mich noch kaum von einem Tibeter.
Von Lhasa aus ging es wieder in der Nacht über Berge und Pässe Richtung Grenze. Nach acht Tagesmärschen war ich in Ladakh. Ich wollte meinen tibetischen Freunden beim Abschied Geld geben, aber sie nahmen nichts an. Nie werde ich diese liebenswürdigen und ruhigen Menschen vergessen, die für mich so viele Risiken auf sich genommen hatten. Nie werde ich ihre Toten vergessen.
Von Sialkot aus flog ich zurück nach Frankfurt. Nur langsam fand ich mich wieder in Deutschland zurecht. Mehrere Monate praktizierte ich regelmäßig alle Übungen, die ich in den Klöstern gelernt hatte, einige von ihnen verwende ich noch heute bei der Autosug-

gestion. Und vieles fand – wenn auch auf modifizierte Weise – Eingang in meine Arbeit als Hypnosetherapeut. Die Zeit in Tibet hat mir nicht nur geholfen, Wesen und Wirkung der Hypnose vollkommen zu verstehen. Das, was ich in Tibet erlebt und gelernt habe, ist ein Teil von mir selbst geworden. Es hat mir auch geholfen, im Jahr 2002 meinen schweren Herzinfarkt innerhalb einer Woche zu überwinden, und tagtäglich hilft dieses Wissen meinen Patienten. Die Methode des tiefen In-sich-Hineingehens etwa, meine speziellen Atemübungen oder auch die ganzkörperliche Muskelkontraktion resultieren aus Erfahrungen und hypnotischen Effekten, die ich in Tibet gemacht habe.

Heute noch nehme ich oft das kleine Amulett, ein Dreieck aus Silberdraht mit einem Rubin als Auge in der Mitte, in die Hand, das mir der Lama eines Klosters mit der Bemerkung übergeben hatte, ich sei nun der »Meister des Schlafes«. Er wusste ja, dass es mein Ziel war, Menschen über Trancezustände zu helfen.

Die grandiose Landschaft Tibets brachte mir bei, Ruhe zu finden, mich zu finden und in erleichternder Reduziertheit den Reichtum des Seins zu erkennen. In den Klöstern war es die Stille, die nur durch einen ab und zu geschlagenen Gong unterbrochen, ja betont wurde, die mich bestimmte. In ihr konnte ich meine Meditationen ausführen, sodass sie zu meinen treuesten Helfern heranwuchsen. Sie wehte mich wie ein Nichts an, doch in dieser Leichtigkeit trug sie die ganze Welt in sich. Ich hörte ganz laut nichts und das erfüllte mich. Früher hatte ich nur zähneknirschend mein Alleinsein ertragen. Jetzt war ich in diesem Alleinsein mit allem verbunden. Eine bessere Voraussetzung für meine künftige Arbeit konnte es nicht geben.

2 Meine spezielle Atemtechnik

Die Atemtechnik, die ich entwickelt habe, ist einfach und kombiniert Brust- und Bauchatmung. Ich bringe sie den Patienten unter Hypnose bei, sie wird durch konkretes Üben in den Wachzustand übertragen.

Auf die ersten Überlegungen zu dieser Atemtechnik kam ich, als ich während meiner Zeit als Moderator bei Radio Bremen eine Sprechausbildung erhalten hatte. Dabei lernte ich, dass die reine Brustatmung relativ flach ist. Die Stimme trägt aber weiter, wird voluminöser, setzt man die Bauchatmung mit ein. Ich fand das auch im Hinblick auf die Hypnose interessant und beschäftigte mich intensiver mit den medizinischen Aspekten der Atmung.

In meiner Lehrzeit in den tibetischen Klöstern lernte ich darüber hinaus die große Bedeutung der Solarplexus-Region für die tiefsten Formen der Meditation kennen. Wenn es in der absolut selbstlosen Absenkung darum ging, nichts mehr zu wollen, nichts mehr anzustreben, sondern in einer geradezu kosmischen Offenheit das zu empfinden, was von außen auf einen zukommen kann, dann geschah dies bei den tibetischen Mönchen stets in einer innigen Konzentration auf den Solarplexus. Das »Sonnengeflecht« ist sozusagen die Pforte für die Empfindungen, das innere Ohr, mit dem man tausendmal mehr wahrzunehmen vermag als mit dem eigentlichen Hörorgan. Auch bei Karate spielt der Solarplexus als »Hara« eine wichtige Rolle. Im Kampf ist es in dieser Kunst wichtig, immer im Körpermittelpunkt, im Hara, zu bleiben, keinesfalls darf man diesen Punkt aus dem Gleichgewicht bringen. Selbst bei Faustströßen muss das Hara quasi zwischen den Füßen schweben. Medizinisch ist nachgewiesen, dass der Solarplexus als walnussgroßer Nervenknotenpunkt unterhalb des Brustbeins eines der wichtigen Vitalzentren im Körper ist. Ein gezielter, eingedrehter und damit extrem fokussierter Faustschlag in den Solarplexus kann tödlich sein.

Meine Überlegungen, den Solarplexus über die Atmung positiv und harmonisierend zu beeinflussen, brachten mich schließlich auf eine weich ineinander fließende Kombi-Atmung, die sich nicht nur bei mir, sondern auch bei zahllosen Patienten bestens bewährt hat. Als ich sie einem mir bekannten Mediziner erklärte und vorführte, fand dieser das Atemkonzept »genial« und meinte: »Wieso ist noch keiner von uns darauf gekommen?«

Wenn man sehr aufgeregt oder verängstigt ist, spürt man die berühmten Schmetterlinge oder jene unguten Gefühle im Bauch, und zwar in der Gegend des Solarplexus. Sie kennen diese Formulierungen: »Das schlägt mir auf den Magen«, oder: »Ihm ist eine Laus über die Leber gelaufen«. Was heißt: Viele ungute Gefühle manifestieren sich in der Körpermitte. In diesem Zusammenhang spielt das Noradrenalin eine Rolle. Dieses Hormon wird über die Nervenbahnen ausgeschüttet, im Gegensatz zum Adrenalin, das über die Blutbahn läuft. Bin ich unter Anspannung, gibt die Nebennierenrinde immer etwa von diesem Hormon ab. Die Folge: Man ist ständig sprungbereit, steht permanent unter Stress. Weil nun Noradrenalin über die Nervenbahnen ausgestoßen wird, ist der Solarplexus als eine Art Nervenhauptbahnhof ein wichtiger Punkt in diesem System.

Schreit das Baby, geht die Mutter sofort zu ihm hin und reibt ihm instinktiv das Bäuchlein. Vielfach beruhigt sich der Säugling recht schnell. Bei uns Erwachsenen würde diese Wirkung kaum noch

eintreten, da unsere Haut im Alter dicker geworden ist, wir mehr Fettgewebe und Muskeln angesetzt haben. In der Hypnose jedoch lege ich bei manchen Therapien zeitweise die Hand auf den Solarplexus – hier ist die Sensibilität immer noch am größten.
Über dem Sonnengeflecht sitzt unser größter Muskel, das Zwerchfell. Wenn wir normal atmen, geht es sehr linear auf und ab. Bei meiner Übung kommt eine seitliche Bewegung des Zwerchfells dazu, die den Solarplexus wie mit einer Art Massage entkrampft. Sie entsteht durch die mit einer leichten Schaukelbewegung vergleichbaren Kombination von Bauch- und Brustatmung. Dabei fängt man immer mit dem Ausatmen an. Aus diesem Grund suggeriere ich in vorausgehenden Hypnosesitzungen: »Mit jedem Ausatmen verlässt Unruhe und Anspannung deinen Körper, mit jedem Einatmen nimmst du Ruhe und Sicherheit ganz tief in dir auf.« So findet eine an die Atmung gekoppelte Prägung über die Hypnose statt, mit der grundsätzlich für mehr innere Ruhe gesorgt ist.
Verstärkt wird diese Prägung durch meine spezielle Atemübung: Man atmet entspannt und tief aus und fängt nun, beim Einatmen, ganz betont mit der Bauchatmung an und geht anschließend in einer fließenden Bewegung auf die Brustatmung über – nicht mit einem hektischen Einschnaufen, sonst würde man sich nur wieder verkrampfen. In einem ruhigen, fließenden Einatmen lasse ich erst die Bauchatmung, dann die Brustatmung spüren, wobei etwa ein Drittel bei der Einatmung in den Bauch und zwei Drittel des Luftvolumens in die Brust gehen. Damit es am Anfang besser funktioniert, kann man betont den Bauch herausdrücken und dann ebenso unterstreichend den Brustkorb anheben – und im Anschluss daran entspannt und tief ausatmen.
Zu beachten ist dabei Folgendes: Nicht mehr als ein Drittel der Luft sollte über die Bauchatmung eingeatmet werden, sonst gehen einem oben im Brustkorb sozusagen die Luft und der Platz aus;

und man würde sich wieder verkrampfen. Ein Drittel Bauch-»ein«, zwei Drittel Brust-»ein«, dann tief und entspannt »aus«, das ist die Formel. Die Übung immer mit dem Ausatmen beginnen. Somit wird die Unruhe ausgeatmet, bevor die Ruhe eingeatmet werden kann. Beim Ausatmen stellen Sie sich mental die Formel »Unruhe raus« vor und beim Einatmen die Formel »Ruhe rein«: Bei der Bauchatmung »Ruuhe«, bei der Brustatmung »reeeeeeeein«, beim Ausatmen »Unruuuuhe rauuus« imaginieren. Alles soll ohne jede Hektik geschehen, soll ineinander fließen, wie ein sanftes, melodisches Musikstück. Vier- bis fünfmal atmet man in dieser Weise, worauf einige normale Atemzüge folgen sollen, anschließend noch fünf weitere Atemzüge meiner speziellen Technik.

Um diese Übung gut einzuprogrammieren, brauchen Sie ungefähr zwei Wochen. Geraten Sie nun in Situationen, bei denen Sie Stress verspüren, sollten Sie sofort diese Atemtechnik anwenden, dabei mit der innerlichen Formel »Unruhe raus« und ausatmen beginnen. Sie können das mitten in einem Meeting machen, in einer großer Gesellschaft, in der vollen U-Bahn oder mitten im Supermarkt – niemand wird merken, was Sie da gerade tun. Nach zwei bis drei Monaten wird diese Atmung in entscheidenden Situationen ganz automatisch einsetzen. Das Zwerchfell bekommt auf diese Weise einen anderen Bewegungsablauf signalisiert; durch diesen wird das Nervenzentrum, der Solarplexus, relativ rasch beruhigt.

Ärzte sagten mir, dass man über diese Atemtechnik auch etwa ein Drittel mehr Sauerstoff aufnimmt. In unserem Gehirn sitzen Rezeptoren, die ständig den Sauerstoffgehalt messen. Bei Sauerstoffmangel schlagen sie Alarm und bringen den Menschen aus der Ruhe. Ist man ängstlich, bedrückt oder verkrampft, atmet man meist sehr flach. Darum seufzen Menschen in solchen Situationen oftmals – ihr Körper verlangt nach mehr Sauerstoff. Bekommen die Rezeptoren wieder eine ordentliche Sauerstoffzufuhr gemeldet, drücken sie auch nicht mehr den Panikknopf. Das Denken wird ruhiger und klarer, Situationen werden realistischer eingeschätzt. Und ein Mensch ohne Druck handelt auch gezielter.

Probieren Sie diese Atemtechnik nicht nur aus, trainieren Sie diese. Am besten ist es natürlich, sie in einer Hypnose im Unterbewusstsein zu verankern – in Stresssituationen »schaltet« sie sich dann noch schneller automatisch ein. Bei diesem Training ist es aber nicht ausreichend, wenn Sie einmal am Tag fünf besondere Atemzüge tun, Sie müssen sich mit dieser Atmung schon täglich ein Dutzend Mal beschäftigen. Und Sie sollten darauf achten, dass Sie diese Technik in völlig stressfreien Momenten praktizieren, damit es dann in den entscheidenden Situationen auch klappt. Ich versichere Ihnen, Sie werden diese Übungen nicht als lästig empfinden, da die wohltuende, entspannende Wirkung unmittelbar zu erfahren ist.

Wenn Sie diese Atemtechnik in Hypnose in Ihr Unterbewusstsein einprägen, geht das über die oben genannte Formel, bei der mit dem Ausatmen Unruhe abgeatmet und mit dem Einatmen Ruhe eingesogen wird. Nun ist es eine Eigenschaft von uns Menschen, dass wir nur einen Gedanken gleichzeitig denken können. Wir können nicht parallel an zwei Dinge denken, auch wenn uns dies, bedingt durch schnelle Gedankensprünge, manchmal so vorkommt. Befinde ich mich nun in einer Angst machenden Situation, können sich gerade durch den Versuch, die Angst zu analysieren, immer schrecklichere Gedanken aufbauen, bis hin zu einer Panikattacke. In einer solchen Angstlage konzentriere ich mich aber einzig auf diese zwei kurzen Formeln: »Unruhe raus« (beim Ausatmen) und »Ruhe rein« (beim Einatmen). Wenn Sie sich stur auf die Atmung konzentrieren, werden Sie merken, dass für andere Gedanken, die die Angst oder die Panik betreffen, kein Platz mehr vorhanden ist. Die Formeln wirken wie eine Sperre gegen Angstgedanken.

Übrigens, um auch die letzten Zweifler zu beruhigen: Die Atemtechnik ist ein guter Beweis dafür, dass Hypnose dem Patienten tatsächlich nichts überstülpt, sondern dass dieser alle Änderungen und Verbesserungen, egal, in welchem Bereich, tatsächlich selbst schafft. Denn, das ist doch wohl klar, atmen müssen Sie schon höchstpersönlich, das kann keiner für Sie übernehmen, oder? Und wenn Sie dann auf eine andere, sehr ausgleichende Weise atmen können, dann ist das logischerweise auch Ihr ureigenstes Tun.

Mit der Atemübung sehen Sie auch wieder das Hypnoseprinzip verwirklicht, nichts *gegen* etwas zu handeln. Wenn Angst, Aufregung oder Stress hochkommt, sollen Sie diese Störenfriede nicht niederkämpfen. Stattdessen schaffen Sie mit einer anderen Atemtechnik etwas *für* sich, *für* Ihr Wohlbefinden. Die Atmung gehört zu den grundsätzlichen Lebensenergien, und Sie gehen derart mit ihr um, dass sie *für* ein gutes körperliches und mentales Befinden sorgen kann. Dieses grundsätzliche Für-mich-und-nicht-gegen-etwas sollte man sich auch immer wieder vor Augen halten, denn die besten Techniken helfen nur, wenn man sie nicht seelenlos ausführt, sondern begreift, was dahinter steht. Nur dann können Sie auch alle Möglichkeiten aktivieren, die in Ihnen sind.

Menschen, die Angst haben, sind oftmals verkrampft. Nicht nur durch eine spezielle Atmung, auch durch eine besondere Muskelkontraktion kann Entspannung eintreten. Muskelanspannungsübungen gibt es viele und in ganz verschiedenen Bereichen. Fast immer reduzieren sie sich auf partielle Muskelgruppen, selbst beim klassischen isometrischen Muskeltraining. Als ich Menschen sah, die aufgrund ihrer Ängste und Blockaden körperlich so verkrampft, ja fast erstarrt waren, wurde ich auf Übungen aufmerksam, die die Muskulatur betrafen. Wie, so überlegte ich, könnte man diese Verkrampfungen auflösen? Ich dachte daran, dass ein Extrem meist das gegenteilige Extrem auslöst, und hatte dabei das Bild stark gespannter Gummibänder vor meinen Augen, die plötzlich wieder losgelassen werden. Bei Betrachtung der diversen Techniken zur Anspannung einzelner Muskeln und Muskelgruppen kam mir die Idee, es müsse doch viel wirkungsvoller sein, wenn man vom Scheitel bis zur Sohle alles, was man an Muskeln hat, auf einmal so extrem wie möglich anspannt, diese Kontraktion des ganzen Körpers für einige Sekunden aufrechterhält – und dann schlagartig loslässt. Ich probierte es aus und entdeckte eine phänomenale Staulösung, die man in jeder Körperhaltung erreichen kann. Noch wirksamer wird die Methode, wenn man sie gleich mehrere Male hintereinander durchführt, wenn möglich im Liegen, mit geschlossenen Augen. Das ist richtig anstrengend, aber Sie werden sehen, Sie sind danach körperlich lockerer und haben einen hellwachen Kopf. Es wirkt wie eine Energiedusche.

3 Meine Therapien, meine Patienten

Klar ist, dass der Intellekt immer wieder in meine therapeutische Arbeit hineinspielt, manchmal auf sehr kuriose Weise. Kinder sind da unkomplizierter, weil sie viel unbefangener und unmittelbarer an Hypnose herangehen, Erwachsene bringen ihre Eigenheiten mit. Würden Sie beispielsweise eigens zu einem Arzt gehen und ihm sagen, er könne Ihnen ja sowieso nicht helfen, Sie würden es sehr bezweifeln, dass seine ärztliche Kunst bei Ihnen funktioniert? Sie würden dann doch erst gar nicht zum Arzt gehen. Zum Hypnosetherapeuten kommen aber so manche Patienten und sagen als Erstes, bei ihnen würde das nicht klappen, sie seien zu intelligent und darum nicht hypnotisierbar. (Was unsinnig ist, denn gerade intelligente Menschen können gut loslassen und in der Hypnosearbeit hervorragend mitgehen.) Und andere Patienten wollen es geradezu auf einen Machtkampf mit mir ankommen lassen.

Ich lasse mich jedoch darauf nicht ein. Manchmal breche ich die Sitzung dann einfach ab, obwohl ich weiß, dass hinter diesem scheinbar selbstbewussten Auftreten Ängste stehen. Aber ich möchte und muss niemandem etwas beweisen, vielmehr muss es das Interesse des Patienten sein, etwas für sich selbst zu tun. In seltenen Fällen aber gibt es Gründe, die Sitzung weiterzuführen, da suggeriere ich dann einen posthypnotischen Befehl, etwa den: »Sobald sich der Patient gedanklich gegen die Therapie stellt, passiert etwas Bestimmtes.« Posthypnotische Befehle sind ein wenig brachial, aber manchmal sinnvoll. Bei Alkoholikern kann es zum Beispiel darum gehen, ihn über die allerhärtesten Tage des Entzugs zu bringen. Ein posthypnotischer Befehl kann in einem solchen Fall dergestalt nützen, dass der Patient eine Flasche mit alkoholischem Inhalt nicht mehr anheben kann, weil ihm bei diesem Vorhaben seine Arme plötzlich wie gelähmt erscheinen. Wer an dieser Stelle wieder argumentiert, Hypnose mache also doch Dinge gegen den Willen des Patienten, liegt falsch. Der Patient ist zu mir gekommen, weil er vom Alkohol loskommen will.

Mit schwierigen Patienten bespreche ich in Ruhe, warum ich mich nicht auf Machtkämpfe einlasse. Ich erkläre, dass ich in der Hypnose als Trainer auftrete, und wer sich auf das Training einlässt, muss mit mir an einem Strang ziehen, sonst erreicht man nichts. Wenn ein Patient dann immer noch sagt, ich kann das nicht, heißt das letzten Endes, er will eigentlich nicht. Da hilft nur noch eins: sich zu trennen.

Ein Mann kam einmal zu mir wegen seines Medikamentenmissbrauchs. Ich sprach ihn vorsichtig darauf an, auf welche der vielen Arzneien, die er täglich einwarf, er verzichten wolle. Auf keine, war seine Antwort. Auch nach weiterem Reden und Nachfragen änderte er seine Haltung nicht. Diesem Mann sagte ich, dass wir uns nicht gegenseitig die Zeit stehlen sollten, er könne ja in einem halben Jahr wiederkommen, wenn sein Wunsch nach Änderung seiner Situation wirklich stark genug ausgeprägt sei.

Nicht selten verweigern Menschen eine Verhaltensänderung, weil sie ohne ihre Krankheit nicht mehr leben wollen und können, da sie sich über ihr Leiden definieren. Sie sind mit diesem verheiratet und können nicht ohne ihr Unglück sein. Sie haben es längst zu einem Machtinstrument umfunktionalisiert und setzen damit ihr ganzes soziales Umfeld unter Druck. Gerade bei solchen Menschen wäre eine Hypnosetherapie segensreich, um sie zu ihrer eigenen Identität zurückzuführen – aber sie müssen eben wirklich wollen.

Es gibt einige Menschen, bei denen weiß ich sofort, die Frau oder der Mann wird die Therapie nicht bei mir machen. Einmal hatte ich eine depressive Frau in einem Vorgespräch, und als ich ihr sagte, dass sie mitarbeiten müsse, aber dann wirklich ihre Krankheit loswerden könne, und dass meine Erfolgsquoten bei weit über neunzig Prozent liegen, war sie von der Aussicht, wieder gesund zu sein, fast entsetzt. Sie sagte nur: »Aha ...« Diese Frau tyrannisierte mit ihrer Depression seit langer Zeit ihre gesamte Familie, spielte stets mit masochistischem Genuss die Leidende. Durch ihre Krankheit hatte sie sich eine Machtposition innerhalb der Familie geschaffen: Wer ihr nicht gut tat, den konnte sie bestrafen. Ihr Mann und ihre Kinder hatten sie zu mir geschickt, aber eigentlich wollte sich diese Frau nicht von ihrer Krankheit verabschieden – das dachte ich wenigstens. Nach einigen Tagen meldete sie sich dann zu meinem Erstaunen doch wieder und fing mit den Hypnosesitzungen bei mir an. Schon nach den ersten Therapiestunden wurde sie stabiler, und ich spürte erneut, dass es ihr eher unangenehm war, gesund zu werden. Sie suchte nun einen Ausstieg. Ich aber war längst ihren großen inneren Verkrampfungen auf die Spur gekommen; diese Frau litt noch unter ihrer sehr dominanten Mutter. In der achten Sitzung kam ich auf ihre Sexualität zu sprechen, weil ich inzwischen wusste, dass dort wesentliche Ursprünge ihrer Depressionen und Verspannungen lagen. Ich fragte sie, ob sie sich in ihrem Leben je selbstbefriedigt habe. Das nahm sie zum Anlass, die Therapie mit aufgeplusterter Empörung abzubrechen. Wie auch immer: Entweder will jemand sein Problem bewältigen oder er will es weiterhin als ein zwar dämonisches, aber wenigstens vorhandenes Haustier pflegen.

Gerade bei dem Thema Sexualität passe ich sehr auf. Bei vielen Menschen liegen hier im Unterbewusstsein tief vergrabene Probleme. Prinzipiell sind diese Störungen über Hypnose zu korrigieren, dazu darf ich sexuelle Probleme aber nicht ausklammern, wenn ich dem Menschen helfen will. Gerade bei Patienten mit sexuellen Störungen dürfen nicht Vorwürfe laut werden, der Therapeut habe sich hier Unkorrektheiten irgendwelcher Art geleistet. Darum werden diese Menschen grundsätzlich von meiner Frau empfangen, auch bekommen sie nach der Sitzung von ihr noch eine Tasse Kaffee oder Tee eingeschenkt. Während der Therapiestunde halte ich natürlich stets meinen korrekten Zwei-Meter-Abstand ein. Auch diese Patienten mit ihrer etwas kniffligen, ihnen selbst oft peinlichen Thematik geraten schon nach wenigen Sitzungen in einen »Flow« und erleben die Sitzungen als Wohlfühlzeit.

Anderen Menschen steht das bloße Anspruchsdenken im Wege. Da kommen diese Leute mit viel Geld zu mir und sagen: »Machen Sie mich gesund.« Ich soll diese Tat bewerkstelligen, sie selbst sind aber nicht dazu bereit, etwas in Gang zu setzen. In diesen Fällen macht eine Hypnosetherapie auch keinen Sinn.

Oft sitzen diese Menschen zwei, drei Jahre später wieder in meiner Praxis. Ihre Probleme sind dann meist wesentlich manifester geworden, aber sie haben den Willen entwickelt, ihre Schwierigkeiten in Angriff nehmen zu wollen. Wer jetzt am Anfang vier Sitzungen pro Woche akzeptiert, kann in einem Vierteljahr positiv Bilanz ziehen.

Fast immer kommt der Zeitpunkt, an dem die Patienten ungeduldig werden, weil es ihnen immer noch nicht schnell genug geht. Sie kennen das Gefühl, wenn man mit einem schweren grippalen Infekt im Bett liegt, es ist einem übel, der Kopf scheint vor Schmerzen zu platzen, der Körper fiebert, alle Glieder tun weh. Nun nehmen Sie ein starkes Mittel gegen das Fieber und die Schmerzen – und schon eine Stunde später fühlen Sie sich »eigentlich wieder ganz fit«. Es ist so ein herrliches Gefühl, all diese negativen Symptome los zu sein, alles scheint wieder recht normal zu sein, man sieht nun gar nicht mehr ein, warum man im Bett liegen bleiben sollte. Wenn Sie aber nun aufstehen und aktiv herumsausen würden, käme es zu einem Zusammenbruch, etwa einem Kreislaufkollaps, denn in Wahrheit sind sie noch nicht gesund, noch nicht mit der Krankheit durch.

Ähnliches kann bei der Hypnose auftreten. Wir sprechen in der Hypnose das Unterbewusstsein an, und das ist einer der effektivsten Wege, die es gibt, egal, ob es um physische oder psychische Probleme geht. Dadurch erfahren Sie an sich dermaßen schnelle und erfreuliche Verbesserungen und Sie sind sichtlich froh, dass all die oft lange erduldeten Symptome so rasch verschwunden sind. An diesem Punkt bekomme ich oft zu hören, nun sei doch schon wieder alles in Ordnung, oder? Denken Sie aber an das Antibiotikum, das Sie bei einer Magen- und Darminfektion eingenommen haben. Die Koliken hören schon nach Stunden auf, dennoch müssen Sie diese Tabletten unbedingt noch einige Tage weiter einnehmen, sonst droht ein Rückfall. Auch wenn sich in der Hypnosetherapie, nach dem Verschwinden der unangenehmsten Symptome, eine verständliche Begeisterung über Ihr neues Wohlbefinden breit macht, sollten Sie so lange weitermachen, bis sichergestellt ist, dass die Ursache des Problems über die »Umprogrammierung« Ihres Unterbewusstseins – die Sie selbst leisten – beseitigt ist.

Wenn beispielsweise ein Mensch jahrelang in der furchtbaren Zwischenwelt einer schweren Depression gefangen war, sich und seine Umwelt nicht mehr spürte, Farben und Sonnenlicht nicht mehr wahrnahm, Wärme oder Kälte nicht mehr empfand, nicht einmal mehr Traurigkeit über seinen Zustand realisieren konnte, wenn dieser Mensch es nach nur wenigen Wochen Hypnosetherapie schafft, diesen Vorhang des schweren Nebels zu zerreißen, dann kommt in ihm eine so gewaltige Lebensfreude zurück, dass man ihn bremsen muss. Es besteht sonst die Gefahr, dass sich der Patient im euphorischen Galopp in sein neu gefundenes Leben stürzt. Er betreibt ein Zuviel an Aktivitäten, wodurch er nach kurzer Zeit wieder aus seiner Bahn geworfen wird. Gerade nach einer derart schweren Krankheit muss man langsam an das normale Leben herangehen.

Viele Patienten muss ich auch am Anfang von ihren Schuldgefühlen wegbringen. Wer nicht in seinen eigenen Schuhen geht, hat endlos viele Möglichkeiten, sich Schuldgefühle aufzuladen. Unsere Leistungsgesellschaft, die die Fitten und Alterslosen favorisiert, ruft bei denen Schuldempfindungen hervor, die mit ihrer Krankheit, mit ihren psychischen und physischen Problemen nicht dem Jugendwahn huldigen können. Ein mobbendes familiäres oder betriebliches Umfeld kann dazu noch einiges beitragen. Am Anfang muss man die Klienten mit einigen »Tricks«, das heißt ablenkenden Suggestionen, von ihren Schuldgefühlen befreien. Nur so gelingt eine gemeinsame fruchtbare Arbeit. Später, wenn sie über die Hypnose ihr eigenes, starkes Ich wiedergefunden haben, lösen sich diese Probleme ohnehin für immer auf.

Unter einer besonderen Form von Schuldgefühlen leiden viele intelligente Menschen, die psychologisch bewandert sind. Sie wissen durchaus, dass es wichtig ist, wie man mit seinen Lebenserfahrungen umgeht. Und sie schließen aus ihren Problemen, dass sie mit Erfahrungen falsch umgegangen sein müssen und sie nicht richtig verarbeitet haben. Diese Personen empfinden das als Fehler, als Schwäche, als einen Mangel und zweifeln an ihren eigenen Fähigkeiten. Aber nicht immer sind schlechte Erfahrungen einfach nur schlechte Erfahrungen. Man kann sie im Unterbewusstein auch in folgender Form abspeichern: »Hey, da ist zwar etwas dumm gelaufen, das brachte mich aber auf den Weg, wie es besser gehen kann.« Häufig geht es bei diesen Menschen um weit mehr als nur schlechte Erfahrungen, häufig leiden sie unter einem fast apokalyptischen Trauma, etwa dem des Kindesmissbrauchs. In diesem Fall unterbleibt die Verarbeitung des Erlebnisses nicht etwa aus

Bequemlichkeit, vielmehr werden solche Erlebnisse umgehend zugedeckt und ganz tief im Unterbewusstsein weggeschlossen. Es ist ein Schutzmechanismus des Körpers, damit die Person weiterleben kann. Traumata in diesen Ausmaßen würden sonst den Körper so massiv zum Kollabieren bringen, dass sogar der sofortige Tod eintreten könnte. Ein Kind, das, versteckt unter einer Treppe, mit ansehen musste, wie seine Eltern von Einbrechern umgebracht wurden, kann die Szene, die Täter nicht beschreiben. Der Vorfall ist »weg« und der kleine Mensch dadurch erst einmal gerettet. Natürlich ist der Vorfall in Wahrheit nicht »weg«, er wurde aber dem Verstand und den oberen Ebenen der Erinnerung vom körpereigenen Schutzmechanismus entzogen. Warum konnten Juden über ihre Holocaust-Erlebnisse erst nach Jahrzehnten sprechen? Es ist oft ein langer Prozess, bis ein Mensch den Schutzmechanismus nicht mehr braucht und auch von seinen Schuldgefühlen befreit ist. Dann erst kann er in die dunkelste Ecke seiner Seele gelangen.

Eine ganz eigene Klientel sind prominente Menschen, von denen sehr viele zu meiner Kundschaft gehören. Hier kommt wieder das Thema Ängste ins Spiel, das wie ein riesiger Brandsatz unter dem Boden unserer Gesellschaft liegt. Ganz eigene, oft gewaltige Ängste findet man ausgerechnet bei denen, die an der gesellschaftlichen Spitze stehen, bei prominenten Sportlern, Schauspielern oder Schriftstellern. Wenn man ganz oben steht, kann man sich nicht mehr ganz unschuldig darauf freuen, dass immer noch mehr, dass es immer noch besser kommt. Wer ganz oben steht, muss schauen, dass er seinen Level hält – und ich vertrete die These, dass das nur möglich ist, wenn man eine kleine Macke hat. Ob Kohl, Kahn oder Becker, ob Hollywood-Star oder Pop-Ikone, Menschen in diesen besonderen Situationen wandeln alle ein bisschen im roten Bereich.

4 Die Leiden prominenter Menschen

Sie sind oft wirkliche Schönheiten, besitzen viel Geld und mächtige Villen, schnittige Yachten, rasante Autos und schweres Geschmeide. Warum liest man aber immer wieder über Prominente, vor allem Schauspieler oder Popstars, die doch eigentlich mit ihrem Erfolg, ihrem Können, ihrer Bedeutung, ihrem Aussehen auf der Sonnenseite des Lebens stehen, Geschichten über deren Abstürze in die beklemmende Schattenwelt der Depressionen, in die der Drogen- und Alkoholsucht? Harald Juhnke, Liza Minelli, Richard Burton, Liz Taylor ... die Liste der nur scheinbar Glücklichen ist endlos. Viele starben an ihren Problemen, wie etwa der berühmte und alkoholkranke Schriftsteller Ernest Hemingway, wie die Rockstars Janis Joplin, Jimmy Hendrix oder Kurt Cobain. Romy Schneider und Marilyn Monroe waren weltberühmt, schön und reich, und doch immer nur auf der Suche nach Liebe, nach Angenommensein, nach dem Glück – nach sich selbst. Viele starben an den Drogen oder begingen Selbstmord. Und die Betroffenen, die noch leben, kämpfen immer wieder gegen irgendeine Sucht an. Der hochbegabte Schauspieler und Entertainer Harald Juhnke musste sich fast sein ganzes Leben mit dieser Problematik auseinander setzen, und in jeder dritten Talkshow berichtet irgendein Schauspieler über seine Zeit als Süchtiger.

Auf meiner Couch lagen zahlreiche Prominente. Schriftsteller, Tennis-, Fußball- oder Filmstars hatten den Weg zu mir gefunden, und das war in fast allen Fällen gut für sie. Diese Menschen, die doch angeblich sorgenfrei und froh leben könnten, hatten oder haben alle, egal, ob depressiv, alkohol-, kokain- oder spielsüchtig, dasselbe Problem: Sie leiden unter massiven Ängsten. Sie wurden und werden bestimmt von Versagensängsten, wurden und werden geplagt von der Angst, vergessen zu werden, vor dem Millionenpublikum nichts mehr darstellen zu können. Denn diese Menschen mit ihrem außerordentlichen Lebensweg verlieren sich selbst mit wachsendem Erfolg immer mehr. Sie leben ihr Leben verstärkt im bloßen Darstellen einer Rolle, die weit von ihrem eigentlichen Wesen entfernt ist.

Oder glauben Sie vielleicht, Dieter Bohlen sei im wahren Leben wirklich der Kotzbrocken, den er im Fernsehen gibt? Glauben Sie, Verona Feldbusch sei im Privatleben tatsächlich ein mit Micky-Maus-Stimme quiekendes Naivchen? Meinen Sie wirklich, die prominenten und älteren Schauspielerinnen sind tatsächlich noch so schön und faltenfrei, wie sie in ihren letzten Filmen aussehen? Glauben Sie wirklich, dass Arnold Schwarzenegger privat ein sich vor nichts fürchtender Terminator ist? Dieter Bohlen ist privat ein sehr netter Mensch, aber wäre er das in der Öffentlichkeit, wäre sein Image beschädigt. Verona Feldbusch ist eine intelligente Frau, die es geschafft hat, mit scheinbarer Naivität und einem schrecklich unbeholfenen Umgang mit der deutschen Sprache – »Hier werden Sie geholfen« – sich zu einer Kultfigur zu stilisieren (natürlich bestens bezahlt). Ältere Schauspieler und vor allem Schauspielerinnen werden in Filmen mit allen kosmetischen und sonstigen Mitteln auf jung und schön getrimmt. Wenn sie am Morgen aufstehen, haben sie dieselben Falten wie andere Frauen ihres Alters auch, und wenn nicht, stecken medizinische Operationen dahinter, die auch nicht wirklich helfen, die eigene Identität zu behalten oder gar zu finden. Früher filmte man schöne Schauspielerinnen mit der Weichzeichner-Linse, die gnädig Falten verschwinden ließ, heute wird für Filmaufnahmen auch gerne mal mit Tesafilm-ähnlichen Klebstreifen das altersmäßig etwas abgesackte Gewebe temporär geliftet. Und der machtvolle Terminator-Bulle Arnold ist privat ein netter, lieber Mensch und hatte schon vor Jahren Probleme mit dem Herzen.

Viele prominente Menschen spielen ihre Rollen, also ihr aufgebautes Image, oft viel zu lange und zu exzessiv. Plötzlich bricht dann in ihrem Leben das Leiden durch, wenn sie schmerzhaft empfinden, dass sie nie sie selbst sein dürfen. Das Dumme ist: Trotz des Schmerzes sind sie zu unbeweglich geworden, etwas zu ändern. Längst haben sie sich an ihre öffentliche Wirkung gewöhnt und häufig verlernt, einen normalen Alltag zu leben. Oft können sie ihn ja auch gar nicht eigenhändig gestalten; denn würden sie ihr Brot selbst beim Bäcker kaufen, würden sie sofort von Fans umlagert sein. So geraten viele Promis in den Teufelskreis, ihr eigentliches Wesen immer mehr zu verdrängen, und sie reden sich ihre Scheinwelt schön; es ist ja so toll, hofiert und chauffiert zu werden.

Und wer gibt schon gerne Dinge auf, die einem so erstrebenswert erschienen – Ruhm, Geld, Macht? Auch hier spielt übrigens wieder unsere noch nicht überwundene steinzeitliche Prägung mit: Einst hüpften wir als Neandertaler und Ötzis durch Steppen und Bergtäler und waren im wahrsten Sinn des Wortes geradezu tierisch froh, wenn wir etwas Besonderes ergatterten, also endlich mal ein größeres Tier mit dem Speer erlegen konnten – denn das war einfach überlebensnotwendig. Dieses Verhalten steckt genetisch heute noch in den Menschen, die nun wirklich keinerlei Angst mehr um ihr materielles Überleben haben müssten; sie werden dennoch von Verlustängsten geplagt.

Prominente Menschen haben besonders viel erreicht und damit besonders große Verlustängste. Diese Problematik verbindet sich mit zwei weiteren: Erstens besteht bei diesen Menschen ein extremer Druck, immer das hohe Niveau halten zu müssen, ob als Supermodel, als Bestsellerautor, als Popstar oder als Torwart von Weltrang; zweitens führt dieses Nie-seine-eigene-Persönlichkeit-leben-Können in eine innerliche Schizophrenie. Eine weitere problematische Komponente ist die Tatsache, dass diese Menschen in ihrer Arbeit sich weitaus mehr einbringen, viel mehr von sich hergeben müssen als der Bademeister mit seinem Nine-to-five-Job. Die Gesamtproblematik, die so entsteht, ist häufig dermaßen komplex, dass diesen von Millionen bewunderten und beneideten Menschen nur die Flucht in die Depression oder in Betäubungen durch diverse Drogen bleibt. Viele Schauspieler fallen genau in dem Moment, in dem ihr neuester Film mit bestem Erfolg anläuft, in solche Probleme, denn sie haben schon wieder Angst, in Vergessenheit zu geraten. Sie sind in Gedanken bereits bei der Frage, ob sie dem Erfolgsdruck im Hinblick auf den nächsten Film standhalten können.

Wie gesagt, bei allen, vom koksenden Supersportler bis hin zum Bestsellerautor mit ausgeprägter Alkoholabhängigkeit, kam bei mir in der Praxis diese dramatische Vernetzung von Problemen zum Vorschein. Sie ist mit Hypnose aber sehr gut zu behandeln. Wieder nach dem eigentlich ganz einfachen Prinzip, mit dem Unterbewusstsein dahingehend zu kommunizieren, dass über entsprechende Suggestionen alte Vernetzungen gelöst und durch neue ersetzt werden, die diesen geplagten prominenten Menschen dann die Möglichkeit geben, aus eigener Kraft sich selbst zu leben. Allerdings ist die Hypnosetherapie hier manchmal eine etwas komplizierte Angelegenheit. Gerade bei den Stars mit ihrer facettenreichen Persönlichkeit geht in der Hypnose nichts auf einem linearen Weg. Stellen Sie sich Hypnose wie ein räumliches Mosaik vor. Ich setze anfangs eine Grundsuggestion und biete dann dem aus fernen Zeiten stammenden Unterbewusstsein des Patienten eine Fülle an Suggestionen an, die für dieses Unterbewusstsein wie Sterne in einem räumlichen Kosmos herumsausen. Damit erreiche ich, dass kein Zwang ausgeübt wird. Es wäre Feld-Wald-und-Wiesen-Hypnose, wenn ich komplexen Persönlichkeiten nur eine Suggestion anbieten würde, die sie innerlich möglicherweise sogar völlig ablehnen. Eine Fülle an Suggestionen, bei denen ich, wenn ich spreche, scheinbar zusammenhanglose Sprünge und Wendungen mache, gibt dem Unterbewusstsein des Patienten die Möglichkeit, frei zu entscheiden, welche Suggestion sich bei ihm ansiedeln darf.

Das klappt allerdings dann nicht, wenn ein prominenter Mensch zwar zu mir kommt, sich aber nach den ersten Sitzungen gegen eine Wandlung in Richtung Wohlsein entscheidet. Den Fall hatte ich bei einem berühmten Patienten, den ich ausnahmsweise nennen kann, weil er schon seit vielen Jahren nicht mehr unter den Lebenden weilt. Klaus Kinski fragte ich, warum er immer die Rolle des wilden Kinski spiele und damit alle Leute vor den Kopf stoße. Er antwortete daraufhin: »Das ist mein Job.« Ich sagte ihm daraufhin, das könne er nicht ewig spielen, es würde ihn selbst fertig machen, er sei ja nicht ohne Grund bei mir. Kinski erwiderte: »Deswegen muss ich es ja sein!« Er sah also seine Chance nur darin, seine Rolle nicht nur zu spielen, sondern sie möglichst mit seinem ganzen Sein zu verkörpern.

Ich spürte, dieser Schauspieler steckte voller Versagensängste. Und er wusste oder ahnte wohl, dass sein wildes Gebaren nicht sein eigentliches Innerstes ausmachte. Er war ja schließlich bei mir, weil er Angst hatte, sich zu verlieren. Die Hypnosearbeit war nicht sehr leicht mit ihm, denn er baute, typisch für einen Machtmenschen, jede Menge Sperren dagegen auf. In solchen Fällen arbeite ich mit ablenkender Suggestion, die ich in der Showhypnose bis zur Perfektion gelernt hatte. Das heißt, ich lenke die Aufmerksamkeit auf eine Suggestion, gegen die sich der Patient sträubt, wobei er aber nicht merkt, dass ich gleichzeitig eine andere Suggestion gebe, die dann wirksam wird. Auch hier gilt natürlich, dass diese andere

Suggestion, die ich sozusagen durch die Hintertür einschleuse, nur wirksam werden kann, wenn sie im Inhalt nicht gegen die inneren Überzeugungen des Patienten geht. Ich sagte »innere Überzeugungen«, nicht verstandesmäßige Überlegungen.

Die anfänglichen Sperren verloren sich schließlich bei dem berühmten Schauspieler. Aber dennoch, oder besser gesagt gerade deswegen, blieb er im Gegensatz zu anderen Prominenten nicht sehr lange mein Kunde. Nach der achten Sitzung sagte er: »Herr Riedel, ich habe das Gefühl, mit Ihnen verändere ich mich, und das will ich nicht.« Die Angst, nach außen nicht mehr der Kinski zu sein, der er bislang war, trieb ihn ganz offensichtlich so sehr um, dass er dafür die Aussicht hergab, endlich seine innere Harmonie zu finden. Ich fragte Kinski einmal, wie ein Zehnmarkschein aussehe. Er konnte ihn mir nicht beschreiben. Kinski hatte sich entschieden, so weiterzuleben wie bisher.

Vielen Persönlichkeiten des öffentlichen Lebens konnte ich helfen, sich selbst zu helfen. Hypnose kann bei den typischen Problemen Prominenter sehr gut helfen – aber man muss es wollen, mit mir zu arbeiten. Ich gebe diesen Menschen ganz deutlich zu verstehen, dass sie sich in einer Richtung verändern werden, die vielleicht nicht mehr ganz dem Image entspricht, das sie permanent verkörpern, und dass sie wahrscheinlich an den Punkt gelangen werden, ihr bisheriges Image gar nicht mehr spielen zu wollen. Ich mache ihnen bewusst, dass auf der anderen Seite ein Leben aus erster Hand steht, ein Leben, das Drogen gar nicht braucht. Jeder muss dann selbst wissen, welchen Preis er zu zahlen bereit ist.

Ein wenig erinnern mich die Probleme mancher Prominenter an den Faust'schen Pakt mit Mephisto. Man verkauft seine Seele für viel Ruhm und Reichtum. Man verfällt der Sucht, alles haben zu wollen, was scheinbar glücklich macht, und bekommt es schließlich auch. Nur das, was diese getriebenen Menschen wirklich glücklich macht, erreichen sie nicht: sich selbst.

5 Mit Kindern arbeiten

Mit Kindern mental zu arbeiten macht viel Freude. Bis zu ihrem zehnten Lebensjahr haben sie reichlich Phantasie und können mit dieser spielerisch umgehen. Sie sind neugierig und lernbegierig, sie haben noch kein Status- und kaum ein Normendenken und sie haben noch lange nicht so viele negative Lebenserfahrungen gemacht wie die meisten von uns Erwachsenen. Dadurch ist ihr Urvertrauen noch weitgehend unbeschädigt und frei von Blockaden.

Kindern ist Hypnose in die Wiege gelegt: Wenn die Mutter oder die Oma dem von Tausenden von Tageseindrücken aufgeregten Kind abends in beruhigendem Ton ein schönes Märchen vorliest und dabei wie selbstverständlich eine Hand auf den Kinderbauch legt, erlebt es einen nahezu hypnotischen Effekt. Als Kind erlebt man nonverbale Übertragungen von Energien in einem Ausmaß, wie vielleicht nur noch selten im späteren Leben. Als Kind fragt man auch nicht nach, ob man diese Art von Magie nicht lieber ablehnen sollte. Jede Form von Kommunikation wird offen angenommen, soweit sie effektiv und spannend erscheint.

Kinder kommen mit großer Vorfreude zu Hypnosesitzungen, Sperren durch Kopfgeburten gibt es bei ihnen noch nicht. Sie haben in ihrer Unbefangenheit keine Angst vor der Hypnose; sie »müssen« nicht immer wieder eine andere Person als die leben, die sie eigentlich sind. Ein Kind brachte es wunderbar zum Ausdruck:

»Ich bin so, wie ich bin, und ich kann mein Bin-so nicht ändern.« Ich würde mir wünschen, dass mehr Erwachsene so klar zu ihrem eigentlichen »Bin-so« stehen würden.
Bei Kindern kann man hervorragend mit starken Bildern arbeiten. Wenn Sie schon Erfahrung mit Hypnose und Selbsthypnose haben, können Sie Kindern, die am Abend Einschlafprobleme haben, weil ihnen irgendwelche intensiven Erlebnisse noch zu wild durch den Kopf sausen, mit den Formeln des Autogenen Trainings und einigen suggestiven Bilderreisen helfen. Ich wende bei Kindern sehr gern die Reise auf dem Fliegenden Teppich an. Man erzählt ganz ruhig, wie der freundliche Fliegende Teppich schwebend vor dem Fenster parkt. Dann setzt man sich mit dem Kind auf den sicheren Teppich und beginnt eine Reise, schwebt über den Dächern der Stadt, schaut sich die Kirmes, den Zirkus oder einen Markt an, schwebt zu einem See und betrachtet die kleinen Boote aus der Vogelperspektive. Man kann sich auch den Tierpark von oben anschauen, geht dafür aber mit dem Teppich etwas tiefer und guckt der erstaunten Giraffe in die Augen, grüßt die Affen, nun selbst knapp über den Bäumen schwebend. Und schließlich wird es Abend, um einen herum wird es dunkler und dunkler, und man schwebt zurück vor das Kinderzimmer, alle Reisenden steigen aus und bedanken sich beim Teppich. Das Kind legt sich jetzt in sein Bett und kann nun ganz glücklich schlafen, denn der Teppich selbst schwebt zurück zu seinen Teppichfreunden, rollt sich ganz entspannt ein und schläft ebenfalls ... Kinder schlafen bei dieser Geschichte wunderbar ein.
In der Kindertherapie ist für mich das Visualisieren des Fliegenden Teppichs von großer Wichtigkeit (ich habe dafür sogar einige bunte Teppiche selbst geknüpft). Denn wenn die Kinder über den Dingen fliegen, über ihrer Schule, ihrem Elternhaus, ihrer Nachbarstraße, sind sie viel freier, über Dinge zu reden, die nicht ganz in Ordnung sind, denn die sind in diesem Moment ja weit unter ihnen. Das

Kind schwebt über den Problemen und fühlt sich sicherer. Ich frage in der Hypnose nach, was das Kind genau in diesem Augenblick da unten sieht, etwa auf dem Schulhof, und ich erhalte erstaunlich präzise Schilderungen, die recht schnell zum Kern der Problematik führen und die zeigen, was dem Kind Angst bereitet. Man muss die Schwierigkeiten auch nicht unbedingt direkt ansteuern. Bei Schulproblemen können wir etwa mit dem Teppich erst einmal eine Runde über der Stadt drehen, können Menschen sehen, die interessante Tätigkeiten ausüben, fliegen dann zum Bahnhofsplatz, wo täglich die Obdachlosen herumhängen. Das Geschehen dort unten beobachten wir nun aus der sicheren Vogelflugperspektive, und ich sage dem ganz entspannt daliegenden Kind, schau mal, die hatten früher wohl auch völlig unnötige Angst in der Schule gehabt. Dadurch trauten sie sich nicht mehr, etwas mit Freude anzupacken, jetzt hängen sie hier herum, machen nichts anderes in ihrem Leben und trinken viel zu viel. Da brauche ich dann gar keinen moralischen Zeigefinger mehr zu heben, denn so will kein Kind leben. Sie sehen die Problematik, die sie selbst haben, jetzt aus einer distanzierten und völlig veränderten Perspektive. Mittels weiterer bildhafter Suggestionen wird das innere Ich gestärkt, sodass es zu Veränderungen im Verhalten des Kindes kommt.

Gegenüber Kindern spreche ich nicht von einem Unterbewusstsein, ein solcher Begriff ist viel zu abstrakt für sie. Wir reden nur von einem inneren Ich – das begreifen sie sehr gut und nehmen es an.

Ganz prima reagieren Kinder auch auf das Bild einer wunderschönen, bunten Wiese, auf die man sich begibt. Und wenn ich bei Erwachsenen in der Hypnose bevorzugt das Bild eines leicht auf dem Wasser schwimmenden Blattes anwende, ist es bei Kindern eine Floßfahrt, bei denen die Kinder von den zusammengebundenen Hölzern aus beobachten, was sich am Ufer tut. Das Floß-Bild kann im kindlichen Unterbewusstsein gut umgesetzt werden. Die

Rückmeldungen bei Kindern sind auch sehr intensiv, da sie besser als Erwachsene visualisieren können. Und so kann ich in der Hypnosesitzung gut erkennen, was sie beunruhigt, wo eventuell Ängste sitzen. Ich kann Eltern, deren Kinder unter psychischen Problemen leiden, Hypnose nur wärmstens empfehlen. Für mich ist es ein Unding, dass immer mehr Kindern und Jugendlichen ruhig stellende Medikamente verschrieben werden.

Ebenso wie bei Erwachsenen muss sich auch das Kind in der Hypnosetherapie sicher sein, dass es sich die Stärkungen seines inneren Ichs selbst erarbeitet hat. Sie dürfen nicht etwa auf die Idee kommen, dass der Onkel Riedel etwa der Wunderheiler war. Darum versuche ich bei Kindern, sie in der Sitzung immer für ein paar Minuten allein zu lassen, so können sie ihren Fliegenden Teppich auch mal selbst steuern. Das ist allerdings nur möglich, wenn das Kind absolut angstfrei ist; und wenn es sich ergibt, hole ich in einer solchen Pause ganz leise auch mal die Eltern herein, damit die sehen und spüren, was da Schönes mit ihrem Kind passiert.

Selbstverständlich arbeite ich mit Kindern genauso individuell wie mit Erwachsenen. Jeder Fall ist ein anderer, man muss in den Sitzungen ein sehr scharfes Ohr für feinste Zwischentöne haben. Wichtig ist bei Kindern, herauszufinden, wo bei ihnen die Prioritäten liegen. Kinder wollen durchaus auch gefallen und leiden dann darunter, wenn sie merken, dass etwas nicht stimmig ist. Manchmal gehe ich mit den Kindern in der Visualisierung auch ins Wasser, wo wir dann entspannt schweben und sie sich beim Reden freier fühlen. Wenn bei ihnen das Eis erst einmal gebrochen ist, sprechen sie sehr viel – und da muss ich dann wieder sehr aufpassen, um das Wichtige vom Unwichtigen herauszufiltern.

Noch etwas: Kinder haben kaum Schwierigkeiten, Selbsthypnose zu lernen. Man kann ihnen auf einfache Weise Autogenes Training beibringen. Sie verfügen über eine ausgesprochene Naturbegabung für den Zustand der Trance. Erwachsene wissen das sehr genau, wenn sie zu einem Kind sagen: »Träumst du schon wieder?« Oder wenn sie ein am Boden sitzendes Kind beobachten, wie es stundenlang mit nur zwei Bleistiften, einem Radiergummi und ein paar Büroklammern gewaltige Armeen aufbaut, Schlachten führt und dabei wilde Dialoge erfindet. In solchen Momenten sind Kinder kaum ansprechbar, weil sie, entsprechend dem Vorgehen in der Hypnose, ganz auf eine Sache konzentriert sind. Später werden diese Kräfte des Unterbewusstseins eher verhöhnt. Ein älteres Kind, das sich in diesen Sphären befindet, wird oft als »Träumer« abgetan, noch ein paar Jahre später als »Traumtänzer«.

Geben Sie also Kindern, wenn Sie welche haben, die Chance, dass sich die Phantasie, also auch die Kraft der selbsthypnotischen Träumerei, eng mit dem heranwachsenden Intellekt verbinden kann. Sie erreichen dieses Ziel am besten, wenn Sie Ihrem Kind deutlich machen können, dass es so, wie es ist, völlig akzeptiert wird. Vor allem soll es aber sich selbst akzeptieren und damit auch gut fühlen. Das Unterbewusstsein Ihres Kindes findet ansonsten allein den Weg. Greifen Sie zu viel ein, machen Sie sich sozusagen zum Guru Ihres Kindes. Entweder reagiert es dann gänzlich ablehnend und oder es verhält sich brav, da es sich unter der Kuratel des Erwachsenen wähnt. Beide Formen sind nicht die erstrebenswertesten.

Ich würde sogar noch einen Schritt weiter gehen. Beobachten Sie selbst genau, wie das Kind mit den Kräften des Unterbewussten umgeht, mit ihnen kommuniziert. Sie können davon eine Menge lernen.

6 Machen Sie Fehler!

Manche Zeitgenossen wundern sich, warum gerade in Deutschland immer noch viel zu viel Bürokratie vorherrscht und warum viele Abläufe im Geschäftsleben trotz modernster Techniken immer noch extrem schwerfällig sind. Eigentlich sind wir ständig erreichbar, über Mail, Fax, Anrufbeantworter und Handy-Mailbox, den guten alten Briefkasten nicht zu vergessen. Und dennoch ist es sogar bei modernen Großkonzernen oft so, dass man ewig auf Antworten und vor allem auf Entscheidungen warten muss. Warum das so ist, ist schnell erklärt: Jeder hat Angst, Entscheidungen zu treffen, weil keiner einen Fehler machen will. Um also keine Verantwortung übernehmen zu müssen, wird erst einmal gar nichts getan. Der Vorgang bleibt liegen, oder es werden täglich Tausende von Mails mit allen Wenns und Abers durch die Glasfaserkabel gejagt. Die Furcht, es könne einem ein Fehler unterlaufen, ist derart groß, dass sie vieles lähmt.

Natürlich, wer den Kopf aus der großen Masse hebt, kann im Fall eines Fehlers auch leichter angegriffen werden. Aber – ist das schlecht für die eigene Entwicklung? Ich bin der Meinung, dass man so genannte negative Erfahrungen unbedingt machen muss, denn nur diese sind es, die uns wirklich weiterbringen können. Durch Stromlinienförmigkeit und Anpassung haben viele Menschen in der heutigen Zeit ein gestörtes Verhältnis zu Fehlern: Sie trauen sich nicht, welche zu machen – und berauben sich damit der Chance, über gemachte Fehler zu neuen Erfahrungen zu kommen. Es ist mit Fehlern so ähnlich wie mit Kinderkrankheiten: Würde man ein Kind in seinen ersten sechs Lebensjahren davor schützen, dass es jedes Jahr einige Male mit allen möglichen klassischen wie auch diffusen Infektionen zu kämpfen hat, dann wären für diese Menschen später fast alle normalerweise harmlosen Viren und Bakterien lebensbedrohlich.

Der Fehler wird natürlich erst dann zu einer sinnvollen Erfahrung, wenn man ihn sich genau ansieht, aus ihm lernt und für entsprechende Änderungen sorgt. Nehmen wir ein Beispiel aus dem Privatleben: Wenn etwa ein Mann mit einem bestimmten Typus Frau (oder umgekehrt) negative Erfahrungen macht, die zum Ende der Beziehung führen, so ist das traurig. Aber schon allein aus dieser Tatsache könnte man lernen. Oft folgt dieser Mensch einem Muster und sucht sich bei der nächsten Beziehung einen ähnlichen Partner aus. Ein erneutes Scheitern der Verbindung ist dann vorprogrammiert.

Wenn man also einen Fehler gemacht hat, hat man einen guten Grund, ihn sich genau anzusehen, um dadurch zu erkennen, was man für die Zukunft ändern muss. Wenn man dabei begreift, dass es hierbei nicht nur um Erkenntnisse auf Verstandesebene geht (»Ist doch logisch, dass du mit so einem Typ Mensch nicht glücklich werden konntest«), sondern auch um die Kommunikation der innersten Ebenen, kann daraus ein wirklicher Lernprozess entstehen, der eine Abänderung des Verhaltensmusters auslöst. Hypnose kann in diesen Fällen ebenfalls helfen, indem man mithilfe des Therapeuten seine im Unterbewusstsein verankerten falschen Vernetzungen – sie beruhen vielleicht auf bestimmten Kindheitserlebnissen – anders strukturiert. Auf diese Weise wird es möglich, dem verhängnisvollen Kreislauf in Sachen Liebe zu entkommen.

Reflektiert man aber seine Fehler nicht in diesem Sinne, kann man aus ihnen auch keinen Nutzen ziehen. Das ist mit Sicherheit auch eine der Ursachen, warum es immer mehr Partnerprobleme gibt, immer mehr frustrierte Singles, die letztlich gar keine Beziehung mehr wollen und sich für bindungsunfähig erklären, obwohl sie sich im Grunde ihres Herzens dennoch nach einem Partner sehnen. Doch wenn ein Mensch die Erfahrung macht, mit diesem Typ von Mann oder Frau geht es regelmäßig schief, heißt das doch, dieser Typ ist für mich nicht geeignet. Also muss ich etwas verändern. Dazu muss man sich genau die Aspekte ansehen, warum es mit Elvira, Susanne, Marcel oder Sebastian nicht geklappt hat. Und wichtig ist dabei die Frage: Könnte es nicht auch an mir selbst gelegen haben?

In der Hypnose möchte ich meine Patienten zu diesem speziellen Ansehen hinführen. Oftmals bekomme ich dann von meinem Klienten zu hören, dass er immer alles für seinen Partner getan habe, weshalb er dieses Scheitern überhaupt nicht verstehen würde. Ich frage dann: »Und wo sind Sie in dieser Beziehung geblieben?« Denn meistens ist bei diesen in die Brüche gegangenen Partnerschaften die eigene Persönlichkeit auf der Strecke geblieben.

Der *Homo sapiens* ist nicht perfekt, er steht mit ein paar hunderttausend Jahren Menschsein noch in den Kinderschuhen seiner Evolution; er muss das Menschsein noch gewaltig einüben. Wenn wir aber eine Methode haben, mit der wir uns schneller zu entwickeln vermögen, also Fehler umgehend in neue Kräfte verwandeln und dabei ein großes Wohlsein erreichen können, dann sollte man sie auch nutzen. Ich meine damit die Hypnose.

Allerdings stoße ich bei meiner Arbeit auf bestimmte Schwierigkeiten: Viele Menschen sind wort-, aber auch bildarm. Sie haben in ihrem Leben nicht genügend Facetten gelebt, um entsprechend vielseitige Vorstellungen zu entwickeln. Dann ist es meine Aufgabe, die Phantasie dieser Personen zu wecken, auszubauen und mit bildhaften Gedanken zu animieren, Gedanken, die dazu führen sollen, dass man sich plastisch vorstellen kann, weit mehr als bisher zu erreichen. Sie können das selbst mit dem einfachen Was-wäre-wenn-Spiel ausprobieren, vielleicht wenn Sie gerade zu Hause Gäste haben. Werfen Sie die Frage in die Runde: »Wovor hat jeder von euch Angst?« Vor dem Finanzamt, wird möglicherweise eine Antwort lauten. »Warum?« Wegen der Steuerschulden, da sitze ich tief drin. »Und was machst du dann?« Na ja, vielleicht einen Offenbarungseid leisten, dann ist es eh zu Ende. »Ist es nicht, da hat man dann drei Jahre Ruhe, vor allem und jedem, und kann sich neu etwas aufbauen.« Nach Ihrer Antwort lassen Sie aber nicht locker und fragen weiter: »Und was kommt danach?« Die betreffende Person muss nun fast zwangsweise die eigene Vorstellungskraft arbeiten lassen. Nach jeder Antwort dieses Gastes setzen sie Ihre Fragen unermüdlich fort: »Und was ist dann?« Sie treiben das Spiel weiter und weiter, und am Schluss wird der Antwortende an einem Punkt angelangt sein, den er sich hätte anfangs gar nicht vorstellen können.

In der Hypnose kann man dieses Was-wäre-wenn-Spiel intensiv gestalten. Der Betreffende wird angeführt, sich seine Situation, seine Gedanken und Wünsche genauer anzusehen, und zwar von verschiedenen Perspektiven. Im Rahmen einer Hypnosetherapie ist es möglich, der Vorstellungskraft wieder Raum zu geben. Und wir brauchen eine starke Vorstellungskraft, um Dinge in unserem Leben ändern zu können.

Da viele Menschen Phantasievorstellungen als bloßes Wunschdenken abtun, das mit dem tatsächlichen Leben nichts gemein hat, sei auch hier nochmals betont: Am Anfang der Hypnose steht das schonungslose Ansehen der Ist-Situation, ohne jede Verdrängung, Verklärung oder Schönfärberei. Auf dieser durchaus realen Basis werden Phantasien und Vorstellungen aufgebaut. In der Business-Welt gibt es den Satz: »Was du nicht verlangst, bekommst du nicht.« Bezogen auf die Hypnose, müsste er so lauten: »Was du dir nicht vorstellen kannst, kannst du mit der Kraft der inneren Überzeugung nicht erreichen.«

Zurück zu den Fehlern, die wir machen. Für die Frage, wie wir mit ihnen umgehen sollten, bedeutet dies: Durchaus Fehler machen, sie nicht verdrängen, sondern sie sich anschauen und als einen Teil von uns selbst annehmen. Fehler bilden für uns einen wichtigen Erfahrungsschatz. Verbinden wir sie mit unserer Vorstellungskraft, können sie uns zu neuen Lebensplänen motivieren. Die nun noch nötige konkrete Zielorientiertheit ergibt sich aus unserem Wunsch, Situationen ändern zu wollen. Das Wissen um das richtige Ziel bekommt man sozusagen als Beigabe dann, wenn man aus seinen Fehlern lernt.

Konsequent und mutig ein Ziel zu verfolgen heißt nichts anderes, als dass man sich vorstellen kann, das eigene Vorhaben auch realisieren zu können, wobei Fehler auf diesem Weg kein Hindernis sein müssen. Ganz im Gegenteil. Hypnose und Selbsthypnose können bei diesem Prozess übrigens wie ein Turbolader wirken.

Machen Sie also Fehler! Und entwickeln Sie in Zwiesprache mit Ihrem Unterbewusstsein Ihren weiteren Weg. Es gibt nur einen wirklich fatalen Fehler: diesen Bereich zu verdrängen, ihn nicht zu nutzen.

7 Operationen unter Hypnose

Ein Operationssaal in Atlanta. Der Patient liegt auf dem OP-Tisch. Er leidet seit langem an einem sehr schmerzhaften Schiefstand des Beckens, der mit dem bevorstehenden Eingriff behoben werden soll. Es ist alles vorbereitet, der Patient befindet sich nach Einleitung meiner Hypnose im Land der Tranceträume. Ich gebe dem jungen Operateur das Zeichen, er könne anfangen. Der aber schaut mich aus großen fragenden Augen über seinem Mundschutz an und ich bemerke, wie das glänzende Skalpell in seiner rechten Hand leicht zittert. Zweifel haben den Arzt befallen, er kann nicht glauben, dass er seinen Patienten aufschneiden kann, ohne dass dieser auch nur einen Tropfen Narkosemittel bekommen hat.

Ich wurde schon öfter in diese Klinik gerufen, um bei bevorstehenden größeren Operationen Patienten in Hypnose zu versetzen, Patienten, die im höchsten Grade allergisch auf die Anästhesiemittel reagieren. Aber dieses Mal war der Chefarzt, mit dem ich sonst arbeite, auf Reisen, und der junge Arzt bekam nun das Flattern. Ich grinse ihn an, deute auf seine vibrierende Hand und sage: »Wollen Sie den Patienten gravieren oder operieren? Fangen Sie endlich an!« Die Operation verlief ohne Probleme.

Operationen unter Hypnose wurden nach allem, was wir wissen, schon vor Jahrtausenden gemacht. Heute haben wir uns daran gewöhnt, einen chemischen Cocktail zu verwenden, der den Körper noch Wochen nach der Operation schlaucht, oft mehr als der Eingriff selbst. Ich spreche mich hier nicht gegen Vollnarkosen aus, dennoch möchte ich anmerken, dass man bundesweit täglich viele Liter toxider Narkoseflüssigkeit sparen könnte, wenn man – vom zu ziehenden Zahn bis hin zur Herztransplantation – im Anästhesiebereich Hypnose wenigstens als ein die Chemonarkose unterstützendes Mittel einsetzen würde. Und zwar in den Fällen, in denen es hinsichtlich der Vorbereitungszeit möglich ist. Längst ist nachgewiesen: Ein über Hypnose beruhigter und in seinen Hirnwellen bereits stark abgesenkter und auf die Operation positiv konditionierter Patient braucht eine geringere Dosis an chemischen Narkotika.

Nun gibt es aber Fälle, bei denen sich der Einsatz der Chemonarkotika gänzlich verbietet. Es kommt zwar selten vor, dass Menschen gegen diese chemische Flüssigkeit völlig resistent sind, häufiger ist es so, dass Patienten gefährliche Allergien dagegen entwickelt haben, manchmal ist es die Krankheit oder die Verletzung selbst beziehungsweise der Zustand des Patienten, der eine »normale« Narkose nicht zulässt. Ist etwa der Patient sehr alt und das Herz sehr geschwächt oder sind bei Verbrennungen große Teile des Körpers betroffen, können chemische Narkosen äußerst problematisch sein. Nicht zuletzt wegen dieses Narkoseproblems werden Patienten oft als nicht mehr operabel dargestellt.

Hier kann Hypnose helfen, ganz ohne kompliziert im Labor gemixte Betäubungsmittel, nur über die Zusammenarbeit mit dem Unterbewusstsein des Patienten. In den vergangenen zwanzig Jahren bin ich rund fünfzigmal zu Operationen ins Ausland gerufen worden. Meist ging es dabei um große Eingriffe, wie etwa um Operationen an der Lunge oder am Magen. Die längste Operation, die ich als Hypnosetherapeut durchstand, war eine sechzehnstündige Nierentransplantation (diese Operationen waren vor Jahren zeitlich aufwändiger als heute). Viermal wurde dabei das Operationsteam ausgewechselt, ich selbst war die ganze Zeit dabei, mich konnte man ja nicht austauschen. Auch in Deutschland habe ich Operationen begleitet, nur ist man hier sozusagen eher inkognito anwesend: Hierzulande muss, auch wenn keinerlei Chemonarkose eingesetzt, also nur mit der Narkoidhypnose gearbeitet wird, ein Anästhesist bei dem Eingriff zugegen sein.

Natürlich kann nicht jeder, der auf seinem Briefkopf »Hypnosetherapeut« stehen hat, eine Narkoidhypnose durchführen; dazu gehören eine Menge Know-how und Übung. Die Verantwortung, die damit verbunden ist, ist groß. Wenn ein Patient mit geöffneter Bauchdecke daliegt, wäre es ziemlich problematisch, würde er in diesem Augenblick in den Wachzustand hochkommen, da der Bauchraum dann in einen Spannungszustand geriete. Doch keine Angst! Hypnose ist bei operativen Eingriffen eine sehr zuverlässige Methode. Bei all den von mir begleiteten Operationen gab es nicht ein einziges Mal ein Problem.

Gelernt habe ich die OP-Hypnose Ende der siebziger Jahre. Mein Hypnoselehrmeister, Kurt Tepperwein, bedeutete mir, ich könne nun nichts mehr bei ihm lernen, weitere Facetten der Hypnosekunst aber bei Wilfried Dogs, dem damaligen Leiter der Burghof-Klinik in Rinteln an der Weser. Trotz der Empfehlung meldete ich mich erst einmal als Patient in der Klinik an, mit dem Krankheits-Graubild »vegetative Dystonie«. Ich wollte mir selbst ein Urteil bilden. Mir gefiel die permissive Art der Hypnose, die Dogs' Hypnosestil kennzeichnete, überhaupt war Dr. Dogs ein interessanter Mann. Damals gab es noch viele Hypnosetherapeuten, die in ihren suggestiven Formeln sehr zwingend und bestimmend vorgingen; ich dagegen schätzte mehr das Erlaubende – das sich übrigens in der modernen Hypnose fast ausschließlich durchgesetzt hat und das ich bei Dr. Dogs entdeckte. Dieses Vorgehen überlässt dem Patienten die Entscheidung, was er in der betreffenden Situation tun möchte.

Als ich mich diesem Arzt als Hypnosetherapeut zu erkennen gab und ihm sagte, ich wolle bei ihm meine Kenntnisse und Fertigkeiten erweitern, sagte er lächelnd: »Sie sollten mich nie wieder anschwindeln. Aber kommen Sie, Sie lernen am besten, wenn Sie mich ständig begleiten.« So war ich nun jeden Tag mit Dr. Dogs in der Klinik unterwegs, und es dauerte nicht lange, da sollte ich ohne ihn Patienten therapieren. Schließlich weihte er mich in die speziellen Techniken der Operationshypnose ein. Dr. Dogs warnte mich und sagte, der entscheidende Punkt bestehe nicht darin, den Patienten von der Machbarkeit und Wirkung der Narkoidhypnose zu überzeugen; wichtiger sei es, dem Arzt seine Skepsis zu nehmen. Ich assistierte Wilfried Dogs bei einer Lungenoperation, einer Magenoperation und bei einer Blinddarmoperation. Die vierte Operation ließ er mich bereits selbstständig betreuen, es war eine Magenoperation in Hannover.
Der Chirurg, der diese Operation durchführte, ging kurz darauf nach Argentinien. Ein halbes Jahr später rief er mich zu einer Lungenoperation, bei der keine Chemonarkose angewandt werden konnte. Natürlich war ich bei dieser ersten Solo-Operation außerhalb von Europa sehr aufgeregt, aber alles lief dann bestens, ich beherrschte ja mein Handwerk. So baute ich allmählich meinen Ruf als Fachmann für Hypnonarkose in mehreren Erdteilen auf. Da diese Art der Hypnose für den Hypnotiseur unglaublich anstrengend ist (auch die weiten Reisen), bildete ich später weltweit über vierzig Hypnoseexperten in der OP-Hypnose aus. Etwa die Hälfte dieser von mir geschulten Leute gehört heute zur Spitze im Bereich Narkoidhypnose.
Aber nicht nur die Operation selbst zehrt an den eigenen Kräften, bei der man in einer ständigen energetischen Verbindung mit dem hypnotisierten Patienten bleiben muss, meist reiste ich schon eine Woche vor der Operation an, um den Patienten zu instruieren, also ihn in Hypnose einzuüben, und um mit ihm die große Ope-

ration durchzuspielen. Statt eines Skalpells verwendete ich dabei ein gekühltes Messer, mit dessen Rücken ich den Hautbereich entlangstrich, der bei der Operation aufgeschnitten werden würde. So bildeten sich schon vor dem Eingriff neue Prägungen – der Patient ging dadurch völlig angstfrei in die Operation.

Bei Operationen arbeite ich mit der Levitation: Dabei wird der Arm über eine Suggestion ganz starr und hebt sich seitlich, etwa bis in die Waagrechte. Normalerweise kann man seinen Arm nur wenige Minuten starr zur Seite gestreckt halten, in der Hypnose ist dies für Stunden möglich. Für den Therapeuten ist der starre Arm eine Art Messgerät. Der Arm in der Waagerechten zeigt an, dass der Patient in tiefer Hypnose ist. Sinkt der Arm auch nur ein ganz klein wenig ab, muss ich mit Suggestionen »nachlegen«. In vielen Bereichen der Hypnose benötigt der Therapeut einen so genannten Rapport vom Patienten, eine Rückmeldung, und bei Operationen ist diese Kontrollmeldung natürlich besonders wichtig.

Damit die hypnotische Begleitung während einer Operation funktioniert, muss zwischen Therapeut und Patient eine besondere energetische Verbindung entstehen. Letztlich geht es in diesen tiefsten Bereichen der Hypnose nicht so sehr darum, dass ich mich dem Patienten verbal mitteile. Diese energetische Verbindung aufzubauen und zu halten, das ist der anstrengendste Part.

Über diese energetischen Verbindungen wird vielfach pathetisch lamentiert, besonders im Bereich der Esoterik. Nur so viel: Selbstverständlich gibt es nonverbale Verbindungen zwischen Menschen, denn sonst würden wir zum Beispiel keine Liebe kennen. Das Band der Liebe verbindet Eltern und Kinder, Freunde und Lebenspartner auf unsichtbare, aber machtvolle Weise. Dr. Dogs sagte dazu klar und pragmatisch: »Das Gummiband zwischen Therapeut und Patient muss immer straff sein. Man muss die Spannung spüren, darf sie nicht nur ahnen, sonst sind alle Suggestionen nur leere Formeln und der Rapport reißt ab.« Bei den Suggestionen muss man natürlich darauf achten, dass es die richtigen sind. Surfen auf wunderbaren Meereswellen ist als Bild nur dann eine geeignete Suggestion, wenn der Patient eine Affinität zu diesem Sport hat. Für die Operationshypnose ist es jedoch denkbar ungeeignet, denn wenn in der Vorstellung des Patienten eine besonders schöne Welle ankommt, könnte sich sein Bauch anspannen - bei einem geöffneten Unterleib wäre das verheerend.

In der Narkoidhypnose führe ich den Patienten weg von seinem Körper. Ich sage ihm: »Dein Körper bleibt hier. Gib deinen Körper zur Reparatur ab, so wie man das Auto in der Werkstatt zur Inspektion zurücklässt.« Ohne den Körper, respektive den Wagen, kehrt der daraufhin der Werkstatt den Rücken. Ich schicke den Patienten dann mit seinem Geist und seinem Gefühl in Gefilde des Wohlfühlens, die ich in den Tagen vor der Operation mit ihm eruiert und auf die ich ihn vorbereitet habe. Da der Patient weit weg von seinem Körper ist, hat er auch keine Schmerzen.

Sie können sich das nicht vorstellen? Es funktioniert aber.

Über den aufgeschnittenen Unterleib des Patienten beugen sich die Chirurgen mit ihren Instrumenten, das Gesicht des Patienten ist nicht nur entspannt, er lächelt sogar glücklich, wenn ich mit seinem Geist, eingehüllt in eine schöne, warme Wolke, auf einer Reise bin, bei der er nicht steuern, nicht kontrollieren und nicht gehen muss - wie oft habe ich das erlebt. Und wie oft habe ich auch erlebt, dass sich diese Patienten nach der Operation sehr schnell erholen, weil ihr Körper nicht zusätzlich den Narkosekater überwinden muss. Vielfach treten bei Operationen Blutverluste auf und dem Patienten muss Blut zugeführt werden. Es ist erwiesen, dass sich bei Eingriffen, die unter Narkoidhypnose durchgeführt wurden, die Menge des Blutverlustes um ein Drittel reduziert.

Übrigens lassen sich mit Hypnose nicht allein bei Operationen Schmerzen ausschalten. Als ehrenamtlicher Mitarbeiter unserer örtlichen Feuerwehr habe ich zum Beispiel Schwerverletzten, die einen Unfall erlitten hatten, den Schmerz genommen. Bei dieser Arbeit mit der Feuerwehr ist es mir übrigens auch einige Dutzend Mal gelungen, potenzielle Selbstmörder, die auf Häuserdächern oder Simsen standen und sich hinunterstürzen wollten, von ihrem Vorhaben abzuhalten. Auch diese Menschen haben Schmerzen, äußerst große Seelenschmerzen.

Schmerzen sind existent. Ich kann einem Menschen nicht sagen, es gibt sie nicht. Aber ich kann ihm zu verstehen geben, dass der Schmerz nicht als Feind zu betrachten ist. Er will dir helfen, will dich warnen, sage ich. Du stehst mit deinem Schmerz auf der einen Seite einer Brücke. Jetzt fängst du an, über diese Brücke zu gehen, ohne den Schmerz, denn den lässt du zurück, du lässt ihn ganz einfach hinter dir. Du gehst weiter und weiter und weiter, und du verabschiedest dich von deinem Schmerz, lässt ihn los ...

Wenn Sie sich immer noch schwer tun, sich vorzustellen, wie bei der Hypnonarkose der Körper zurückbleibt und Gefühl und Geist allein auf Reisen gehen, dann denken Sie daran, dass wir es im Prinzip sehr oft schaffen, Körper, Geist und Seele aufzuspalten – nur meist auf ungute Weise. Ich will nur auf einige Extremfälle verweisen: Der Kinderschänder, der sich auf seine perverse Weise körperlichen Genuss verschafft, muss sich bei seinem Tun von Geist und Seele abspalten, sonst könnte er nicht voller Lust etwas tun, was Geist und Seele niemals zulassen würden. Oder nehmen Sie einen KZ-Schergen. Glauben Sie, er hätte über Jahre seine grausamen Taten ohne die Aufspaltung von Körper, Geist und Seele durchführen können? Pathologische Spaltungen dieser Art werden dann unter »Schizophrenie« verbucht.

In der Operationshypnose setzen wir die Spaltung für eine kurze Zeit und für einen sinnvollen Zweck ein. Der Schmerz, sozusagen die Warnblinkanlage unseres Körpers, wird über die Nervenbahnen geleitet. Der Anästhesist schaltet diese Schmerzinformationen mit chemischen Mitteln stumm. Der Hypnosetherapeut macht et-

was anderes: Er verlagert diese Informationsströme in eine andere Richtung, lenkt sie um, lässt sie ins Leere laufen. So kommen sie nicht mehr im Empfindungszentrum des Patienten an.
Überhaupt ist es wichtig, bei schweren Krankheiten alle positiven Möglichkeiten zu nutzen. Ich hatte eine Frau als Patientin, die mit einem Uterus-Tumor nicht mehr operabel war und der nur noch einige Lebenswochen gegeben wurden. Ich habe mit dieser Frau über einen Zeitraum von drei Jahren therapeutisch gearbeitet. Nach der finalen Mitteilung der Ärzte lebte sie immerhin noch weitere zwölf Jahre.

✳

Ein Letztes liegt mir beim Thema Operation noch sehr am Herzen: Mir läuft die Galle über, wenn ich daran denke, in welch zynischer Weise Chirurgen oft am OP-Tisch über ihre Patienten reden. Der narkotisierte Patient wird aufgeschnitten, dann kommt möglicherweise der verhängnisvolle Satz: »Oje, da ist nichts zu machen, den nähen wir am besten gleich wieder zu.« Oder ein Chirurg sagt: »Ja, um Gottes willen, wie schaut's denn da aus, übel, übel.« Man glaubt wohl, der Mensch, der da unter ihnen in Narkose liegt, sei eine tote Masse. In Wahrheit registriert das Unterbewusstsein auch in der tiefsten Chemonarkose alles, was gesprochen wird. Und gerade weil der Verstand in der Narkose ausgeschaltet ist und alles direkt zum Unterbewusstsein geleitet wird, haben Äußerungen in diesem Zustand eine ähnliche Wirkung wie die Suggestion in der Hypnose. Solche Chirurgenäußerungen wirken als Negativsuggestionen, die das Ableben eines Schwerkranken unzweifelhaft beschleunigen. Ich würde mich sehr freuen, wenn die betreffenden Chirurgen mit der Wahl ihrer Worte weniger gedankenlos umgehen würden.

8
Fälle aus meiner Praxis: Vertrackte Vernetzungen lösen sich auf

Eine junge Frau, Ende dreißig, ist erstaunt und erfreut, weil nach wenigen Hypnosesitzungen nicht nur ihr Zigarettenkonsum erheblich zurückgegangen ist, sondern sich auch noch sonderbarerweise ihr ganzes Leben, ihr Selbstbewusstsein, ihre innere Einstellung zur Umwelt gleichsam automatisch geändert haben.
Eine andere Frau hat eigentlich ein schönes Leben: eine bezaubernde Tochter und einen beruflich aktiven und erfolgreichen Mann, der sie liebt. Und doch überfällt diese Vierzigjährige das unerklärliche Gefühl, dass sie sich verloren hat. Nach heftigen Essattacken kasteit sie sich mit einem exzessiven Joggingtraining – für den Körper werden diese Wechselbäder zur Marter. Diese Frau kommt mit einer Portion Skepsis in meine Praxis und sagt am Ende einer Vier-Wochen-Therapie von zwölf Sitzungen, sie habe sich wiedergefunden.
Ein Mann in den besten Jahren ist körperlich gesund, beruflich sehr engagiert, im Bett jedoch meist impotent. Sein Druck erhöht sich, weil er eine neue Freundin hat, die er nicht verlieren möchte. Er ist in der Therapie anfangs eine »harte Nuss«, stellt dann aber erfreut fest, als sich sein Unterbewusstsein auf neue Gleise wagt, dass es jetzt immer öfter »klappt«. Nun muss er noch begreifen, dass bei ihm der Knoten nicht mit Donnerhall platzen kann, sondern langsam, Schritt für Schritt. Dadurch erst werden Veränderungen im sexuellen Bereich möglich.

Diese drei Fälle verweisen auf ganz unterschiedliche Lebenswege. Sie zeigen keine drastischen Probleme auf, wie etwa bei lebensbedrohlichen manifesten Depressionen; sie demonstrieren, dass die Geschichte hinter den Geschichten das eigentliche Problem ist, das sich, wenn man nichts tut, dann doch irgendwann zu einem wirklich gefährlichen Problem auswachsen kann. Und diese drei Menschen taten genau das Richtige: Sie nutzten rechtzeitig die Kraft der Hypnose, um aus eigener Kraft vertrackte Vernetzungen aufzulösen und in ihrem Unterbewusstsein neue zu knüpfen. Schauen wir uns die Fälle genauer an:

Viel Rauch um innere Probleme

Christina Mahn ist eine lebenslustige, burschikos-hübsche und unprätentiöse Frau von neununddreißig Jahren. Ich fragte mich im Stillen, welches Problem sie in meine Praxis geführt hatte. Wie es schien, ging es um eine Lappalie. »Ich will mir nur das Rauchen abgewöhnen«, teilte sie mir im Vorgespräch mit. Aber ich spürte, gerade in diesem »nur« lag der Haken. Christina Mahn fuhr in ihrer Erzählung fort: »Ich habe so lange gegen das Rauchen gekämpft. Alles, was ich bisher ausprobierte, funktionierte überhaupt nicht.«
Christina Mahn rauchte seit Jahren täglich rund fünfzig Zigaretten, schon nach der zweiten Hypnosesitzung waren es nur noch fünfundzwanzig, und es werden allmählich immer weniger. Sie hat heute ihre sechste Sitzung und freut sich auf die entspannenden Minuten in der Hypnose, in denen ich ihr in keiner Weise das Rauchen verbiete oder es verdamme. Ich sage ihr, als sie sich tief genug in Trance befindet, ganz einfache, fast banal erscheinende Dinge, wie etwa, dass sie die Zigaretten doch gar nicht brauche. Dass sie, Christina Mahn, auch ohne Zigaretten eine vollwertige, tolle Frau sei.

Die Therapie soll ihr kein schlechtes Gewissen machen. Sie soll Zigaretten nicht verabscheuen, sondern sich als erwachsene Person lieben, auch ohne eine Zigarette im Mundwinkel. Und sie soll auch nicht zwanghaft an ihre ältere Schwester denken. Diese Schwester, das kam erst im Laufe der Sitzungen zum Vorschein, rauchte selbst sehr stark. Sie litt an Durchblutungsstörungen und starb fünf Jahre zuvor an einem Blutgerinnsel, das sich gelöst hatte.

Nach der Sitzung ist Christina Mahn schon am Gehen, da dreht sie sich nochmals zu mir um. »Ich habe ein Bedürfnis, Ihnen etwas zu sagen«, sprudelt es aus ihr heraus. »Wissen Sie, es ist schon seltsam. Ich bin ja wirklich nur wegen der blöden Raucherei zu Ihnen gekommen. Aber seit ich diese Hypnosesitzungen mache und weniger rauche, habe ich auch viel bessere Laune, weniger Angst und bin viel selbstbewusster geworden. Vor allem mein Chef ist über meine Veränderung erstaunt.«

Und dann sagt sie noch etwas, was ich als Hypnosetherapeut nie wagen würde, es auszusprechen, weil es mir vielleicht als zu pathetisch ausgelegt werden könnte: »Ich habe wirklich nicht gewusst, was Hypnose leisten kann, und ich hätte vorher auch nie geglaubt, wie hervorragend sie funktioniert. Aber heute muss ich sagen, wenn jeder Mensch nur ein paar Hypnosesitzungen machen würde, gäbe es bestimmt mehr Frieden auf der Welt.« Den Frieden mit sich und dem Schicksal ihrer Schwester hat Christina Mahn gefunden.

Als ihr Trainer fragte ich mich, was sie dazu geführt hatte, so viel zu rauchen. Ich musste sie lehren, extreme Stresssituationen zu neutralisieren. Und werde sie weiter lehren, mit sich selbst besser umzugehen. In dem Fall von Christina Mahn habe ich fast eine erzieherische Funktion.

Viele Menschen sind davon überzeugt, man könne nur dann psychische Probleme bekommen, wenn man mitten in einer massiven Krise steckt und nicht mehr ein noch aus weiß. Krisen sind aber nicht immer augenfällige Erscheinungen im Sinne eines zu Schrott gefahrenen Autos oder des Traumas, dass die Frau mir vorgestern weglief oder mir der Arzt gerade eben eröffnet hat, dass ich an einer schweren Krankheit leide. Typisch für viele persönliche Krisen in unserer ordentlich organisierten Gesellschaft ist es, sich als unerwünschter Gast unauffällig durch die Hintertür ins Haus zu schleichen, während sich die äußere Fassade im schönsten Glanz präsentiert. Irgendwann bricht diese Fassade jedoch jählings zusammen, nachdem im Keller der Eindringling namens Krise alle Stützpfeiler des Hauses angefressen hat.
Das passiert vor allem dann, wenn man bei der Gestaltung seines Lebens nicht mehr richtig nach innen horcht und sich stattdessen von Normen und Vorgaben bestimmen lässt. Auf der Strecke bleibt dabei das eigene Selbstbewusstsein, nur scheinbar ist es vorhanden. Wer selbstbewusst ist, muss noch lange nicht wie Tarzan röhrend und sich auf die Brust trommelnd durch die Gegend rennen, selbstbewusst ist der, der sich selbst bewusst ist. Wird dieses Selbstbewusstsein nun vernachlässigt, entstehen Krisen, die oftmals über einen längeren Zeitraum vor sich hin schwelen. Umso schwieriger ist es dann für einen Menschen, seine Krise zu begreifen, wenn der bislang unbemerkte Schwelbrand plötzlich zum hell lodernden Feuer aufflammt. Und da man sich seit einiger Zeit aus dem Auge verloren hat, kann man auch nicht erkennen, was mit einem selbst geschieht.
In genau diese Situation schlidderte Zora Wirth hinein. Die vierzigjährige Kroatin lebt in Verhältnissen, nach denen sich viele sehnen. Sie hatte früher als Medizinisch-Technische Assistentin

gearbeitet, anschließend Werkstofftechnik studiert, dabei ihren Mann kennen gelernt, der inzwischen ein erfolgreiches kleines Unternehmen für Oberflächenbeschichtung führt. Seit dreizehn Jahren ist die aparte Frau nun verheiratet und noch immer mit ihrem Mann glücklich. Das Paar hat eine süße zehnjährige Tochter, wohnt in einem schönen Haus unweit von Bremen, und vor ein paar Monaten schenkte Herr Wirth seiner Frau ein edles Sportcabrio deutscher Fertigung.

Als Zora Wirth zu einem Vorgespräch zu mir kam, erzählte sie, dass sie sich unglücklich fühle, sich dies jedoch überhaupt nicht erklären könne. Sie sei freudlos, reizbar und könne in ihrem Leben keinen rechten Sinn mehr erkennen. Vor vielen Monaten begannen ihre Essanfälle, wodurch sie etliche Kilos zunahm. Nach den Heißhungerattacken versuchte sie sich aus diesem Grund zu übergeben, um nicht noch dicker zu werden. »Aber weil ich mich nicht übergeben kann – ich habe es oft versucht, aber es klappte nie –, habe ich angefangen, manisch zu joggen. Das Joggen ist für mich eine andere Form des Kotzens«, konstatierte Zora Wirth. Mit der Zeit wurde sie sehr dünnhäutig, jede hundert Gramm Gewichtszunahme bedeuteten, dass sie für ihre Umwelt unerträglicher wurde.

Die Fressattacken wurden schlimmer und anstatt eines angenehmen Sättigungsgefühls, das man normalerweise nach dem Essen hat, hatte sie nur ein schlechtes Gewissen, gegenüber sich selbst und gegenüber ihrer kleinen Familie. Sie erzählte mir: »Mein Mann liebt mich immer noch, auch weil ich so eine Art Wegweiser für ihn bin. Aufgrund meiner harten Jugend in Kroatien sammelte ich viele Lebenserfahrungen. Mein Mann hat diese nicht, deshalb verlässt er sich sehr auf mich.« Hier horchte ich auf und fragte weiter, was das bedeuten würde. Zora Wirth berichtete, dass ihr Mann in dieser ihr unerklärlichen Krise fest zu ihr halten würde. Immer würde er beruhigend zu ihr sagen: »Du schaffst das schon.«

Mir war klar, dass dieser sicher liebevoll gemeinte Satz genau das Falsche war. Diese Frau brauchte nicht den Rat, die Zähne noch mehr zusammenzubeißen, sie musste eher das Loslassen lernen. Vier Wochen à drei Sitzungen genügten, bis Zora Wirth wieder bei sich war, sich wohl fühlte und sagte: »Ich war immer für alle anderen da und hatte mich dabei völlig verloren.«
Auch ihr Unterbewusstsein adaptierte mit der Zeit die einfache Lektion: »Erst ich, dann du.« Bei Frau Wirth begann das Problem in früher Jugend. Zu viel Verantwortung musste sie als junges Mädchen übernehmen und war dabei mit ihren eigenen Wünschen auf der Strecke geblieben. Ihre Großmutter, bei der Zora Wirth in Kroatien aufgewachsen war, trank sehr viel und war damit nicht allzu lebenstüchtig. Zora musste alle Entscheidungen alleine treffen. Herr Wirth bewunderte den großen Pragmatismus seiner Frau, ihre scheinbar unendliche Kraft, sich sämtliche Aufgaben und Probleme aufzubürden. Der Krug ging aber nur so lange zum Brunnen, bis er brach.
Worin ihr Problem bestand, das erschloss sich Zora Wirth, die eine sehr intelligente Frau ist, trotz allen Nachdenkens und Grübelns nicht. Den Fressattacken wollte sie schließlich mit einer ästhetischen Operation begegnen. Zum Glück fand sie zuvor den Weg in meine Praxis.
Zora Wirth erzählt in ihren eigenen Worten über ihre Hypnosesitzungen und deren Auswirkungen auf ihr Leben: »Zur Einleitung der Trance sollen die Augen ja einen Punkt fixieren. Und da begann bei mir alles um den Punkt herum zu verschwimmen, was mir nicht gefiel, denn ich wollte ja wie immer Herr der Lage sein. Im Anschluss daran kamen die beruhigenden Formeln. Mist, dachte ich, das kenne ich doch vom Autogenen Training her. Während meines Studiums hatte ich das mal praktiziert, aber gebracht hatte es mir gar nichts, ich übte es damals in einer unerträglich großen Studentengruppe.

Mir wurde jetzt gesagt, dass ich meinen Weg selbst finden müsste. Na ja, dachte ich, das will ich ja auch. Ich wusste, dass ich ihn verloren oder überhaupt noch nie gefunden hatte. Also machte ich trotz aller logischen Bedenken erst einmal mit den Hypnosesitzungen weiter.

Schon nach einer Woche fühlte ich eine wunderbare Entspannung. Das, was mir anfangs wie ein ganz normales Autogenes Training erschienen war, ging viel tiefer. Ich selbst merkte es kaum, was der Hypnosetherapeut im Unterbewusstsein anspricht und aktiviert, aber dann registrierte ich höchst erstaunliche Veränderungen im Alltag. Alles packte ich gelassener an.

Anfangs wurde mir gesagt, ich würde mich für etwas ausgeben, was ich gar nicht sei, und das machte mich richtig sauer. Aber der Therapeut hatte Recht. Jetzt tut es mir gut, verinnerlicht zu haben, dass viele Dinge auch ohne mich funktionieren, dass ich mich nicht verrückt machen muss. Ich habe jetzt einige Ehrenämter in der Schule und im Verein aufgegeben und fühle mich dadurch endlich frei und wohl. Früher hätte ich bei so etwas Schuldgefühle empfunden, da ich ja niemanden enttäuschen wollte.

Schon nach der fünften Hypnosesitzungen fing ich an, entspannt ein schönes Buch zu lesen, das erste Mal seit vielen Jahren. Ich machte einfach weniger als sonst, ließ auch mal Dinge unerledigt liegen – und genoss es. Das Gefühl, immer auf allen Hochzeiten tanzen zu müssen, fiel plötzlich von mir ab wie ein Panzer, der mich bislang schrecklich beengt und mir keinen Raum zum Durchatmen gelassen hatte. Immer sausten irgendwelche Verpflichtungen durch meinen Kopf, die ich einzuhalten hatte. Und auf einmal ließ das nach. Ich fing sogar an, mir ein Mittagsschläfchen zu gönnen! Und das Schöne dabei war und ist, dass ich spürte, es kommt tatsächlich tief aus meinem eigenen Inneren heraus. Es ist wie eine neue Kraft, die in mir jetzt heranwächst.

Meine Familie nahm meine Veränderung mit großer Erleichterung auf; mein Mann und meine Tochter hatten ja viele Monate unter meiner Krise gelitten. Sie sagten, ich sei viel ruhiger und ausgeglichener geworden. Die Atmosphäre in unserem Haus ist um so vieles besser geworden, dass den beiden offenbar nicht negativ auffällt, dass sie jetzt viel mehr im Haushalt mithelfen müssen als vorher. Ich habe sogar mit diesem krankhaften Joggen aufgehört. Eigentlich ist Joggen ja gesund, weiß ich, aber bei mir war es eine Kasteiung. Hinzu kommt, dass ich es von meinen Gelenken her überhaupt nicht vertrage und nach fünfzehn oder zwanzig Kilometern stets große Hüftschmerzen hatte. Und obwohl ich mir seit ein paar Wochen nicht mehr diesen täglichen Laufmarathon aufzwinge, habe ich abgenommen, ohne Diät, ohne ein zwanghaftes Nachdenken über Kalorien.

Natürlich gibt es keinen Zustand, bei dem man permanent hundertprozentig glücklich ist. Im Leben kann nicht immer alles optimal verlaufen. Und genau das ist es ja, was ich jetzt weiß: dass diese hundert Prozent gar nicht sein müssen und dass sich meistens alles findet. Im Laufe der Therapiestunden wurde vieles einfach überflüssig. Auch die überflüssigen Körperpfunde verschwanden – sozusagen von selbst.

Ab und zu überfallen mich noch Essattacken. Ich akzeptiere das, es können nach einigen Wochen Therapie keine Wunder passieren. Aber mir erscheint mein jetziger Zustand doch wie ein Wunder, schließlich war mein Heißhunger meiner Meinung richtig krankhaft. Ich habe in der Hypnosetherapie gelernt, das nicht als negativ zu sehen, sondern eher so weit zu kommen, dass diese Fressattacken irgendwann von allein weggehen. Immer muss ich an einen Begriff denken, der von meinem Therapeuten verwendet wird, den Begriff der ›heiteren Gelassenheit‹. Es ist erlaubt, gelassen zu sein und gleichzeitig auch noch heiter!

Furchtbar, wenn ich jetzt daran denke, wie ich meine Familie über ein Jahr lang mit meinen Problemen und Zuständen gequält habe. Damit hätte ich sie zerstören können, wäre es so weitergegangen. Die ganze schreckliche Zeit hat mein Mann mit liebevoller Geduld ertragen und mitgetragen. Das finde ich nachträglich gesehen sehr bemerkenswert.

Ich erinnere mich noch an einen Vorfall, ich hatte gerade meine zweite Therapiewoche beendet. Es gab einen Todesfall in der weiteren Verwandtschaft und die Beerdigung stand an. Am Morgen wollten wir losfahren und mein Mann stellt fest, dass er seinen einzigen dunklen Anzug im ungefähr zwanzig Kilometer entfernten Büro vergessen hatte. Wären wir dorthin gefahren, wären wir zu spät zur Beerdigung erschienen. Früher hätte ich einen Anfall bekommen und hätte mir Vorwürfe gemacht, warum ich mich nicht um den Anzug gekümmert hatte. Jetzt blieb ich ganz locker und überlegte, na ja, mein Mann ist alt genug, selbst an seine Sachen zu denken. Er löste das Problem auch selbst, zog einfach ein dunkles Sakko und eine dunkle Hose an. Und als wir dann im Auto saßen, fragte er erstaunt, wieso ich denn nicht geschimpft hätte, das hätte ich doch sonst in einem derartigen Fall getan. Und er fragte noch, ob ich mich schwer zusammengerissen hätte? Hab ich überhaupt nicht, antwortete ich, während ich ihm ins Gesicht lachte. Und sagte weiter, dass es halt sein Ding sei, er müsse sich selbst um seine Angelegenheiten bemühen, und dass ich ihn trotzdem lieben würde.

Auch mit meiner Tochter läuft es viel besser. Vor einigen Tagen kam sie mit einer Vier in Mathe nach Hause. Sie hatte Angst, dass ich sie tadeln würde. Ich habe ihr aber nur ruhig gesagt: ›Es ist deine Schulnote, du kannst am Ende des Schuljahres eine bessere oder schlechtere Note haben, je nachdem wie viel Zeit du für das Lernen investierst.‹

Jeder muss seine Pflichten annehmen, davon bin ich jetzt überzeugt, das ist für beide Seiten gut. Über solche Sätze muss ich

nicht lange nachdenken, sie sind einfach in mir und kommen von innen heraus.
Innerhalb weniger Wochen lernte ich loszulassen. Sogar die Pastorin in meinem Kirchenkreis fragte mich besorgt, ob alles in Ordnung sei, ob nicht etwas Saft aus mir raus sei, ich sei so ruhig geworden. Ich antwortete: ›Ganz im Gegenteil. Ich will nur nicht mehr immer und überall funktionieren. Jetzt bin ich einfach die Person, die ich wirklich bin.‹
Auf Anraten meines Therapeuten habe ich mich einmal vor den Spiegel gestellt und mehrmals laut ›Ich will!‹ gerufen und anschließend einige Male ›Ich muss!‹. Und tatsächlich, bei dem ›Ich muss!‹ bekommt man völlig andere Gesichtszüge dergestalt, dass ich gerne auf sie verzichten kann. Unser Hund Tommy hat mich bei der Übung ziemlich verwundert angeguckt, und ich habe danach über mich lachen müssen. Früher stellte ich jeden Morgen einen minutiösen Tagesplan auf, und wenn etwas nicht so klappte, wie ich es mir vorgenommen hatte, machte es mich verrückt. Das ist nun vorbei. Wunderbar ist das. An einem Tag hatte ich einen Rückschlag und befand mich wieder in meinem alten Ordnungsdilemma, aber das war ohnehin nicht der tollste Tag, denn da hatte unser Tommy den Hasen vom Nachbarn gepackt. Solche Tage nimmt man einfach an. Ich kann nicht immer alles schaffen. Und so genieße ich die neue Harmonie, die ich empfinde. Diese vier Wochen Hypnose waren in meinem Leben die allerbeste Investition. Ich hatte mich verloren. Jetzt kann ich sagen, ich habe mich wiedergefunden, mit allen meinen Seiten, den guten und den so genannten schlechten. Ich hatte die Welt nicht mehr verstanden, jetzt tue ich es wieder.«

Ein Mann kann wieder

Kein Gefühl mehr dort zu haben, wo man immer so schöne Gefühle hatte. Tote Hose. Impotenz ist für einen Mann eine fatale Angelegenheit, hier bricht wirklich eine Welt zusammen. Immer wieder kommen Männer mit Impotenzproblemen zu mir, sie sind dann ziemlich am Ende.

Aber: Hypnose kann bei dieser Problematik helfen. Gerade bei Impotenz blicke ich auf sehr gute Erfolgsquoten. Wenn die Ursache der Impotenz im psychischen Bereich liegt, kann man davon ausgehen, dass sie nach ein paar Wochen Hypnosetherapie verschwindet, egal wie massiv sie war.

Bei Marcel Raimund, einundvierzig Jahre alt, war die Impotenz sehr ausgeprägt. Er war ein Mann, der nie abschalten, nie die Seele baumeln lassen konnte. Seit zwei Jahren litt er unter einer fast vollständigen Erektionsunfähigkeit. Immer wieder hatte er Urologen aufgesucht, aber nach den medizinischen Befunden war theoretisch alles in Ordnung. Der Leidensdruck von Marcel Raimund war jedoch lange Zeit nicht so groß, weil er als Single lebte und nach der Trennung von seiner Frau ohnehin nicht sofort wieder eine Bindung eingehen wollte. Nun aber hatte er vor kurzem eine zauberhafte Frau kennen gelernt und wollte sie auf keinen Fall verlieren. »Sexuell klappt es nicht«, berichtete Marcel Raimund. Seine neue Freundin sei zwar geduldig, aber das werde sie sicher nicht ewig sein.

Marcel Raimund stand jetzt unter großem Druck. Impotenzprobleme benötigen einige Wochen Hypnosetherapie, bis sich die männliche Kraft wieder frei entfalten kann. Hier nun der Bericht von Marcel Raimund nach seinen ersten vierzehn Hypnosesitzungen bei mir:

»Meine Erektionsprobleme ging mein Therapeut nie mit der Formel ›Du kannst‹ an, wie ich es vielleicht erwartet hatte. Er sagte vielmehr den Satz: ›Warum sollte es nicht klappen?‹ Anfangs ging es auch nicht direkt um den Genitalbereich, sondern vorwiegend darum, dass ich lernte, überhaupt abzuschalten. Mittlerweile habe ich begriffen, dass es bei der Sexualität mehr um das Abschalten-Können als um das Anschalten-Können geht. Das war für mich eine völlig neue Perspektive.

Ich hatte mich nach einer längeren Zeit des Alleinseins wieder nach einer liebevollen Beziehung gesehnt. Ich gab eine Kontaktanzeige auf und zu meinem großen Erstaunen riefen etwa achtzig Frauen an. Bei einer war ich von ihrer Art zu reden und von ihrer Stimme völlig hin und weg. Leider musste sie aus beruflichen Gründen in die USA reisen und bis zu unserem ersten Treffen, vier Wochen später, hatten wir uns über hundertsiebzig SMSs geschickt. Als ich sie dann endlich persönlich traf, wusste ich sofort, das ist meine große Liebe. Als es im Bett nicht funktionierte, war sie so unglaublich lieb und sagte nur, hör auf, dir Gedanken zu machen, ich seh in deine Augen, es ist alles in Ordnung. Na ja, ich habe natürlich dennoch viel darüber gegrübelt, für mich als Mann war das eben nicht in Ordnung.

Seit den Hypnosesitzungen wird es im Bett besser. Noch ist nicht alles optimal, mal klappt es, mal weniger, aber grundsätzlich geht endlich wieder was, das tut gut.

Die Sitzungen genieße ich sehr, manchmal empfinde ich hinterher ein richtiges Hochgefühl, wenn ich merke, dass ich mich entspannen und loslassen kann.

So ganz langsam werden mir die Zusammenhänge meines Problems immer klarer. Ich hatte lange Zeit eine sehr katholische Freundin, der Sex zwischen uns war eher verkrampft. Später, in meiner Ehe, stand ich unter einem großen Arbeitsstress. Unsere Partnerschaft geriet in eine Krise, aber meine Frau konnte nicht darüber reden und ging stattdessen fremd. Vier Jahre waren wir dann noch zusammen, aber mehr wie Bruder und Schwester. Mit dem Verlust meiner Frau entwickelten sich dann die Versagensängste. Ich hatte irgendwo mein Urvertrauen verloren. Bei den Hypnosesitzungen habe ich das Gefühl, dass es langsam wieder kommt. Dieses zwanghafte Denken, es hat beim Sex ganz einfach zu funktionieren, das habe ich durch die Therapie überwunden. Es hat ja auch gerade dann, wenn ich dachte, es muss klappen, garantiert überhaupt nicht geklappt.«

9 Ein Herzinfarkt warf mich um. Aber ich blieb nicht liegen

Der 25. Juli 2002 war wieder ein Tag, an dem mein Leben zu Ende war und es mir gleichzeitig neu geschenkt wurde. Dazu die Vorgeschichte: Ich gehöre zu den typischen Männern, die Arztpraxen bestenfalls aus Fernsehserien kennen. Und da ich schon vor vielen Jahren gelernt hatte, mein eigenes Ding zu machen und nicht als fremdbestimmte Marionette durchs Leben zu stolpern, war für mich scheinbar alles in wunderbarster Ordnung. Dass sich meine Traumatisierungen aus früheren Jahren irgendwo in mir als Altlasten ablagern würden, daran dachte ich zu wenig. Wenn man im therapeutischen Bereich tätig ist, reflektiert man eher die Probleme der Patienten als die eigenen Befindlichkeiten. Ich fühlte mich ja auch pudelwohl.

Dass mein Herz das anders sah, war mir nicht bewusst. Es gab keine Warnzeichen.

Es ging mir auch an diesem Sommertag im Juli hervorragend. Und weil das Wetter so herrlich war, wollte ich für ein paar Stunden Golf spielen. Golf ist mein Lieblingssport, mein Handicap liegt derzeit bei 24. Fritz Greimann befand sich auf dem Platz, mein Trainer und ein erstklassiger Golfer, dem ich bei mentalen Blockaden in seiner Profi-Karriere mit ein paar Hypnosesitzungen auch schon sehr gut helfen konnte. Kurios übrigens, oder? Ich helfe meinem Golflehrer, einem absoluten Profi, besser zu golfen …

Wir waren gerade an der Driving Range, als ich hinter dem Brust-

bein einen ungewohnten, stark ziehenden Schmerz spürte. Ich holte aus dem Ballautomaten noch einen Korb Bälle heraus und merkte, wie die Luft immer knapper wurde. Verflixt, Unterzucker, dachte ich, du musst sofort eine Cola trinken. Ich wollte ins Clubhaus, als sich immer stärker ein Tunnelblick meiner Augen bemächtigte und die Stimmen um mich sich eigenartig gedämpft anhörten. Erschöpft sank ich auf die Bank in der Abschlaghütte nieder. Zum Glück kam mein Golffreund Dieter Burdorf vorbei, von Beruf Feuerwehrmann, und sagte zu mir wie aus weiter Ferne: »Hey, Wolf, was ist? Da stimmt doch was nicht mit dir?« Ich hatte weder Panik noch Todesangst, bekam aber schlagartig einen extremen Schweißausbruch und legte mich auf den Boden. Mein Clubfreund, als Feuerwehrmann Notsituationen zum Glück gewachsen, rief sofort den Notarzt, der auch sehr schnell da war und mir Nitro unter die Zunge sprühte. Ich hörte noch, wie er sagte: »Das kann ein Herzinfarkt sein.« Dann war meine Welt nur noch schwarz und still.

Der Notarzt und mein Freund, der ihn so schnell gerufen hatte, diese beiden Männer retteten mein Leben. Wie ich später erfuhr, auch die Krankenakte belegt es, musste ich dreifach reanimiert werden. Ich wurde auf der Intensivstation des Bremer Zentralkrankenhauses Bremen-Nord wach und versuchte mich zu erinnern, was eigentlich passiert war. Dabei wollte ich mich aufsetzen, merkte aber, dass mich einige Schläuche dabei behinderten. Vorsichtig stellte ich mich nun vor dem Bett auf und wollte einen Schritt gehen. In diesem Moment ging die Krankenzimmertür auf und der Facharzt samt Gefolge kamen zur Visite hinein. Entsetzt sagte er: »Um Gottes willen, seien Sie vernünftig.« Nun erfuhr ich, was eigentlich passiert war. Der Arzt klärte mich über die Schwere des Herzinfarkts und die absehbaren Konsequenzen auf. Vielleicht sei keine Operation notwendig, man werde sehen, auf jeden Fall folge nun ein längerer Klinikaufenthalt, danach ein paar Monate

Reha. »Nein, nein, Herr Doktor«, unterbrach ich. »In einer Woche bin ich wieder draußen.«
Alle lachten, worüber ich mich ein wenig ärgerte. Aber das Ärzteteam hatte ja Recht, nach einem so schweren Infarkt kann man froh sein, wenn eine Herzoperation nicht zwingend wird. Normalerweise.
Mir wurde klar, ich hatte mich in den letzten Jahren durch die intensive Arbeit mit meinen Patienten selbst etwas vernachlässigt. Die Bilder und Befunde über die vielen Ablagerungen in meinen Herzarterien, die zum Infarkt geführt hatten, zeigten mir das. Ich wusste in diesem Augenblick, jetzt wartet Arbeit auf mich, richtige Arbeit. Ich musste und würde mit Selbsthypnose operieren, und zwar so intensiv wie nie zuvor. Ich musste mein Ich wieder ins Lot bringen, um auch für das Du weiterleben zu können, für meine Frau Erika, für meine Patienten. Wieder war der Tod mir so penetrant nahe gekommen. Furcht hatte ich ohnehin keine, nicht einmal Angst. Für mich gab es nur einen Gedanken, ich musste handeln. Körperlich war ich am Punkt null, lag ziemlich platt im Krankenbett, um mich herum piepste es. In dieser Situation überlegte ich ganz pragmatisch, was zu tun sei. Schließlich begann ich damit, mich innerlich abzusenken. Ich musste meine Herzarterien reinigen, von den Ablagerungen befreien, dem Modder, wie wir im Norden sagen. Das Piepsen wurde immer unwichtiger, und völlig unwichtig wurde, dass ich mich in einem Krankenhaus befand. Es ging jetzt nicht um Krankheit, sondern um Gesundheit, um neue Kraft und um Reinigung. Ich musste jetzt über mein mir so vertrautes Unterbewusstsein mein Herz reinigen.
So begann ich mit der Arbeit an mir selbst. Ich war davon überzeugt: Mit Selbsthypnose, mit Autosuggestionen würde ich es schaffen, mein Herz zu säubern, ihm neuen Lebensraum geben. Von meiner Umwelt bekam ich kaum etwas mit. Das wiederum bekam meine Umwelt nicht mit, man dachte sicher, ich würde schlafen, und ließ

mich weitgehend in Ruhe; ich war ja ein Infarktpatient, bei dem jegliche Störung und Aufregung strengstens verboten war. In den folgenden Tagen, als ich den Ärzten meine intensiven Autosuggestionen erklärte, zeigte man volles Verständnis. Stundenlang ließ man mich in Ruhe, drückte mir nur zur Sicherheit den Alarmknopf in die Hand.

So lag ich mit geschlossenen Augen da, Stunde um Stunde, regungslos. In meinem Inneren aber war viel Bewegung. Es spulte sich ein endloser Film aus Suggestionen ab. Ich erinnerte mich an einen Bach in Tibet, in dem ich mich besonders gut und vital gefühlt hatte. Allerdings war es dort kalt gewesen. Ich ersetzte in den Suggestionen die Kälte durch Wärme und sah diesen kraftvoll fließenden Bach, auf dessen Kiesel sich jedoch viel zu viel Moos und Schlamm abgelagert hatten. Es war ein mäandernder Bach mit Verzweigungen und, bedingt durch den Schlamm, Verengungen. Ich sah das Wasser noch kräftiger kommen, sah über all die Stunden, in denen diese inneren Bilder ohne Unterbrechung bei mir waren, wie es ganz, ganz langsam Schlamm und Moos wegspülte. Ich wusste, schlussendlich würden die schönen großen Kiesel so richtig blank poliert sein und das Wasser würde wieder klar, ungehindert und frei fließen. Nein, das war kein Prozess von jeweils einer Viertelstunde, wie er etwa bei einem entspannenden Autogenen Training üblich war. Das Bild war am Morgen da, das Bild blieb bis Mittag da, das Bild wirkte sogar dann in mir, wenn die Schwester an mich herantrat, um die Infusionsflaschen auszutauschen, oder der Arzt mich besuchte. Und wenn ich dann wieder allein war und mit geschlossenen Augen dalag, dann breitete sich das Bild von meinem Bach, der sich peu à peu selbst säuberte, auf meiner inneren Bühne wieder in Großleinwandformat aus.

Fünf Stunden waren es mindestens, die ich täglich in tiefer Trance intensiv imaginierte. Ich befand mich in einem Entspannungszustand, den man im normalen Nachtschlaf nicht erreichen kann.

Stets hatte ich mein Ziel im Auge, aber nicht im Sinne eines verbissenen Tuns. Ganz im Gegenteil: Ich erlebte bei dieser Tätigkeit in Trance richtige Glücksgefühle. Im Laufe der folgenden Tage sah ich, wie der Bach tatsächlich klarer, sauberer, schlamm- und moosfrei wurde, wie allmählich alle Trübungen im Wasser verschwanden und die großen Kiesel wieder hell im Sonnenlicht leuchteten, manche glänzten sogar. In mir spürte ich ein Gefühl von Leichtigkeit, Lebensfreude und von wiederkehrenden Kräften. Ich hatte in meinem Bach nichts gegen die Blockade durch Schlamm und Moos getan, ich hatte nur für eine neue Sauberkeit gearbeitet. Jetzt ließ ich das Wasser einfach strömen, strömen und strömen, war nur auf die Vorstellung konzentriert, wie dieses reine und strömende Wasser wieder langsam die Dinge in Bewegung bringt, die in Bewegung kommen sollten.

Warum ein Bach als Bild? Warum nicht das Herz, um das es ja geht? Suggestionen müssen nicht zielgerichtet sein. Es ist die besondere Intelligenz des Unterbewusstseins, Metaphern umsetzen zu können. Dafür gibt es nur eine Voraussetzung: Hypnose – wie auch Selbsthypnose – funktioniert nur mit Bildern, die wir von irgendwoher kennen. Es hätte wenig Sinn gemacht, wenn ich mir statt des Flusses konkret mein Herz vorgestellt hätte, um dessen Arterien zu reinigen. Das eigene Herz und seine Arterien sind bildlich nicht gut vorstellbar, man hat es ja noch nie im eigenen Körper pulsieren gesehen.

In den Tagen nach dem Herzinfarkt habe ich mit mir genauso gearbeitet, wie ich es mit meinen Patienten tue: Ich bot meinem Unterbewusstsein eine Art Bildermenü an und erspürte dann, bei welchem Bild die stärkste Reaktion erfolgte, an welche Imagination sich das Unterbewusstsein mit Vorliebe ankoppelte. Bei mir war es eindeutig das Bild des Baches.

Nachdem ich zur Verblüffung des einen Arztes schon am zweiten Tag ausdrücklich auf Schmerzmittel verzichtet hatte, erzählte ich *ihm mehr über mein Selbsthypnose-Programm. Interessiertes, aber skeptisches Stirnrunzeln konnte ich bei ihm registrieren. Hypnose gegen Schlafstörungen oder so, ja, aber bei einem massiven Herzinfarkt?*

Am dritten Tag nach meiner Einlieferung wurde ich von der Intensivstation in ein normales Krankenzimmer verlegt. Die Ärzte konnten keinen Befund mehr feststellen, alle Werte waren im Normalbereich. »Wie haben Sie das gemacht?«, wurde ich immer wieder gefragt. Ich sagte grienend: »Dank Ihres guten Services und dank meiner kleinen Imaginationen.«

Nun wurden auch die anderen Medikamente abgesetzt, bis auf die Betablocker und ein Präparat zur Blutverdünnung. Ein 24-Stunden-EKG und eine 24-Stunden-Blutdruckmessung am sechsten Tag nach dem Infarkt zeigten die Werte eines gesunden Herzens. Die Ärzte standen Kopf, behaupteten, so etwas könne es nicht geben. In einer Woche sollte ich entlassen werden. »Nein«, widersprach ich. »Ich will noch in dieser Woche hier raus.« Ich wollte mir und den Ärzten nichts beweisen, aber ich wollte wieder heim zu meiner Frau. Um mich herum sah ich Infarktpatienten, die in Selbstmitleid vergingen, das war kaum zu ertragen. Einer von ihnen programmierte sich mit aller Macht negativ, indem er ständig jammerte und sagte: »Ich werde sterben, ich werde sterben.« Zwei Wochen später tat er das dann auch.

Ich wollte auch deshalb schnell aus der Klinik entlassen werden, weil ich schon länger nicht mehr krankenversichert bin. Früher zahlte ich an die 600 Euro monatlich für meine Privatversicherung, in fünf Jahren kommen dabei über 30 000 Euro zusammen – davon, so überlegte ich mir, könnte man mehr als eine große Operation finanzieren. Und man erliegt auch nicht so schnell der Versuchung, wegen jedem Problem gleich zum Arzt zu rennen und das System zu melken, wie es viele Bürger tun. Wenn ich auf der einen Seite gewisse Ärzte kritisiere, denen es meiner Meinung nach ganz klar ums Geld geht und nicht darum, einen Patienten möglichst schnell zur Gesundung zu bringen, muss ich auch die andere Seite betrachten, dic unser Gesundheitssystem ebenfalls ins Wanken brachte: die Versicherten, von denen viele die Kassen der Kassen mit einem völlig überzogenen Anspruchsdenken leeren.

Ich bin dem Zentralkrankenhaus Bremen-Nord noch heute sehr dankbar, denn wenn den Ärzten dort meine Methode auch ungewöhnlich erschienen war, beharrten sie nicht auf ihren medizinischen Standards, sondern akzeptierten recht schnell mein Vorgehen. So hatte ich die Ruhe und den Freiraum, dermaßen intensiv mit mir zu arbeiten. Ich betrieb eine Art Selbstexperiment, das nun wirklich nicht geplant gewesen war.

Es endete erfolgreich. Sieben Tage nach meinem Zusammenbruch auf dem Golfplatz wurde ich als gesund entlassen. Auch sämtliche Nachuntersuchungen lassen nicht den geringsten Hinweis auf einen überstandenen Herzinfarkt erkennen.

Die harten Fakten zu meiner im schulmedizinischen Sinne sicher erstaunlichen Schnellheilung sind belegt, beispielsweise im Arztbericht des Zentralkrankenhauses Bremen-Nord an meinen Hausarzt. Aufnahmetag 25. 7. 2002, Entlassungstag 2. 8. 2002, steht da zu lesen, wörtlich heißt es zur Diagnose und aktuellen Anamnese: »Akuter Vorderwandmyokardinfarkt am 25. 7. 02 (CK max 2406 U/l 24/,9), Z.n. prähospitaler Streptokinaselyse. Kardiopulmonale Reanimation bei schweren Reperfusionsarrhythmien mit Kammerflimmern; kardiovaskuläre Risikofaktoren: Nikotinabusus (30 pack years); COPD; Z. n. Cholezystektomie; Z. n. Malariainfektion ... Herr Riedel klagte beim Golfspielen plötzlich über thorakale Schmerzen und Dyspnoe, ohne spezifische Ausstrahlung. Mehrfache Berotec-Hübe hatten die Symptomatik nicht lindern können. Der hinzugezogene Notarzt veranlasste bei wegweisendem EKG eine prähospitale Lyse mit 1,5 Mio. Einheiten Streptokinase. Im weiteren Verlauf wurde Herr Riedel aufgrund eines eintreten-

den Kammerflimmerns mehrfach reanimationspflichtig. Herr Riedel musste hier bei stat. Aufnahme mit 3× 350 Joule defibrilliert werden. Des Weiteren war eine einmalige Suprareningabe und intermittierende Herzdruckmassage notwendig.«
Weiter ist in dem Arztbrief zu lesen: »Der initial schwer kranke Pat. war im weiteren Verlauf durchgehend unauffällig. Die hier angeleitete Metoprololtherapie wurde trotz der vorbestehenden COPD bei auch lungenfunktionsanalytisch nachgewiesener mittelschwerer Obstruktion gut vertragen. In der am 5.8. nachstationär durchgeführten Ergometrie zeigte sich bei guter Auslastung kein Hinweis für eine verbleibende Belastungskoronarinsuffizienz, sodass insgesamt von einem guten Lyseergebnis ausgegangen werden kann.«

V. Teil:
Wollen Sie Berge versetzen?

1 Legen Sie Ihre mentale Goldader frei!

Ob Sie nun nach all den vielen Erklärungen und Erzählungen verstehen, was Hypnose und Selbsthypnose bewirken können? Und wie sie wirken? Ich hoffe dies sehr. Darüber hinaus würde ich mir wünschen, dass wir Hypnose ohne Umweg über den Verstand mit unserem Unterbewusstsein begreifen. Es ist viel leichter, die Kraft der Hypnose zu nutzen, wenn sie einem nicht nur aus rationalen Gründen einleuchtet, sondern wenn man sie ganz einfach fühlt, sozusagen fühlend weiß, dass Hypnose uns im Leben mit Siebenmeilenstiefeln nach vorne katapultieren kann.

Als promovierter Jurist setze ich meinen Verstand natürlich permanent ein. Aber er dominiert mich nicht. Er ist nicht das Maß der Dinge, sondern auf adäquate Weise eingebettet in die anderen, meiner Ansicht nach viel größeren Kräfte. Eine Pyramide, die auf dem Kopf steht, wackelt und wird kippen. Eine, die richtig herum steht, bei der die breite Basis auch wirklich das Fundament bildet, wird jedem Sturm gelassen trotzen. Diese breite Basis ist beim heutigen Stand der Menschheitsentwicklung das Unterbewusstsein, der Verstand bildet nur die kleine Spitze der Pyramide. Doch bei vielen Menschen steht diese Pyramide – bildlich gesprochen – auf dem Kopf. Ein paar Hypnosesitzungen, die höchstens ein paar Wochen andauern, in manifesten Fällen vielleicht ein paar Monate, und die Dinge kommen wieder ins Lot – das schwöre ich Ihnen.

Voraussetzung dazu ist jedoch, dass man erst einmal das Begreifen nachvollziehen kann. Nehmen wir dazu ein sehr einfaches Beispiel: Der Ehemann hatte mit der Nachbarin eine Liebesaffäre und die Ehefrau bekommt es heraus. Sie ist gefühlsmäßig furchtbar erschüttert, macht ihrem Mann aber dennoch keine allzu große Szene. Sie zeigt für das Verhalten ihres Mannes sogar Verständnis, denn sie weiß, dass es in der Ehe kriselte, dass es oftmals unschöne Momente gegeben hat. Die Frau sagt zu ihrem Ehemann: »Ich kann ja verstehen, dass du fremdgegangen bist. Begreifen kann ich es aber nicht.« Sehen Sie, dass diese Ehe nur eine Chance hat, wenn der Mann es seiner Frau auch begreiflich machen kann?

Auf bloßer Verstandesebene geführt, kann man sein Leben rein äußerlich in eine wunderbare Ordnung bringen, aber es ist dann ein oberflächliches Leben, ohne wirkliche Tiefe. Und weil dies nicht unserer Seelenkonstruktion entspricht, wird irgendwann auch die schöne Ordnung wie ein Kartenhaus zusammenstürzen.

Jeder Mensch hat von Natur aus ein Sehnen, ein Streben, einen Antrieb in sich, die Welt um sich zu begreifen und immer mehr von ihr zu erfahren. Lebt man seinen Tiefgang nicht aktiv im Sinne einer guten Kommunikation mit dem Unterbewusstsein, kommt es zu einer Art Wildwuchs: Das Unterbewusstsein hat keine gezielten Informationen erhalten und wurde stattdessen mit unkontrolliert eingeflossenen Elementen, die ja meist negativ sind, angefüttert. In der Folge beunruhigen uns Ängste und ein inneres Chaos; ein derart eingeschüchterter Mensch leidet nicht nur psychisch, sondern sehr bald auch körperlich. Er weiß nicht, woher die Bedrohung kommt – so eine Situation hat etwas Dämonisches an sich. Man hat nun keine gesunde Angst mehr, sondern nur noch blanke Furcht. Wir haben diese Mechanismen bereits beleuchtet, sollten uns aber die Begriffe Angst und Furcht noch einmal genauer ansehen.

Angst ist ein völlig normales Gefühl wie Hunger oder Durst. Sie ist wie beim Auto die Motor-Ölstandsanzeige nicht mehr als eine

Information. Angst signalisiert, ob alles im grünen Bereich ist oder ob es etwas kritischer geworden ist und wir handeln müssen. Beim Auto füllen wir entspannt einen halben Liter Öl nach, denn über das Kontrollinstrument haben wir ja die Chance gehabt, rechtzeitig zu handeln; bei Durst trinken wir einen halben Liter Wasser, und zwar lange, bevor wir ernsthaft vom Verdursten bedroht sind; bei Hunger essen wir ein Brot, und bei Angst sollten wir, anstatt Angst vor der Angst zu entwickeln, uns sofort die Situation ansehen und dieser gemäß handeln. Dann haben wir gänzlich die Kontrolle über das, was geschieht. Die Angst hilft uns mit ihren Warnsignalen sogar, rechtzeitig diese Kontrolle auszuüben. Es wäre also völliger Unsinn, etwas gegen die Angst ausrichten zu wollen. Vielmehr müssen wir in den Bereichen und Situationen aktiv werden, bei denen wir Angst-Warnsignale erhalten haben. Sobald wir etwas richten können, ist die Angst automatisch wieder neutralisiert. Habe ich etwa Prüfungsangst, sehe ich mir die Situation an und weiß am Ende, was ich noch lernen muss. Dementsprechend handle ich und die Angst verliert sich wieder.

Die Furcht löst in unserem Körper schlimmere Folgen aus als die Angst. Angst lässt uns das Herz höher schlagen und die Haut fängst an zu kribbeln, darin unterscheidet sie sich in den Reaktionen kaum von freudigen Ereignissen, etwa dem einer aufregenden Verabredung. Sind die Gedanken in einem Angstzustand andere als die bei einer schönen Erwartung, so sind die Empfindungen also weitgehend dieselben. Wir müssen nur handeln, und die negativen Gedanken sind neutralisiert. Angst ist somit eine Chance für uns, aktiv zu handeln.

Furcht jedoch ist kein Warnsignal, kein direkter Hinweis auf ein spezifisches Problem. Sie ist auch kein konkretes Hilfsmittel wie die Angst, sondern eine diffuse Bedrohung wie ein Virus, das existiert, auch wenn es mich nicht konkret betrifft. Aber durch seine Unsichtbarkeit kann mich dieses Furcht-Virus in Panik versetzen, weil ich die »unsichtbare« Situation nicht mehr begreifen kann. Es gibt aber keinen Grund zur Furcht. Ängstigen können Sie sich dagegen ruhig, es hilft das Leben zu meistern.

Regelmäßiges Autogenes Training ist ein hervorragender Helfer, um vom bloßen Verstehen zum Begreifen zu kommen. Bei einer guten Kommunikation mit dem eigenen Unterbewusstsein werden Angstsignale rechtzeitig erkannt und richtig bewertet. Ein optimales Handeln ist die Folge. Die Betonung liegt hier auf »regelmäßig« im Sinne einer Prophylaxe, wie wir sie ja auch mit der regelmäßigen Einnahme von Vitaminen über Gemüse und Obst betreiben. Autogenes Training oder eine andere Form der Selbsthypnose sollte man täglich mehrmals ausüben. Wenn Sie täglich zweimal zwanzig Minuten für viel Zeitaufwand halten, sollten Sie erstens daran denken, dass es absolut angenehme Minuten sind, und zweitens sollten Sie überlegen, wie viel Zeit Sie sich damit ersparen, die Sie sonst für Grübeleien aufwenden oder im Wartezimmer eines Arztes verbringen.

Körperfunktionen geraten bei Vitaminmangel aus dem Ruder, eine Schilddrüse fängt beispielsweise bei mangelnder Jodzufuhr an auf gefährliche Weise zu »überdrehen«. Ebenso reagiert das Unterbewusstsein, wenn es an einem Informations- und Kommunikationsmangel leidet: Es driftet dann ab in unkontrollierbare Welten, die Angst wird zur Furcht. Jetzt kommt die Bedrohung, die es zu bewältigen gilt, direkt aus dem Dunkel, man kann sie nicht mehr erkennen. Man dreht sich automatisch von diesem ominösen Dunkel weg und verlässt panisch den Ort, an dem man war. Man lässt sich also im wahrsten Sinn des Wortes verrückt machen: man rennt und rennt, so schnell man kann. Und während man flieht, sitzt die Bedrohung im Nacken. Irgendwann wird man stolpern, oder ganz einfach nicht mehr rennen können, sodass man resigniert zu Boden sinkt.

Wenn man an diesem Punkt angelangt ist, bieten sich viele Systeme an, einem helfend unter die Arme zu greifen: Psychoanalyse, Psychotherapie, viele kleine chemische Kapseln zur gezielten Manipulation von Hirn- und Körperfunktionen und bei einem Bandscheibenvorfall gerne auch eine sofortige Operation. Überlegen Sie, wenn Sie an einem solchen Punkt sind, worauf Sie sich einlassen wollen. Hypnose bietet sich als eine Methode an, die dem Menschen hilft, das innere Chaos sehr schnell zu ordnen und die ureigenen Kräfte in produktiver Kommunikation mit dem Unterbewusstsein wieder frei zu machen.

Wenn Sie aber noch nie ins Chaos der Furcht gefallen sind, umso besser. Nehmen Sie Hypnose und Selbsthypnose dann als geniale und tatsächlich ganzheitliche Formen der mentalen und körperlichen Hygiene, so als hätten Sie die ultimative Creme für Ihre Gesichtshaut entdeckt, eine effektive Creme ohne alle Nebenwirkungen, die Ihre Haut geschmeidig macht. Nie werde ich den Patienten vergessen, der, als ich ihn am Ende einer recht langen Hypnosesitzung wieder in den wachen Alltag zurückführen wollte, mit geschlossenen Augen und selig lächelnd auf der Ruheliege einfach »Nee, nee« sagte.

In den letzten Jahrzehnten haben wir auf technischer Ebene unglaubliche Fortschritte erzielt. Computer, die noch vor fünfzehn Jahren so groß wie ein Müllauto waren, können nun in einer Zigarrenkiste untergebracht werden. Menschen betraten schon im vergangenen Jahrhundert den Mond und denken bereits über die Besiedelung des Mars nach. Auf der anderen Seite aber sind wir jedoch noch recht unvollkommen: Unsere Gesichtshaut müssen wir mehr denn je mit einer perfekten Creme pflegen, weil wir ganz offenbar manches nicht im Griff haben, weil Allergien und andere Hautprobleme zunehmen. Und unserem mentalen Bereich sollten wir ebenfalls mehr Pflege zukommen lassen, weil auch hier sonst vieles verkehrt läuft. Der drastische Anstieg psychischer Krankheiten zeigt es.

Mentale Hygiene, Liebe zu sich selbst und zu seiner Umwelt lässt sich nicht fördern, indem man sich Silikon in die Lippen spritzen oder sein Fett an Bauch und Hüften absaugen lässt. Auch wird die Liebe zwischen zwei Menschen nicht besser funktionieren, wenn man »Die zehn besten Partner-Strategien« liest. Wir leben in einer Welt, die paradoxerweise ausgerechnet durch die Unzulänglichkeiten der Menschen am Laufen gehalten wird. Damit es weiterhin brummt, darf dem Einzelnen seine Möglichkeit, gesund und erfolgreich zu leben, nur vorgegaukelt werden, wirklich erreichen darf man es nie. Es ist wie bei dem Esel, den man nur dadurch antreiben kann, indem man ihm stets eine Karotte so vor die Nase hält, dass er sie nie erreichen kann. Lassen Sie sich nicht zu einem derartigen Esel machen.

Natürlich, der Mensch ist ein soziales Wesen; und in unserer Pubertät tun wir alles, um so wie alle anderen zu sein, allein aus dem Grund, um sich dazugehörig zu fühlen. Später wollen wir ein Soziowesen bleiben, aber bitte schön auch ein eigener Mensch, ein Individuum sein dürfen. Leicht geraten wir dadurch in Probleme, die eine Ameise nicht hat. Ein Tier denkt nicht über seine Individualität nach. Wenn ich immer wieder dafür plädiere, in eigenen Schuhen zu gehen und nicht jeden aufgesetzten Schnickschnack mitzumachen, geht es mir in keiner Weise um Verweigerung, auch nicht um politische Manifeste. Es geht für den Einzelnen darum, für sich das Richtige zu tun. Ich bin ganz einfach davon überzeugt, dass man den Motor unserer Gesellschaft – und letztlich auch unserer Wirtschaft – wesentlich besser am Laufen halten kann, wenn die Menschen gesund, glücklich und eigenständig sind. Dass ich durch meine Tätigkeit als Hypnosetherapeut im Laufe der letzten Jahrzehnte viele Menschen, die nur vermindert oder gar nicht mehr arbeitsfähig waren, wieder in Lohn und Brot gebracht habe, ist meiner Ansicht nach ein nicht zu unterschätzender wirtschaftlicher Faktor. Unser individuelles Erleben von Gesundheit, Zufriedenheit und Glück hängt schließlich davon ab, ob Mehltau über einem Land liegt, Agonie herrscht oder ob eine Gesellschaft insgesamt motiviert und offen nach vorne blickt. Das gilt aber auch umgekehrt: Ob in einem Land Resignation herrscht, das wird auch dadurch bestimmt, wie viele einzelne Menschen sich glücklich und motiviert fühlen – und wie viele nicht.

Es wäre nun müßig, darüber zu diskutieren, was zuerst da war, die Henne oder das Ei. Machen Sie einfach Ihr eigenes »Ding«, finden Sie Ihr eigenes Glück, es wird sich dann ohnehin in Ihrer Umgebung, Ihrer Familie, Ihrem Beruf vervielfältigen. Praktizieren Sie Ihre eigenen Kostendämpfungsgesetze, aktivieren Sie Ihren individuellen Krisenstab, werden Sie Ihr persönlicher Guru für Glück und Erkenntnis, und schaufeln Sie mithilfe von Hypnose und Selbsthypnose in Ihrem Unterbewusstsein Ihre ureigene mentale Goldader frei, mit der Sie genau jenen Handlungsspielraum und jene Lebenschancen verwirklichen können, die Sie sich immer gewünscht haben.

Versetzen Sie Berge. Es geht.

2 Ein Mann will sich wiederfinden: Der besondere Fall aus meiner Praxis

Fließen lassen
Strömen
Laufen
Du möchtest laufen
Aber erst dann, wenn du es wirklich möchtest
Niemand zwingt dich zu laufen
Aber du holst es dir wieder
Ruhig
Du holst es dir wieder
Nun spüre
Fühle
Du holst es dir wieder
Thomas Decker holt es sich zurück
Erinnere dich, du möchtest mit deinem Enkel Skifahren
Du holst es dir zurück
Ruhig
Fließen lassen
Strömen.

Dies sage ich Thomas Decker während der Hypnose, tief atmet er durch, seine Zehen bewegen sich an beiden Füßen, als würden sie sich kraulend fortbewegen wollen, sein rechtes Knie hebt sich immer wieder an, um etwa zehn Zentimeter, als wolle es signalisieren, dieses Bein kann, dieses Bein will sich bewegen. Sein Gesicht ist völlig entspannt, die Augen sind geschlossen, er lächelt sanft. Dass seine Beine nach einem Motorradunfall im Jahr 1999 nicht zu hundert Prozent gelähmt waren – wie es die Ärzte nach der Reha diagnostizierten –, dass Thomas Decker grundsätzlich die Chance hat, seine Beine wieder zu benutzen, das wurde mir schon vor Jahren klar, genauer gesagt, als er am 11. September 2001, Stunden bevor die WTC-Türme in Manhattan durch die Attacken von Terroristen in sich zusammenfielen, erstmals bei mir war. Thomas Decker kam eigens von seiner Heimatstadt am Bodensee zu mir nach Bremen angereist, und ich stellte bereits in den ersten zwei Hypnosesitzungen fest, dass seine Zehen winzige Reaktionen zeigten. Ich war überzeugt: Die ärztliche Diagnose, Thomas Decker sei vollkommen querschnittsgelähmt, konnte nicht stimmen.

Nun ist er, im Frühjahr 2004, nach langer Pause wieder bei mir in meiner Praxis in Bremen. Decker ist zweiundfünfzig Jahre alt, ein extremer Kopfmensch, eloquenter Chef einer Firma mit mehreren Dutzend Mitarbeitern. Ich hatte ihm damals geraten, wegen der Entfernung von rund neunhundert Kilometern, die zwischen seinem und meinem Wohnort lagen, sich am Bodensee einen professionellen Hypnosetherapeuten zu suchen, der mit ihm weiterarbeitet, zusammen mit einem Physiotherapeuten. Der Therapeut, den Thomas Decker dann aufsuchte, rief mich auch an, um sich von mir Instruktionen einzuholen. Er sagte, bislang habe er Hypnose nur bei kleinen Problemen angewandt, einem so komplexen Fall sei er eigentlich nicht gewachsen. Tatsächlich ging in dieser Therapie nichts voran, Thomas Decker gab sie schließlich auf und ergab sich für einige Zeit in sein Schicksal, ein komplett querschnittsgelähmter Mann zu sein. Lange hörte ich nichts mehr von ihm, bis er sich für einen Therapieblock von zwei Wochen bei mir anmeldete. Ich sagte sämtliche Termine ab, um mich ganz Thomas Decker widmen zu können. Denn bei einem hüftabwärts gelähten Menschen wieder etwas in Bewegung zu bringen, das ist für einen Hypnosetherapeuten eine völlig andere Anforderung und Herausforderung als eine einfache Raucherentwöhnung. Obwohl auch in einem solchen Fall dieselben Prinzipien und Wirkungsweisen der Hypnose zur Anwendung kommen.

Der Unterschied besteht darin, dass eine Lähmung sehr komplex ist; es geht hierbei um den mentalen Bereich wie auch um motorische Abläufe. Bei rein mentalen Problemen spreche ich in der Hypnose mit dem Patienten dessen Unterbewusstsein an, um ungute Prägungen zu neutralisieren und über Suggestionen neue Prägungen zu setzen. Im Denken und Handeln des Patienten werden dann bei der anschließenden Steuerungstätigkeit des Unterbewusstseins die neuen Prägungen wirksam.

Bei Patienten mit motorischen Problemen ist von Bedeutung, dass die Muskelarbeit in einen willkürlichen und einen unwillkürlichen Bereich aufgeteilt ist. Unsere Magen- oder Herztätigkeit etwa wird unwillkürlich gesteuert, das heißt, ich muss nicht, um einen Herzschlag auszuführen, den Verstand einsetzen und sagen: »Herzmuskel, bitte zusammenziehen.« Jeder Herzschlag wird von selbst getätigt. Auch bei der Atmung ist die Verrichtung der Zwischenrippenmuskulatur eine unwillkürliche. Auf diese unwillkürlichen Bereiche können wir direkt über das Unterbewusstsein mittels Hypnose und Selbsthypnose Einfluss nehmen. Denken Sie dabei an die Formeln des Autogenen Trainings wie »Atem ganz ruhig«, »Es atmet« oder »Herz schlägt ganz ruhig«. Wer etwas Übung hat, spürt bei der mentalen Vorstellung dieser Formel, wie das Herz – ansonsten ja, wie gesagt, ein unwillkürlich gesteuerter Muskel – sofort langsamer schlägt, Yogis bringen so ihren Herzschlag auf sechzehn Schläge die Minute herunter, im Gegensatz zu etwa sechzig Schlägen im Ruhestand bei »Normalmenschen«.

Die Becken-, Bein- und Fußmuskulatur unterliegt der willkürlichen Befehlszentrale des Verstandes, also dem Bewusstsein – abgesehen von den Reflexen, zum Beispiel unseren völlig automatisch erfolgenden Abwehrbewegungen der Arme und dem Zurückzucken des Kopfes, wenn uns jemand plötzlich ins Gesicht schlagen will. Für diese Bereiche muss man in der Hypnosetherapie nicht nur für neue Prägungen im Unterbewusstsein sorgen, sondern auch dafür, dass gleichzeitig der – im Falle von Thomas Decker – nach seinem Unfall seit Jahren stillgelegte Informationsfluss vom Unterbewusstsein zum Bewusstsein wiederhergestellt wird. Nur wenn dieser Informationsfluss funktioniert, kann das Bewusstsein überhaupt neu in die Lage versetzt werden, Kommandos wie »Bewegen!«, »Stehen!« oder »Gehen!« an die jeweiligen Muskelgruppen weiterzugeben. Dieser versickerte Informationsfluss vom Unterbewusstsein zum Bewusstsein kommt einzig dann in Gang, wenn sich die neuen Prägungen im Unterbewusstsein festgesetzt haben. Stellen Sie sich diese Informationsleitung einfach als eine Bahnstrecke vor. Da beschließt die Deutsche Bahn, den Gleisabschnitt von Hintertupfing nach Jodelhofen stillzulegen. Nach vielen Jahren meint man, dass die Strecke doch rentabel sein könnte, und will sie wieder in Betrieb nehmen. Doch so einfach funktioniert das nicht. Man kann nicht schlichtweg einen Zug aufs Gleis stellen und fahren lassen. Die Gleise, die Schwellen haben ihre einstige Aufgabe längst vergessen; das Metall der Gleise ist verrostet, das Holz der Schwellen verrottet, Gräser und kleine Büsche wuchern dazwischen. Viel Arbeit muss investiert werden, um alles wieder in Ordnung zu bringen, und das braucht Zeit.

So bestand meine Arbeit bei Thomas Decker anfangs darin, im Unterbewusstsein erst einmal die Information »Ich kann nicht gehen, ich kann die Beine nie mehr auch nur einen Zentimeter bewegen«, die ihm erst der Unfall selbst und hernach die Ärzte zu verstehen gegeben hatten, zu neutralisieren. Natürlich hatte ich mich auch nach dieser langen Zwischenzeit in der Trance erneut davon überzeugt, dass seine Nervenstränge im Rücken bei dem Motorradunfall keinesfalls vollständig durchtrennt worden waren. Die Auflösung seiner extremen Traumatisierung war der zweite Schritt, den ich mit diesem Patienten in Hypnose unternahm.

Im nächsten Schritt gaben wir gemeinsam seinem Unterbewusstsein die neue prägende Information »Ich kann die Beine bewegen, ich werde gehen können«. Mehr ist in den zwei Wochen, die er bei mir ist, nicht zu erreichen. Diese neue Information muss sich erst tief setzen, sonst geht vom Unterbewusstsein nicht ausreichend Kraft für den später neu in Gang zu bringenden Informationsfluss an das Bewusstsein. Dieser Informationsfluss wird dann heißen: »Du kannst jetzt den Beinmuskeln die Befehle zum Gehen erteilen, denn diese Beine können tatsächlich wieder gehen.« Die neuen Prägungen erfordern eine höchst intensive Arbeit in den Hypnosesitzungen, die auch für mich selbst energetisch im Grenzbereich liegen. Die Überzeugung, dass man für immer gelähmt ist, ist wesentlich schwerer zu »knacken« als die Annahme, dass man mit dem Rauchen nicht aufhören kann. Wer querschnittsgelähmt ist, steht vor der absoluten Hoffnungslosigkeit. Der Raucher weiß, ich bin zwar süchtig, aber rein theoretisch kann ich ja aufhören. Der Gelähmte kann sich nicht sagen, rein theoretisch könnte ich ja gehen – er ist mutlos, weil ihm mit Brief und Siegel bescheinigt wurde, dass er niemals wieder gehen kann.

Auch wenn im Unterbewusstsein die neue Prägung »Ich werde gehen können« über die Hypnose fest verankert ist, braucht es bis zum nächsten Schritt noch einen dazwischenliegenden Prozess. In diesem muss der Patient seine neue Prägung im Unterbewusstsein erst einmal wahrnehmen, als wahr annehmen. Dabei geraten im Kopf des Patienten mentale Netzwerke komplett in eine Umbruchstimmung. Ein Mensch besteht nicht aus Normbauteilen, und jeder würde einen Unfall mit einer Lähmung als Folge anders verarbeiten – aber dennoch würde jede Person diese Lähmung intensiv in ihr Wesen einbeziehen. Bei meinem Patienten Thomas Decker heißt das: Ich bin mir ziemlich sicher, dass er unter dem bei Macher-Männern häufig anzutreffenden Problem von zu hohen Ansprüchen an sich selbst litt. Extreme Macher-Menschen überfordern sich permanent, können es aber nach außen niemals zugeben. Nun wird eine solche Person durch einen Unfall in ihrem Agieren gebremst, das ist furchtbar, hat aber auch gewisse Vorteile. Einerseits wünscht sich Thomas Decker nichts sehnlicher, als aus dem Rollstuhl zu kommen, andererseits hat er sich auch mit seiner neuen Situation arrangiert. Dahingehend, dass er nun Überforderungen ohne äußerlichen Gesichtsverlust vermeiden kann, indem er bestimmte Tätigkeiten und Anforderungen mit Hinweis auf seine Rollstuhlproblematik ablehnen kann. Im normalen Wachzustand würde ein bestimmender und aktiver Mensch wie Thomas Decker dies von seinem Verstand her aber nie zugeben können, er würde bei diesem Gedanken blockieren und man käme in der Therapie nicht weiter.

In einer solchen Situation kann meiner Meinung nach nur Hypnose helfen, da sich ein Mensch wie Thomas Decker in dem Trancezustand nicht mehr mit seinem Verstand selbst behindern kann. Als Trainer habe ich die Aufgabe, ihm zu zeigen, dass er sich erlauben darf, die Schutzfunktionen seiner Lähmung abzulegen – unabhängig von meiner Heranführung an die Einstellung, dass er wieder die Beine wird bewegen können.

All diese zu begreifenden Dinge müssen nach den intensiven zwei Wochen erst einmal von dem Patienten verarbeitet werden – die Zwei-Wochen-Therapie mit den ersten Prägungen war nur der Anfang auf seinem Weg, wieder gehen zu können. Wenn sich diese neuen Prägungen gesetzt haben, ist es an der Zeit, weitere Schritte anzugehen. In dieser zweiwöchigen Therapie gab ich dem Unterbewusstsein nicht nur die Information, dass Thomas Decker in einigen Monaten wieder gehen kann, sondern verband sie mit dem Zusatz »wenn er mittut«. Dadurch locke ich den Patienten

auf der Ebene des Unterbewusstseins, die nötigen mentalen Entwicklungen selbst zu aktivieren. Wie gesagt, einzig auf der Ebene des Unterbewusstseins: Vom bewussten Leistungsstress möchte ich den Patienten ja gerade wegführen. Dass Thomas Decker sich die Möglichkeit des Gehens tatsächlich als Gedanken erlauben darf, wird automatisch zur richtigen Zeit vom Unterbewusstsein ins Bewusstsein dringen. Wenn dies eingetreten ist, muss man verstärkt daran arbeiten, dass die Information, er dürfe nicht nur gehen, sondern er könne es auch tatsächlich, ans Bewusstsein geht. Diese Botschaft wird dann für die willkürlichen Befehle an die Muskeln wichtig sein.
Man sieht, bei schwierigeren Fällen steckt hinter der Hypnosetherapie ein umfassendes Konzept, auch wenn es in den Sitzungen bei den möglichst einfach formulierten Suggestionen immer wieder so aussieht, als sei alles ganz simpel. Es wirkt so einfach, weil man das Unterbewusstsein nicht mit intellektuell verbrämtem Geschwafel bluffen kann – aber richtig formuliert und mit den richtigen Energien vom Therapeuten an den Patienten gegeben, können gewaltige Wirkungen erzielt werden.

✳

Heute Vormittag halte ich mit Thomas Decker allein eine Sitzung ab, am Nachmittag wird eine Physiotherapeutin hinzukommen. Es geht mir darum, dass Thomas Decker sich im besten Wohlgefühl traut, sein Inneres anzuschauen. Langsam möchte ich ihn dazu bringen, dass er sich bestimmte Änderungen in seinem Leben, die er im Grunde selbst will, auch erlaubt. Thomas Decker schwingt sich vom Sportrollstuhl auf den Ruhesessel und schließt in Vorfreude sofort die Augen. Ich beginne mit der Sitzung, beginne ganz langsam zu sprechen:

Loslassen
Treiben lassen, als wärest du das Blatt auf dem träge dahinfließenden Strom
Hör auf, aktiv zu sein
Und jetzt gleitest du hinein in jenen tiefen, angenehmen Zustand
Nicht wollen
Spüren, fühlen
Nicht kämpfen
Lass einfach los
Löse dich von dem, was du jetzt möchtest
Werde einfach wieder du
Einfach du
Du gehst jetzt zu dir, nur zu dir
Bist eins mit dir selbst
Dein Körper, dein Geist, deine Seele finden wieder zusammen, beginnen eine harmonische Einheit zu bilden
Und du lässt es zu
Lass es zu und mach dich auf
Erlaube es dir
Erlaube es dir
Du kannst dich lockern und du wirst dich lösen
Ruhig
Ruhig
Und nun befreist du dich
Ganz allmählich kehrst du zurück ...

Thomas Decker wirkt nach der Sitzung erschöpft, aber auch sehr glücklich. »Es arbeitet nicht mehr in Ihnen, Sie arbeiten«, sage ich ihm. Er nickt zustimmend.
Zum Konzept bei diesem ganz besonderen Fall gehört auch die physiotherapeutische Arbeit. Jedes traumatische Erlebnis ist nicht nur im Gehirn, sondern auch in den Milliarden von Körperzel-

len abgespeichert; darum ist gerade bei einem physischen Trauma wie dem einer Lähmung die begleitende Körperarbeit besonders wichtig. Ein Physiotherapeut kann erspüren, ob und wo Muskeln und Sehnen Reaktionen zeigen. Ich arbeite mit Tanja Domansky zusammen, die mit ihrem hervorragenden Wissen in der Craniosacralen Osteopathie bei diesem Patienten wertvolle Dienste leistet. Mit diesem Wissen erspüren geschulte Therapeutenhände beim Patienten die Art der Weiterleitung des rhythmischen Flusses des Gehirnwassers in den Körper. Durch Tastung kann der Therapeut die Bewegungsfähigkeit von Körperregionen und -systemen erkennen und Blockaden lokalisieren. Tanja Domansky kombiniert dies mit zusätzlichen Bewegungstherapien, die vielleicht blockierte oder verkümmerte, aber doch vorhandene Bewegungsfähigkeiten des Patienten fördern, sie sozusagen erwecken sollen.

Anfangs bin ich dabei, wenn Tanja Domansky mit Thomas Decker arbeitet, damit ihre Therapie für den Patienten in einem hypnotischen Zustand abläuft. Danach setze ich nur noch entsprechende hypnotische Effekte, sodass die Physiotherapeutin mit ihm alleine fortfahren kann.

Es dauert keine drei Tage, dann bringen wir Thomas Decker unmittelbar nach einer etwa zwanzigminütigen Therapie mit Hypnose und Physiotherapie das erste Mal zum Stehen. Tanja Domansky stützt ihn, indem sie ihre Knie gegen seine drückt und ihn mit den Händen am Po unterstützt. Thomas Decker könnte niemals so stehen, wenn er wirklich vollkommen querschnittsgelähmt wäre – ich weiß, wovon ich spreche, ich saß als junger Mann ja auch im Rollstuhl. Natürlich hat Thomas Decker nach nur drei Tagen Arbeit noch lange nicht seine Muskeln unter Kontrolle, sie sind ja ohnehin verkümmert. Aber Tanja Domansky spürt deutlich, dass seine Beckenmuskulatur wieder Aktivität zeigt.

Erstmals seit fünf Jahren steht dieser Mann wieder. Was für ein Erlebnis! Erstmals seit fünf Jahren ist ein erwachsener Mann nicht mehr nur einen Meter vierzig groß, sondern wieder knapp einen Meter achtzig. Erstmals kann er wieder einem aufrecht stehenden Erwachsenen gerade in die Augen schauen. Thomas Decker lächelt, er ist sehr berührt, wie wir auch. Nach etwa einer Minute sagt die Physiotherapeutin, viel länger solle er nicht stehen. Das Stehen soll nicht in einen Leistungsstress ausarten, sondern nur den ersten Funken des Wissens vermitteln, dass es möglich ist.

Nun arbeitet sie mit Thomas Decker auf der Therapieliege weiter. Er liegt in der Bauchlage, ein Bein hängt seitlich herunter, der Fuß hat Bodenberührung. Tanja Domansky arbeitet mit geschlossenen Augen an seinem Körper, erspürt mit ihren Händen die Informationen seiner Zellen und kommuniziert in der Berührung mit seiner Muskulatur. In einem mir als richtig erscheinenden Moment setze ich wieder mit Formeln ein; in diesem Fall nicht so stringent wie in einer normalen Hypnosesitzung. Vielmehr platziere ich Bilder und Suggestionen nur wie fragmentarische Farbtupfer auf einer Leinwand, mit langen Pausen dazwischen. Sie wirken, weil ich schon seit Tagen intensiv mit ihm arbeite.

Erlauben
Nicht müssen
Nicht gegen
Für dich
Erlauben
Erlaub es dir
Lass zu
Lass los
Lass einfach los
Nicht erreichen wollen
Zulassen
Erinnere dich an das Fließen, an das Strömen durch den ganzen Körper.

Die Physiotherapeutin kniet jetzt auf der Liege neben dem entspannt liegenden Patienten und geht zum »Unwinding« über, zum Entwirren. Hier werden die Beine von Thomas Decker in weich über seinem Körper kreisende Bewegungen versetzt, mit fast traumwandlerischer Sicherheit führen die Hände von Tanja Domansky die Beine des Patienten. Diese Therapie erspürt das grundsätzliche Potenzial, bringt also minimalste Bewegungsansätze in Zellen, Sehnen und Muskeln in Bewegung, ordnet dabei innere Strukturen und entwirrt Blockaden. Unwinding ist ein Prozess, der schon rein optisch eine große Anmut ausstrahlt.

Thomas Decker, der dies in einem angenehmen Trancezustand erlebt, und die Physiotherapeutin wirken, als würden sie gemeinsam auf einer Wolke schweben. Man spürt, dieses Vorgehen macht dem Patienten Mut. Ihm wird innerlich mitgeteilt, dass er noch über Quellen für die Bewegung seiner unteren Körperhälfte verfügt. Tanja Domansky arbeitet konzentriert, die Augen hat sie immer noch geschlossen, um besser fühlen zu können. Weiter führt sie die Beine von Thomas Decker, immer wieder auch seine Arme. Nein, eigentlich ist das falsch gesagt, sie führt nicht seine Gliedmaßen; das, was da wie ein ruhiger, sehr harmonischer Bewegungstanz von Armen und Beinen eines liegenden Menschen aussieht, ist nichts anderes als die Bewegung dieses Mannes selbst: Unwinding fragt die in den Körperzellen gespeicherten Lebenserfahrungen ab, vor allem prägnante Ereignisse, die mit einem extremen Adrenalinausstoß verbunden waren. Diese Traumen werden für die Therapeutin spürbar – beim Patienten kommen sie nur hoch, wenn er sie zulässt. Wie die Hypnose ist diese Art der Körpertherapie nicht manipulativ, vielmehr ist der Therapeut nur ein Helfer für die Neuordnung und Aktivierung der eigenen Kräfte des Patienten. Der Physiotherapeut ist dabei eine Art Verstärker der Signale, die vom Patienten kommen. Insofern ist gerade bei so großen Problemstellungen wie einer körperlichen Lähmung meine

Zusammenarbeit mit einem guten Physiotherapeuten eine ideale Kombination.

Ich arbeite nicht *gegen* die Lähmung von Thomas Decker, ich arbeite *für* seine Gesundheit, für das Loslassen von seinem Unfalltrauma. Ein Gegen würde nur neue Blockaden aufbauen, Druck würde nur Gegendruck erzeugen. Und ein Gegendruck würde den Patienten wiederum erdrücken. Ein Loslassen-Können lässt jedoch neue Entwicklungen zu. »Nichts denken, nichts wollen, nichts wünschen, nichts tun«, heißt eine alte tibetische Weisheit, die uns zeigt, dass die Dinge auf diese Weise viel besser in Gang kommen als mit Anstrengung unter großem Zähne-Zusammenbeißen. Einfach alles zulassen und sich das Für anstatt das Gegen vorstellen, dann entsteht das Fließen. Nur im Fließen kommt Neues in Bewegung, im Körper und im Geist. Nur im Nichts-Denken, Nichts-Wollen, Nichts-Wünschen, Nichts-Tun kann man sicher sein, dass man sich wirklich vorbehaltlos gegenüber neuen Mustern, neuen Prägungen zeigt. Diesen Prozess jedenfalls bringt Hypnose optimal in Gang.

Thomas Decker war nach seinem Unfall, bei dem er mit dem Motorrad gegen einen aus einem Feldweg einbiegenden Traktor geprallt war, an Becken, Beinen und Wirbelsäule mehrfach operiert worden. Im Anschluss daran absolvierte er für fünf Monate eine Rehabilitation in einer Spezialklinik in Ulm. Dort wurde er perfekt auf sein Leben als Rollstuhlfahrer vorbereitet – wenigstens technisch perfekt. Niemals aber wurde eine alternative Heilmethode angesprochen. Ich weiß noch von meiner eigenen Lähmung, wie ich mithilfe von Autogenem Training auf das Morphium verzichten konnte. Thomas Decker erzählte mir von seinen quälenden Schmerzen im ersten Jahr nach dem Unfall, aber von Autogenem Training, geschweige denn von Hypnose habe in der Klinik niemand gesprochen.

Thomas Decker ist Ähnliches passiert wie mir vor rund vierzig

Jahren: Er hatte einen schweren Unfall und wurde aus der Reha mit der Diagnose »hundertprozentige Querschnittslähmung« entlassen, keine Chance würde er mehr haben, seine Beine auch nur einen Millimeter bewegen zu können. Und nun, nach nur einigen Tagen Hypnosetherapie in Zusammenarbeit mit einer Physiotherapie, war sichtbar bestätigt, was ich schon bei seinem ersten Besuch bei mir im Herbst 2001 vermutete: Dieser Mann ist überhaupt nicht hundertprozentig querschnittsgelähmt.

Es ist nie vorhersehbar, wie weit man mit einem Menschen, bei dem die Nervenleitungen im Rücken zum Teil zerstört oder durchtrennt wurden, in der Therapie kommt. Was ich aber ganz sicher weiß: Erstens ist es ein meiner Ansicht nach verheerender Fehler, jemanden als vollständig querschnittsgelähmt zu bezeichnen, der gar nicht vollständig querschnittsgelähmt ist. Zweitens muss man bei partiell noch vorhandenen Nervenleitungen alles tun, um diese zu aktivieren und zu fördern, weil sie im Laufe der Zeit auch Funktionen der restlos zerstörten Nerven übernehmen können. Jetzt schon teilt der Rücken von Thomas Decker dem Unterbewusstsein mit, er habe bereits einige Nervenleitungen repariert. Tatsächlich kann Thomas Decker das Knie im Liegen wieder heben! Und drittens muss man sich vor Augen halten, dass jeder auch noch so winzige Fortschritt für einen Gelähmten ein gewaltiger Erfolg ist.

Es ist Freitag, der letzte Tag nach zwei Wochen intensiver Arbeit mit Thomas Decker. Morgen wird er zurück zu seiner Familie an den Bodensee fahren. Ich habe in den Hypnosesitzungen wie auch in Gesprächen davor und danach seine Beine nur relativ selten angesprochen. Einerseits würde er dann als Kopfmensch wieder zielgerichtet daran denken, und andererseits ging es vor allem erst einmal darum, seine innere Einstellung nach fünf Jahren im Rollstuhl für mögliche Veränderungen zu öffnen. Erst im Anschluss daran würden sich die Blockaden auch auf körperlicher Ebene öffnen lassen. Erst dann würden seine Beine die Chance bekommen, sich wieder zu bewegen. Lassen Sie mich an dieser Stelle einen etwas einfältigen Vergleich anbringen: Der Mann, der eine Frau ins Bett kriegen will, redet auch nicht zielgerichtet davon, sondern betont, er wolle ihr bei sich zu Hause nur seine Briefmarkensammlung zeigen. Oder was weiß ich.

Nun, nach zwei Wochen, ist Thomas Decker auf einem guten Weg. Wir, die Physiotherapeutin Tanja Domansky und ich, haben zweifelsfrei festgestellt, dass er nicht vollständig querschnittsgelähmt ist. In der Hypnose und auch später in der Physiotherapie ohne Hypnose hob er im Liegen die Knie bereits um rund zehn Zentimeter an, mehrmals stand Thomas Decker in diesen zwei Wochen auf seinen beiden Beinen. Es ist für gesunde Menschen vielleicht kaum vorstellbar, was das für einen bis dahin angeblich vollständig an den Beinen gelähmten Menschen bedeutet. Die Physiotherapeutin konstatierte nach diesen Wochen: »Herr Decker hat keine traumatischen Blockaden mehr, sogar seine Beckenmuskulatur arbeitet wieder.« Thomas Decker, der Kopfmensch, sagte: »In mir hat sich was gedreht.«

Wenn er weiter intensiv an sich arbeitet, wird er meiner Ansicht nach wieder gehen können, wenn vielleicht auch nicht perfekt, sondern mit Hilfe von Krücken. Wir werden sehen.

Thomas Decker macht mit mir aus, dass ich ihn mit telefonischen Hypnosesitzungen weiter betreue. Das ist nach entsprechender Vorarbeit in persönlichen Hypnosesitzungen prinzipiell kein Problem, ich muss nur einen entsprechenden hypnotischen Effekt setzen. In einfacheren Fällen, wie etwa einer Gewichtsreduktion, reicht es völlig aus, wenn ich nach einer Grundtherapie dem Patienten für die weitere Arbeit zu Hause eine entsprechend besprochene CD mitgebe. Bei einem so komplexen Fall wie einer Lähmung ist das nicht möglich. Thomas Decker braucht den

Flow-Change, das heißt, standardisierte Formeln reichen nicht aus, er benötigt in jeder Sitzung wechselnde Formeln für das innere Fließen-Lassen.

Unsere letzte Hypnosesitzung beginnt. Thomas Decker liegt entspannt da. Ich sitze zwei Meter von ihm entfernt, ebenfalls entspannt, doch sehr konzentriert auf den Mann, dem ich helfen will, es selbst zu schaffen. In seinem Unterbewusstsein soll er verankern, dass sein Körper noch über Ressourcen verfügt, um wieder gehen zu können. Ressourcen, die sich nur zurückgezogen haben, die wir wieder aus ihrer Höhle locken wollen.

Lesen Sie nun – um ein wenig nachfühlen zu können – den Ablauf auch dieser Hypnosesitzung, am besten ganz langsam. Stellen Sie sich dabei eine tiefe Stimme vor, welche die Worte weich, etwas melodiös und betont spricht, mit einer Modulation, die Ruhe und Eindringlichkeit zugleich im angenehmsten Sinne vermittelt. Machen Sie bei jeder Formulierung eine Pause von mehreren Sekunden. Halten Sie sich vor Augen: Ein Psychologe redet sehr viel, ein Psychoanalytiker lässt den Patienten sehr viel reden, ein Hypnosetherapeut aber hat ruhig und prägnant Akzente zu setzen, die der Patient aufnimmt, dann über die Pforten des Unterbewusstseins annimmt, bis er schließlich beginnt, sie aktiv umzusetzen. Bei dieser schriftlichen Wiedergabe der Sitzung sollten Sie auch daran denken, dass es nicht nur die Worte sind, die wirken; es kommt die mentale Verbindung zwischen Therapeut und Patient hinzu – sie hat in solchen besonderen Fällen eigentlich die größte Bedeutung. Und bedenken Sie ebenso, dass der Therapeut auf den jeweiligen Patienten individuell eingeht. Bei einem anderen Patienten, der mit demselben Problem, nämlich mit gelähmten Beinen, bei mir wäre, würde ich vielleicht gänzlich andere Formeln benutzen, weil einfach unterschiedliche Empfindungen, Erfahrungen und Blockaden vorliegen.

Nur versuchen, loszulassen
Ansonsten nicht wollen
Lösen
Ruhig
Ruhig und gleichmäßig wird wieder dein Herzschlag
Ruhig
Ganz regelmäßig wird deine Atmung
Dein Kreislauf wird stabil
Dein ganzer Körper lockert sich
Entkrampft sich
Wird gut und warm durchblutet und mit jedem Ausatmen verlässt Unruhe, auch Anspannung deinen Körper
Mit jedem Einatmen nimmst du Ruhe und Sicherheit ganz tief in dir auf
Gar nichts ist wichtig
Gar nichts stört
Lass dich wieder sinken und dann trägt es dich hinein in jenes wohlige Gefühl zwischen Wachen und Träumen
Lass es einfach zu, erlaube es dir
Du gleitest ganz allmählich tiefer und tiefer
Jeglicher Druck, jegliche Spannung in dir löst sich, wandelt sich
Wandelt sich in eine angenehme Wärme
Wärme und Ruhe, die sich im ganzen Körper ausbreitet, und so wird der ganze Körper ruhig und warm und schwer, sehr müde, sehr, sehr müde, doch alle Organe arbeiten einwandfrei
Loslassen
Treiben
Zeit und Raum werden völlig unwichtig
Alle Sorgen und Probleme, den ganzen Alltagsstress, all das lässt du jetzt einfach von dir abfallen, wie welkes Laub von einem Baum, und du gleitest ganz allmählich tiefer und tiefer, nichts ist mehr wichtig

Gar nichts kann dich mehr stören
Als wärest du eine kleine weiße Daunenfeder, die langsam zu Boden gleitet
Dieser Vorgang des Lockerns und Lösens prägt sich fest in dein Unterbewusstsein ein
Du kannst dich lockern und lösen, lösen von negativen Gedanken und Empfindungen
Natürlich gibt es Phasen und Momente, in denen du dich unwohl fühlst
Phasen, in denen du aufgeregt bist, sogar Angst verspürst, all das ist normal, du lässt dich davon nicht mehr überrennen
Auch gerade in fordernden Situationen kannst du dich lösen und entkrampfen und mit klarem, hellem Kopf die Situation meistern
Doch noch etwas prägt sich dir tief ein: Wenn du meine Stimme über das Telefon hörst, kannst du ebenfalls loslassen, hineingleiten in die schützende Geborgenheit
Es reicht deine Bereitschaft loszulassen, es geht auch über das Telefon
Auch in diesem ruhigen Zustand kannst du den Telefonhörer am Kopf halten und du kannst loslassen
Gleitest in den angenehmen Zustand, den du mittlerweile kennst
Ruhig
Ruhig und entspannt kannst du am Telefon jedes meiner Worte verstehen und du selbst, nicht ich, entscheidest, was du annehmen willst, du entscheidest, was du umsetzen willst
Niemand zwingt dich zu etwas, niemand zwingt dir etwas auf, auch nicht, wenn wir am Telefon miteinander sprechen
Du hörst mir zwar zu, aufmerksam, doch du entscheidest, was du annehmen willst
Alles ist in dir vorhanden
Du möchtest wieder laufen
Du wirst wieder laufen

Ganz ruhig liegst du da
Alles, was ich gesagt habe, wird voll inhaltlich zu deinem geistigen Eigentum
Du kannst darüber frei verfügen, an jedem Ort, zu jeder Zeit, in jeder Art ...

Während der Sitzung waren kräftige Bewegungen der Beine von Thomas Decker nicht zu übersehen. Im Gespräch danach, bei einer Tasse Tee, berichtet der Patient, er sei vergangene Nacht um vier Uhr dreißig aufgewacht und habe sich selbst als Fußgänger gesehen. Das für ihn Erstaunliche an dieser Vision sei gewesen, dass »es ganz ohne Druck war, fast wie ein Spiel, ich hatte nicht den Druck, etwas erreichen zu müssen«. Ich antworte ihm: »Sehen Sie, dahin wollte ich Sie bringen, dass Sie Ihren Weg so sehen; nur gehen müssen Sie ihn selbst.« Weiter sage ich: »Es wirkt etwas in Ihnen nach, was Sie sich persönlich geschaffen haben und ich werde den Teufel tun, Ihnen das zu erklären. Nur so viel: Ich rege nur an und Sie setzen die Dinge in Bewegung.« Dann erzähle ich ihm noch von dem Lama, der mir damals in Tibet sagte: »Du musst es erst geschehen lassen, dann arbeitet es in dir, dann arbeitest du.« Dieser Satz beschreibt auf so wunderbar einfache Weise, wie Hypnose und Selbsthypnose in uns wirken und wie man zu einem wirklich authentischen Leben findet.
Thomas Decker ist sehr glücklich über die Erfolge der vergangenen zwei Wochen. Ich gebe ihm zu verstehen: »Sie haben angenommen, das ist nicht leicht für Menschen wie Sie. Sie haben die Tür gefunden. Ich bin stolz auf Sie.« Thomas Decker antwortet: »Wir haben es zusammen geschafft, Herr Riedel.« Das hat mich dann wiederum ein wenig stolz gemacht. Auch nach so vielen Jahren Therapiearbeit freue ich mich über eine solche Aussage.
Einen von Ärzten aufgegebenen Patienten aus dem Rollstuhl zu holen ist sicher eine ganz besondere Anforderung an die Hypnose.

Im Prinzip ist diese Arbeit aber ebenso ein besonders gutes Beispiel für das, um was es eigentlich geht, nämlich dem Menschen zu verdeutlichen, welche unglaublichen Kräfte in ihm wohnen. Nur muss er sie erst einmal erkennen und sie zu schätzen wissen, um sie dann nutzen zu können. Ich erzähle dazu öfter eine kleine Geschichte: Stellen Sie sich vor, Sie haben von Großtante Klara eine alte, Ihrer Ansicht nach hässliche Vase geschenkt bekommen. Sie achten nicht auf sie, pflegen sie nicht, heben in ihr Büroklammern, Tesafilm und den Radiergummi auf, und wenn sie herunterfallen würde, wäre es auch egal. Nun haben Sie einen Herrn zu Gast, der sich mit Antiquitäten auskennt, und der sagt Ihnen: »Diese Vase ist echt, stammt aus der chinesischen Ming-Dynastie, 1368 bis 1644, die ist Tausende von Euro wert.« Wird Ihnen diese Vase nicht im selben Moment lieb und teuer sein? Wird sie nicht sofort von schnöden Büroklammern, Tesa und Radiergummi befreit, vorsichtig gereinigt und auf einen sicheren Ehrenplatz gestellt? Und sehen Sie, diese Ming-Vase, die sind Sie selbst. Gehen Sie also entsprechend mit sich um.

Der Mensch muss selbst erkennen, was in ihm steckt, nur dann wird er später das Glücksgefühl erleben, seine Fortschritte aus eigener Kraft erreicht zu haben. Für dieses Erkennen bin ich als Hypnosetrainer da. Ich bin nichts weiter als das, ein Trainer. Ich verspüre darum auch kein Mitleid für Patienten. Auch nicht für Thomas Decker. Aber ich empfinde tiefes Mitgefühl für ihn. Ich könnte leicht mit hypnotischen Effekten manipulieren und kleine Geherfolge beschleunigen, um mich spektakulär in Pose zu setzen. Aber das würde ich niemals tun, denn so ein Erfolg wäre nicht von Dauer, da er nicht im Patienten selbst gewachsen wäre.

Ich werde mit Thomas Decker weiterarbeiten, ihn wiedersehen. Und ich werde ihn gehen sehen.

So wie ich – im übertragenen Sinne – bisher jedem Menschen helfen konnte, der es wirklich wollte (mich eingeschlossen), wieder aufzustehen und einen anderen Weg mit neuer Kraft zu gehen. In den eigenen Schuhen.

Anhang

Adressen und weiterführende Literatur

Renommierte Hypnose-Institutionen:

Milton Erickson Gesellschaft für klinische Hypnose (M.E.G.) e.V.
Waisenhausstr. 55
80637 München
Tel. 0 89-34 02 97 20
Fax 0 89-34 02 97 19
www.meg-hypnose.de

Deutsche Gesellschaft für Hypnose (DGH) e.V.
Druffelsweg 3
48653 Coesfeld
Tel. 02 41-700 07
Fax 02 41-700 08
www.hypnose-dgh.de

Deutsche Gesellschaft für Zahnärztliche Hypnose e.V. (DGZH)
Esslinger Str. 40
70182 Stuttgart
Tel. 07 11-236 06 18
Fax 07 11-24 40 32
www.dgzh.de

Standardfachbücher zum Thema Hypnose

Hans-Christian Kossak: *Lehrbuch Hypnose*, Weinheim/Basel 2004
Werner J. Meinhold: *Das große Handbuch der Hypnose. Theorie und Praxis der Fremd- und Selbsthypnose. Das Hypnose-Standardwerk für Fachleute und Laien*, München 2001
Kurt Tepperwein: *Die hohe Schule der Hypnose. Selbsthypnose – Fremdhypnose. Grenzen, Chancen, Risiken*, Frankfurt am Main 2002

Mich finden Sie unter:

www.wrriedel.de